Nicole Priesching

Sklaverei in der Neuzeit

Geschichte kompakt

Herausgegeben von
Kai Brodersen, Martin Kintzinger,
Uwe Puschner, Volker Reinhardt

Herausgeber für den Bereich *Frühe Neuzeit*:
Volker Reinhardt

Beratung für den Bereich *Frühe Neuzeit*:
Sigrid Jahns

Nicole Priesching

Sklaverei in der Neuzeit

WBG
Wissen *verbindet*

Die Deutsche Nationalbibliothek verzeichnet diese Publikation
in der Deutschen Nationalbibliografie;
detaillierte bibliografische Daten sind im Internet über
http://dnb.de abrufbar.

© 2014 by WBG (Wissenschaftliche Buchgesellschaft), Darmstadt
Die Herausgabe des Werkes wurde durch
die Vereinsmitglieder der WBG ermöglicht.
Redaktion: Christina Kruschwitz, Berlin
Umschlaggestaltung: schreiberVIS, Bickenbach
Satz: Lichtsatz Michael Glaese GmbH, Hemsbach
Gedruckt auf säurefreiem und alterungsbeständigem Papier
Printed in Germany

Besuchen Sie uns im Internet: www.wbg-wissenverbindet.de

ISBN 978-3-534-25483-5

Elektronisch sind folgende Ausgaben erhältlich:
eBook (PDF): 978-3-534-73191-6
eBook (epub): 978-3-534-73192-3

Inhaltsverzeichnis

Geschichte kompakt

In der Geschichte, wie auch sonst,
dürfen Ursachen nicht postuliert werden,
man muss sie suchen. (Marc Bloch)

Das Interesse an Geschichte wächst in der Gesellschaft unserer Zeit. Historische Themen in Literatur, Ausstellungen und Filmen finden breiten Zuspruch. Immer mehr junge Menschen entschließen sich zu einem Studium der Geschichte, und auch für Erfahrene bietet die Begegnung mit der Geschichte stets vielfältige, neue Anreize. Die Fülle dessen, was wir über die Vergangenheit wissen, wächst allerdings ebenfalls: Neue Entdeckungen kommen hinzu, veränderte Fragestellungen führen zu neuen Interpretationen bereits bekannter Sachverhalte. Geschichte wird heute nicht mehr nur als Ereignisfolge verstanden, Herrschaft und Politik stehen nicht mehr allein im Mittelpunkt, und die Konzentration auf eine Nationalgeschichte ist zugunsten offenerer, vergleichender Perspektiven überwunden.

Interessierte, Lehrende und Lernende fragen deshalb nach verlässlicher Information, die komplexe und komplizierte Inhalte konzentriert, übersichtlich konzipiert und gut lesbar darstellt. Die Bände der Reihe „Geschichte kompakt" bieten solche Information. Sie stellen Ereignisse und Zusammenhänge der historischen Epochen der Antike, des Mittelalters, der Neuzeit und der Globalgeschichte verständlich und auf dem Kenntnisstand der heutigen Forschung vor. Hauptthemen des universitären Studiums wie der schulischen Oberstufen und zentrale Themenfelder der Wissenschaft zur deutschen, europäischen und globalen Geschichte werden in Einzelbänden erschlossen. Beigefügte Erläuterungen, Register sowie Literatur- und Quellenangaben zum Weiterlesen ergänzen den Text. Die Lektüre eines Bandes erlaubt, sich mit dem behandelten Gegenstand umfassend vertraut zu machen. „Geschichte kompakt" ist daher ebenso für eine erste Begegnung mit dem Thema wie für eine Prüfungsvorbereitung geeignet, als Arbeitsgrundlage für Lehrende und Studierende ebenso wie als anregende Lektüre für historisch Interessierte.

Die Autorinnen und Autoren sind in Forschung und Lehre erfahrene Wissenschaftlerinnen und Wissenschaftler. Jeder Band ist, trotz der allen gemeinsamen Absicht, ein abgeschlossenes, eigenständiges Werk. Die Reihe „Geschichte kompakt" soll durch ihre Einzelbände insgesamt den heutigen Wissensstand zur deutschen und europäischen Geschichte repräsentieren. Sie ist in der thematischen Akzentuierung wie in der Anzahl der Bände nicht festgelegt und wird künftig um weitere Themen der aktuellen historischen Arbeit erweitert werden.

Kai Brodersen
Martin Kintzinger
Uwe Puschner
Volker Reinhardt

I. Hinführung
1. Formen von Sklaverei – statt einer Definition

Was ist Sklaverei?

Was man unter einem ‚Sklaven' zu verstehen hat, gehört zu den umstrittenen Fragen in der Forschung. Grundsätzlich handelt es sich um einen rechtlichen Status von Unfreiheit, der jedoch je nach Zeit und kulturellem Kontext sehr unterschiedliche Formen annahm. Alle Definitionen scheinen nur teilweise das Phänomen der Sklaverei einzufangen, wie das folgende Beispiel verdeutlicht. Im Hinblick auf afrikanische Sklaverei wurde von den Ethnologen Kopytoff und Miers definiert, ein Sklave sei „zuerst eine Ware, die gekauft, verkauft oder vererbt werden kann".

Sklave im Kontext afrikanischer Sklaverei
Aus: Kopytoff/Miers, Slavery in Africa, 3 f.

Ein Sklave ist „zuerst eine Ware, die gekauft, verkauft und vererbt werden kann. Er ist eine bewegliche Habe, völlig im Besitz einer anderen Person, die ihn zu ihrem privaten Nutzen gebraucht. Er hat keine Kontrolle über seine persönlichen Geschicke; keine Wahl seiner Beschäftigung oder seines Arbeitgebers, kein Recht auf Eigentum oder Heirat, auch keine Kontrolle über das Schicksal seiner Kinder. Sein Aufenthaltsort ist fremdbestimmt, er kann ohne Rücksicht auf seine Vorstellungen und Gefühle vererbt oder verkauft werden; er kann auch ungestraft misshandelt, in manchen Fällen sogar getötet werden. Zudem vererbt er seinen Sklavenstatus auf jede Nachkommenschaft. Sklaven als Gruppe bilden eine besondere ‚Klasse' am unteren Ende der sozialen Leiter, obwohl sie tatsächlich in größerer Sicherheit und besser versorgt als manche der Freien sind.

Diese Definition passt zwar relativ gut zu Verhältnissen der afrikanischen Sklaverei und entspricht auch der klassisch (antiken) römischen Definition, kann aber nicht für alle Formen des globalen Phänomens Sklaverei gelten. Eine Ausnahme bildet bereits die schon im Alten Testament bekannte Schuldsklaverei, nach der sich jemand selbst für eine bestimmte Zeit in die Sklaverei verkauft, um seine Schulden abzutragen. Diese Form von Sklaverei ist auch noch in der Frühen Neuzeit im Mittelmeerraum vereinzelt anzutreffen.

Sklave als „Sache" und „Person"

Der Begriff der Ware deutet auf eine rechtliche Stellung des Sklaven als ‚Sache' hin. Diese Vorstellung ist insofern im frühneuzeitlichen Europa weiterhin präsent, als sich hier auch antike römische Traditionen erhalten haben. So wird der Sklave im römischen Recht vor allem als Sache (*res*) behandelt: Sklaven waren demnach rechtsunfähig und standen als *res* im Eigentum ihres Herrn. Die Ehe unter Sklaven besaß keine rechtliche Anerkennung, und Kinder einer Sklavin fielen dem Herrn der Mutter zu. Eine Definition des Sklaven als Sache oder Ware ist jedoch nicht verallgemeinerbar. So bemühte sich schon Seneca in seiner Schrift *De benificiis*, das Menschsein und Personsein des Sklaven herauszustellen. Noch deutlicher wird die doppelte Sichtweise auf Sklaven als Sachen wie als Personen im christlichen Kontext. Auch wenn Sklaven im Neuen Testament nicht empfohlen wird, nach Freiheit zu streben (1 Kor 7,21), so wird der Begriff selbst spiritualisiert und in einen Erlösungszusammenhang gestellt. Christus hat Sklavengestalt angenommen (Phil 2,6). Trotz der rechtlichen Unterschiede der Menschen auf Erden sind vor Gott alle Menschen – geschaffen als sein Ebenbild – gleich. Das gilt auch für Sklaven, die im Kirchenrecht als Personen behandelt werden und Sakramente empfangen können, wobei es hier Einschränkungen gab. Sklaverei stellte nämlich ein Weihehindernis dar, ein Sklave durfte also nicht zum Priester geweiht werden. Es ist daher notwendig, die unterschiedlichen Rechtsräume im Hinblick auf Sklaverei differenziert in den Blick zu nehmen. Der Sklave kann rechtlich als Sache definiert sein, muss es aber nicht notwendigerweise. Das gilt umso mehr, als Sklaverei ein globalgeschichtliches Phänomen ist, das in unterschiedlichen Kulturkreisen und Rechtstraditionen vorkommt. Nicht einmal die Klassifizierung des Sklaven als Eigentum eines anderen (oder von Institutionen) kann nach Orlando Patterson als konstitutives Element der Sklaverei angesehen werden. Vielmehr handelt es sich seiner Meinung nach hierbei um ein ‚Idiom‘, in dem die Sklavereibeziehung repräsentiert und verhandelt wird (Patterson 1982, 17–26).

Sklave von Geburt

Die Vererbbarkeit des Sklavenstatus ist kein Merkmal, das für die Sklaverei in Europa dieselbe Bedeutung hätte wie für Afrika oder für die Neue Welt. In Europa rekrutierten sich die Sklaven weniger aus den Sklavenkindern als vielmehr aus Kriegen, Menschenraub und Sklavenmärkten. Bei den frühneuzeitlichen Galeerensklaven der christlichen Flotten zum Beispiel – eine reine Männergesellschaft – spielten deren (wenn überhaupt, dann illegale) Kinder keine Rolle. Die Sklaven mussten arbeiten, bis sie starben oder losgekauft wurden. Kinder waren in diesem System nicht vorgesehen. Anders war dies bei Hausssklaven.

Eigentum der Sklaven

Schließlich gilt weder für Sklaven in Europa noch für Sklaven im muslimischen Raum, dass sie kein Recht auf Eigentum gehabt hätten. Freilich in sehr begrenztem Rahmen war es ihnen erlaubt und möglich, Geld zu verdienen. Damit wurde bei den Sklaven die Hoffnung genährt, sich eines Tages selbst freikaufen zu können. Die meisten erreichten dieses Ziel mit ihrer bescheidenen Habe allerdings nie. Dennoch wurde es erlaubt, auf den eigenen Freikauf hinzuarbeiten. Diese Lockerung stärkte die Moral und stützte auf ihre Weise das System.

Sklaverei – Freiheit

Sklaven konnten also unterschiedliche Handlungsspielräume haben. Diese bemessen sich in den meisten Fällen nach der Willkür des Sklavenbesitzers und können sich nur selten auf gewohnheitsrechtliche Regelungen berufen. In diesem Sinne ist der Sklave ein Unfreier. Im Unterschied zu ihm kann ein ‚freier Mensch‘ nicht als Besitz eines anderen betrachtet werden, kann nicht gekauft, verkauft oder vererbt werden, kann sich zumindest theoretisch seine Arbeit frei wählen, seinen Lebensstil frei bestimmen und frei über sein Eigentum verfügen. Sklave und Freier sind Gegenpositionen. Sklaven waren die Rechte und Entscheidungsfreiheiten entzogen, die dem Status des Freien entsprachen. Unser heutiges Sklavereiverständnis ist demnach geprägt vom Hintergrund einer etwa 200-jährigen europäischen (und teilweise amerikanischen) Geschichte eines Kampfes um Freiheitsrechte. Je nachdem, welche Freiheitsrechte im Zuge dieser Entwicklung als menschliche Grundwerte begriffen wurden, wurde Sklaverei dazu als Widerspruch aufgefasst. Anders ausgedrückt: Wenn in einer Gesellschaft zum Beispiel Ehehindernisse auch für Freie (etwa für Dienstboten) galten oder generell keine freie Partnerwahl üblich war, konnte dies nicht als spezifisches Merkmal von Sklaverei gelten, obwohl das Fehlen solcher Rechte auch sie charakterisierte. Die zeitgenössische Perspektive ist also von einer heutigen Bewertung zu unterscheiden.

Die Bewertung von Sklaverei unterliegt Wandlungsprozessen. Der Kampf um Freiheitsrechte und der Kampf um die Abschaffung der Sklaverei hängen nicht zufällig historisch miteinander zusammen. So dürfte es bei allen unterschiedlichen Versuchen, Sklaverei zu definieren und das Phänomen weiter oder enger zu fassen, heute weitgehend Konsens sein, dass Sklaverei grundsätzlich abzulehnen ist. Dies ist eine relativ junge Errungenschaft. Eine Geschichte der Sklaverei enthält somit stets auch eine moralische Dimension.

In diesem Sinne können scharfe begriffliche Trennungen problematisch werden. So rechtfertigt es die terminologische Unterscheidung von Sklave und Leibeigener nicht unbedingt, Leibeigene in einer Geschichte der Sklaverei unberücksichtigt zu lassen, da Leibeigenschaft nach heutigem Freiheitsverständnis auch eine Form von Sklaverei darstellte. Die Frage, ob die Differenzierung nach Graden von Unfreiheit dazu führen sollte, jede angeblich mildere Form aus einer Geschichte der Sklaverei auszuschließen, wird kontrovers diskutiert. So lassen manche Darstellungen nur diejenigen als Sklaven gelten, die zeitgenössisch mit Begriffen wie *servus, mancipium, ancilla* (antike Tradition) und später als *schiavo, esclave, slave, Sklave* bezeichnet wurden. Dies ist zur Einschränkung des Untersuchungsgegenstandes oftmals sinnvoll. Unklar ist jedoch in vielen Fällen, wie begriffsgeschichtliche Entwicklungen und Ausdifferenzierungen zu deuten sind. So ist nicht vorauszusetzen, dass damit automatisch eine Entwicklung zu mehr Humanisierung und milderen Formen von Unfreiheit stattfand. Gerade Vergleiche von Personengruppen, die weiterhin als Sklaven bezeichnet wurden, mit solchen, die in ihren Freiheitsrechten ebenfalls erheblich eingeschränkt waren, aber nicht mehr so bezeichnet wurden – wie zum Beispiel Zwangsarbeiter oder Strafgefangene – widerlegen solche Vorstellungen. Am untersten Ende der sozialen Ordnung war für mehrere Gruppen Platz, wobei es die Sklaven nicht immer am schlechtesten hatten. Vergleicht man zum Beispiel einen Hausklaven, der wie ein Dienstbote im Kreise einer Familie lebte, mit einem Fremdarbeiter in der Zeit des Nationalsozialismus, wird deutlich, dass die zeitgenössische Terminologie der Zwangsarbeit keine befriedigende Abgrenzung zur in sich vielschichtigen Sklaverei darstellt. Zudem sind zeitgenössische Bezeichnungen auch Ausdruck politischer Strategien, deren Bewertungen nicht unkritisch zu übernehmen sind. Ein anderes Problem ist, dass die Quellen selbst nicht immer eindeutig in der Verwendung des Begriffs sind. So wurde ein muslimischer Kriegsgefangener in den Verkaufsurkunden der genuesischen Notare des 12. Jahrhunderts noch hinreichend mit dem Terminus *saracenus* bezeichnet, in den 1230er und 1240er Jahren hingegen bereits als *sclavus*. Aus diesen Gründen

Begriffe

3

beziehen andere Darstellungen auch Gruppen in eine Geschichte der Sklaverei mit ein, die zeitgenössisch davon begrifflich unterschieden waren; der Forschungsbegriff Sklave wird dann weiter gefasst als der Quellenbegriff. Es werden verschiedene Formen von Sklaverei unterschieden, die nicht alle so bezeichnet werden mussten.

Sklavereidiskurse in der Frühen Neuzeit

Sklaverei ist auch eine Frage der Perspektive, die unter anderem in unterschiedlichen Diskursen vertreten und entwickelt wird. Welche Vorstellungen prägten in der Frühen Neuzeit den Diskurs über Sklaverei? Wahrgenommen wurde das Aufleben der Sklaverei in den Kolonien der Neuen Welt (Versklavung der Indios sowie transatlantischer Sklavenhandel). Noch näher war vielen Europäern die Bedrohung durch die nordafrikanischen Barbareskenstaaten (Algerien, Tunesien, Tripolitanien), deren Korsaren (vgl. I.3.2) Menschen aus Europa in die Sklaverei verschleppten. Damit hat sich aus europäischer Sicht der Wechsel von der Perspektive des Sklavenhalters zum Opfer von Sklaverei vollzogen. Daneben existierte aber auch in Europa selbst die Institution der Sklaverei fort. Für den Mittelmeerraum gibt es mittlerweile genügend Belege, hier die Sklaverei (teilweise bis ins 19. Jahrhundert) weder als Rand- noch als Reliktphänomen abzutun. Für Nord- und Mitteleuropa gilt in der Forschung zwar weiterhin, dass Sklaverei in Formen wie Leibeigenschaft transformiert wurde und in der Frühen Neuzeit somit nicht mehr im engeren Sinne anzutreffen war. Es wird sich aber zeigen, ob künftige Studien dieses Bild bestätigen oder relativieren werden. Im ersten Kapitel dieses Buches finden sich einige Hinweise, die an diesem Bild zweifeln lassen.

Nord- und Mitteleuropa

In Berührung kam Nord- und Mitteleuropa sicher dann mit der Sklaverei, wenn Soldaten oder Seeleute aus diesen Regionen in Kriegen mit dem Osmanischen Reich oder mit den nordafrikanischen Barbareskenstaaten in muslimische Kriegsgefangenschaft gerieten und als Sklaven von ihren Verwandten und Freunden aus der Heimat **losgekauft** werden konnten. Die Loskaufpredigten, die für diesen Zweck sowohl in katholischen als auch in evangelischen Gebieten gehalten wurden, zeichnen ein Bild grausamer muslimischer Sklavenhalter, unter denen die armen christlichen Sklaven märtyrerähnlich litten. Die eigene Sklavenhaltung wurde in diesem Kontext ausgeblendet – zumindest lässt sich für den christlichen Mittelmeerraum deuten, dass es sich dabei um einen bewussten und gesteuerten Vorgang handelte. So ist für die Frühe Neuzeit nicht nur zu klären, wo es überall noch Sklaven gab, sondern auch, welcher Wissenshorizont von Sklaverei existierte, welche Funktionen der Diskurs über Sklaverei einnahm und wie Sklaverei in unterschiedlichen Kontexten bewertet wurde.

E

Loskauf

Der Sklavenloskauf ist eine sehr alte Praxis. Bereits das Alte Testament kennt ihn. Er wurde im Römischen Reich praktiziert, und auch Christen engagierten sich seit der Antike in diesem Bereich. Mit dem Wiederaufleben der Sklaverei im Mittelmeerraum des 12. Jahrhunderts wurden vereinzelt Maßnahmen zum Schutz der eigenen Landsleute ergriffen. Im Kontext der Kreuzzüge entstanden Orden, die sich primär um den Loskauf christlicher Gefangener aus den Händen der Muslime kümmerten. Der erste Schritt war das Almosensammeln für den Loskauf. Der zweite Schritt bestand im Loskauf vor Ort durch bestimmte Loskäufer. Den dritten Schritt bildete schließlich die Rückführung der losgekauften Sklaven in die Heimat.

Der Loskauf von (Kriegs-)Gefangenen bzw. Sklaven ist auch eines der zentralen Themen der interreligiösen Beziehungsgeschichte. Er wurde von Juden, Christen und Muslimen durchgeführt, um die eigenen Glaubensbrüder und -schwestern aus der Hand ihrer andersgläubigen Sklavenhalter zu befreien. Zudem taucht der Begriff des Loskaufs in allen drei abrahamitischen Religionen als spiritueller Begriff im übertragenen Sinne auf. So hat zum Beispiel Gott das Volk Israel aus Ägypten ‚losgekauft‘. Im Neuen Testament erscheint der Loskauf als Metapher, um Aussagen über das Wesen des Menschen und die Erlösungstat Jesu Christi zu machen. Der Koran empfiehlt den Loskauf als gottgefälliges Werk. Die Spiritualisierung von Loskauf stand in einer komplexen Beziehung zur realen Praxis; sie konnte zum Loskauf motivieren, aber auch die Akzeptanz der Sklaverei fördern.

Kommen wir nochmals zur europäischen Praxis. Die christliche Sklavenhaltung erstreckte sich in der Frühen Neuzeit im Mittelmeerraum auf zwei Bereiche: Es gab erstens Privatsklaven oder Haussklaven und zweitens öffentliche Sklaven oder Staatssklaven. Sklaven der ersten Kategorie gehörten Privatleuten oder kleineren Gemeinschaften zur deren Nutzen, meist als Diener oder Dienerinnen in einem Haushalt. Sklaven der zweiten Kategorie waren rechtliches Eigentum eines Herrschers und entweder auf den Galeeren als Ruderer eingesetzt oder für Festungsbauten und andere Instandsetzungsarbeiten. Ein Staatssklave war dem Herrscher unter den Bedingungen des frühmodernen Staates zugehörig. Die meisten Staatssklaven wurden auf den Galeeren eingesetzt, weshalb man auch von Galeerensklaverei sprechen kann. Galeerensklaven gab es vermutlich bereits in der Antike, so dass hier eine lange Traditionslinie sichtbar wird.

Mittelmeerraum

Wie wurde man Sklave in der Frühen Neuzeit? Die häufigste Rekrutierungsform stellte die Kriegsgefangenschaft dar. Hierbei spielte allerdings die Religionszugehörigkeit eine Rolle. So bildete sich im 14. Jahrhundert das Gewohnheitsrecht heraus, dass Christen keine Christen versklaven sollten. Zwar nahmen sich auch Christen, wenn sie gegeneinander Krieg führten, gegenseitig gefangen. Doch diese Kriegsgefangenen waren nun unterschieden von muslimischen Kriegsgefangenen, die versklavt werden durften. Deshalb haben wir es auf den christlichen Galeerenflotten der Frühen Neuzeit fast ausschließlich mit muslimischen Galeerensklaven zu tun (neben einigen jüdischen, die aus muslimischen Gebieten stammten).

Kriegsgefangenschaft als Weg in die Sklaverei

Terminologisch wurde die Unterscheidung zwischen **Gefangener und Sklave** nicht konsequent verfolgt. Trotz des formalen Unterschiedes – nicht alle Kriegsgefangenen wurden versklavt – verwendete man die Begriffe häufig synonym. Kontrovers diskutiert wird die Frage, ob der Loskauf eines Sklaven im Mittelmeerraum zu unterscheiden ist von einem Freilassungsverfahren der christlichen Kriegsgefangenen. Eine Parallele besteht zunächst darin, dass auch muslimische Kriegsgefangene als Sklaven losgekauft werden konnten und somit nicht alle zum Arbeitsdienst auf die Galeeren kamen oder dort lebenslänglich blieben. Der Loskauf war für Staatssklaven meist die einzige Chance, aus der Sklaverei herauszukommen. Hinsichtlich des Verfahrens gab es jedoch Unterschiede (vgl. Kaiser 2008).

Terminologie Sklave/Gefangener

Sprache	Sklave	Sklavin	Gefangener (z.B. Strafgefangener, Kriegsgefangener)
Lateinisch	servus, mancipium, verna, vernaculus	serva, ancilla, verna, vernacula	captivus
Hebräisch	eved	amha/amhata	
Griechisch	δοῦλος οἰκέτης παῖς θερύπων und andere[1]	δούλη θεράπαινα, παιδίσκη οἰκογενής und andere	αἰχμάλωτος (Kriegsgefangener)
Arabisch	abd, mamluk, gulam, mawla, khadim, bandah, fatah[2]	amah, gariya, fata	
Italienisch	sclavus, schiavo	schiava	forzato
Französisch	esclave	esclave	forçat
Spanisch	esclavo	esclava	preso/forzado
Portugiesisch	escravo	escrava	preso
Englisch	slave	slave	prisoner

Christliche Straf-gefangene (forzati)

Eine Überschneidung der Begriffe ‚Gefangener' und ‚Sklave' zeigt sich noch auf einem weiteren Feld. Auf den Galeeren der christlichen Flotten ruderten nicht nur andersgläubige Sklaven, sondern auch christliche Strafgefangene (ital. *forzato*/frz. *forçat*). Im Sinne einer begrifflichen Eingrenzung könnte man diese Gruppe bei einer Geschichte der frühneuzeitlichen Galeerensklaverei ausblenden. Vergleicht man diese beiden Gruppen miteinander, erscheint eine solche Perspektive jedoch als problematisch. So lebten beide unter denselben Lebensbedingungen auf der Galeere und im Hafen (vgl. II.1.3). Sowohl Sklaven als auch Strafgefangene konnten lebenslänglich auf der Galeere Dienst tun sowie nach einer gewissen Zeit wieder freikommen. Die Verurteilung zur Galeere auf eine bestimmte Anzahl von Jahren konnte von den Strafgefangenen in der Praxis nicht als Recht auf Freilassung nach dieser Zeit in Anspruch genommen werden. Vielmehr ließ sich unter fadenscheinigen Vorwänden (etwa Verdacht auf Fluchtversuch) ein solcher Dienst beliebig verlängern. Die Verurteilung auf eine Galeere war juristisch gleichrangig mit einem Todesurteil, das aus Gnade – und angesichts des

---

1 Im Griechischen existieren zahlreiche Begriffe für Sklaverei. Die griechische Terminologie greift mit unterschiedlichen Akzentuierungen die verschiedenen Aspekte der Unfreiheit auf. Ein Problem besteht darin, dass die jeweiligen Begriffe nicht immer eindeutig mit den einzelnen Arten und Lebensumständen der Versklavten identifiziert werden können. Zudem können einige Termini zumindest theoretisch auch zur Bezeichnung einer freien Person verwendet werden.

2 Neben diesen Begriffen werden folgende Begrifflichkeiten verwendet: madhan (Sklave, der eigenständige Rechte besitzt), abiq (ein entlaufener Sklave), jalib (ein importierter Sklave), buqan (ein Sklave aus Äthiopien), wasif (ein im Haus angestellter Sklave).

chronischen Mangels an Ruderern – umgewandelt wurde. Vergehen wie Mord und Diebstahl konnten zur Galeerenstrafe führen – freilich nur für Männer. Es spricht also vieles dafür, die Strafgefangenen in eine Geschichte der Sklaverei mit einzubeziehen. Dennoch ist nicht zu leugnen, dass das Strafrecht und das Kriegsrecht zu zwei verschiedenen Kategorien von Zwangsarbeitern führten: Zu Strafgefangenen einerseits und zu Kriegsgefangenen, die unter Umständen versklavt werden konnten, andererseits. Was dies jeweils bedeutete, ist vergleichend zu erforschen.

Für die europäische Sklavereigeschichte sind besonders die Voraussetzungen interessant, die eine Versklavung rechtfertigten. So wurde in der Frühen Neuzeit zum Beispiel darüber diskutiert, ob das Verbot, Christen zu versklaven, auch für Häretiker gelte. Zudem waren einige Theologen der Ansicht, dass auch der Islam nichts anderes als eine christliche Häresie sei. Der theologische Disput über das Wesen des Islam bekommt somit vor dem Hintergrund der Sklaverei eine besondere Brisanz. Durchgesetzt hat sich eine Unterscheidung zwischen Muslimen und christlichen Häretikern: Die Versklavung von Muslimen war unproblematisch, während christliche Häretiker grundsätzlich in die gewohnheitsrechtliche Regelung der Nichtversklavung von Christen einbezogen wurden. Allerdings wurde immer wieder gegen diese Regelung verstoßen, was dann zu Protesten führte (zum Beispiel bei der Versklavung orthodoxer Christen). Häretiker konnten ferner über das Rekrutierungssystem der Verurteilung in Sklaverei geraten, vorausgesetzt man fasst die Strafgefangenen auch unter die Sklaven. So ließ der französische König Ludwig XIV. zum Beispiel nach der Widerrufung des Ediktes von Nantes 1685 die französischen Calvinisten (Hugenotten) zur Galeere verurteilen. Was sie im Fall des Kriegsrechts vor der Sklaverei geschützt hätte, war auf der Seite des Strafrechts der Grund ihrer Gefangennahme: Ihr aus katholischer Sicht häretisches Bekenntnis. Diese Maßnahme betraf aber nur einen kleinen Teil der Hugenotten und kann nicht verallgemeinert werden (vgl. II.1.1.7).

Zusammenfassend lässt sich festhalten, dass Sklaverei ein Phänomen mit vielen Gesichtern ist. Es ist unmöglich, sie allgemeingültig zu definieren. Sklaverei kam in den meisten Kulturen der Menschheit vor. Sie ist ein Thema der Politik-, Wirtschafts-, und Sozialgeschichte. Indem Religionen über sie reflektieren, Verhaltensnormen vorgeben, legitimieren und trösten, spielen auch sie eine wichtige Rolle in der Geschichte der Sklaverei. Dieses Studienbuch beabsichtigt nicht, eine umfassende Geschichte der Sklaverei in der Frühen Neuzeit vorzulegen, sondern legt zwei Schwerpunkte: Zum einen soll der Sklaverei in Europa ebenso viel Beachtung geschenkt werden wie der außereuropäischen. Damit soll ein Geschichtsbild korrigiert werden, das in Europa eine ‚slave-free zone' sieht. Zum anderen soll der Faktor Religion stärker gewichtet werden als dies bisher unter den Vorzeichen einer wirtschaftsgeschichtlich dominierten Perspektive der Fall ist.

Versklavung und Religionszugehörigkeit

2. Sklaverei und europäische Identität – eine verdrängte Geschichte

Sklaverei als
Bestandteil europä-
ischer Geschichte

Bis heute denkt man bei Sklaverei meist an die Antike oder an Amerika, an die Indios und den transatlantischen Sklavenhandel. Bis heute findet sich in den geschichtlichen Überblicksdarstellungen zur Frühen Neuzeit kaum ein Hinweis darauf, dass Sklaverei auch in dieser Epoche noch zur Realität christlicher Gesellschaften im Mittelmeerraum gehörte – und damit auch zur europäischen Geschichte.

Das ist kein Zufall. Schon die Zeitgenossen selbst vermieden eine Identifikation Europas mit Sklaverei. Vielmehr wurden der Orient und seine muslimischen Sklavenhalter dem zivilisierten Abendland gegenübergestellt. So spielt die Sklaverei durchaus eine Rolle in der frühneuzeitlichen Konstruktion einer europäischen **Identität**, die in Abgrenzung zum ‚anderen‘ entwickelt wird.

E | **Identitäten**
Der Begriff der Identität hat im Bereich der Geschichtswissenschaft seit den 1980er Jahren Konjunktur. Er umfasst sowohl den Bereich biographisch personaler Identität als auch unterschiedliche Formen kollektiver Identitäten. Bei kollektiven Identitäten unterscheidet man Geschlechteridentität, ethnische Identität und nationale Identität. Es geht um Wir-Gruppen, die nach Benedict Anderson als ‚vorgestellte Gemeinschaften‘ (*imagined communities*) aufzufassen sind. Bei der Frage nach einer europäischen Identität geht es um das Konstrukt einer vorgestellten Gemeinschaft Europa, das wiederum kulturelle Werte darstellt und erzeugt. Identität inszeniert sich zwar selbst als etwas gesetztes, gewissermaßen Wesenhaftes, ist in Wirklichkeit jedoch Teil einer sozialen und politischen Praxis.

Europäischen
Identität und
Sklaverei

Was lässt sich nun über den Zusammenhang von europäischer Identität und Sklaverei sagen? Zahlreiche Studien postulieren heute die Entstehung Europas im Mittelalter. Dabei geht es bei ‚Europa‘ um das, was Max Weber als ‚okzidentalen Sonderweg‘ bezeichnet hat. Es wird also die Herausbildung einer spezifischen okzidentalen Kultur analysiert, die dann heute als ‚europäische‘ zu bezeichnen ist. Häufig wird dabei die muslimische Kultur einer europäischen vergleichend gegenübergestellt. Im Rahmen einer Identitätsdebatte ist nun von Interesse, welche Bedeutung der Islam insgesamt für die Entwicklung Europas als *imagined community* hatte. In dieser Hinsicht verlagert sich die Debatte rasch vom Mittelalter in die Frühe Neuzeit. So stellte Josef Köstelbauer fest: „Es war aber erst das Osmanische Reich, das als bedrohlicher Antagonist der Christenheit den frühneuzeitlichen Europadiskurs mitprägte" (Köstelbauer 2004, 45). Am Beginn dieser Entwicklung stand nun das Trauma der Eroberung Konstantinopels 1453 durch Mehmet II. (1451–1481). Im Gefolge dieses Ereignisses sei es dann zu einer deutlichen Konjunktur des Europabegriffes gekommen. Erst jetzt könne eine Verschmelzung der Begriffe ‚Europa‘ und ‚Christenheit‘ angesichts der äußeren Gefahr festgestellt werden. Europa sei als eine von Heiden und Ungläubigen bedrohte christliche Festung gesehen worden. Diese Perspektive habe sich bis zum Ende der ‚Türkengefahr‘ im ausgehenden 17. Jahrhundert gehalten.

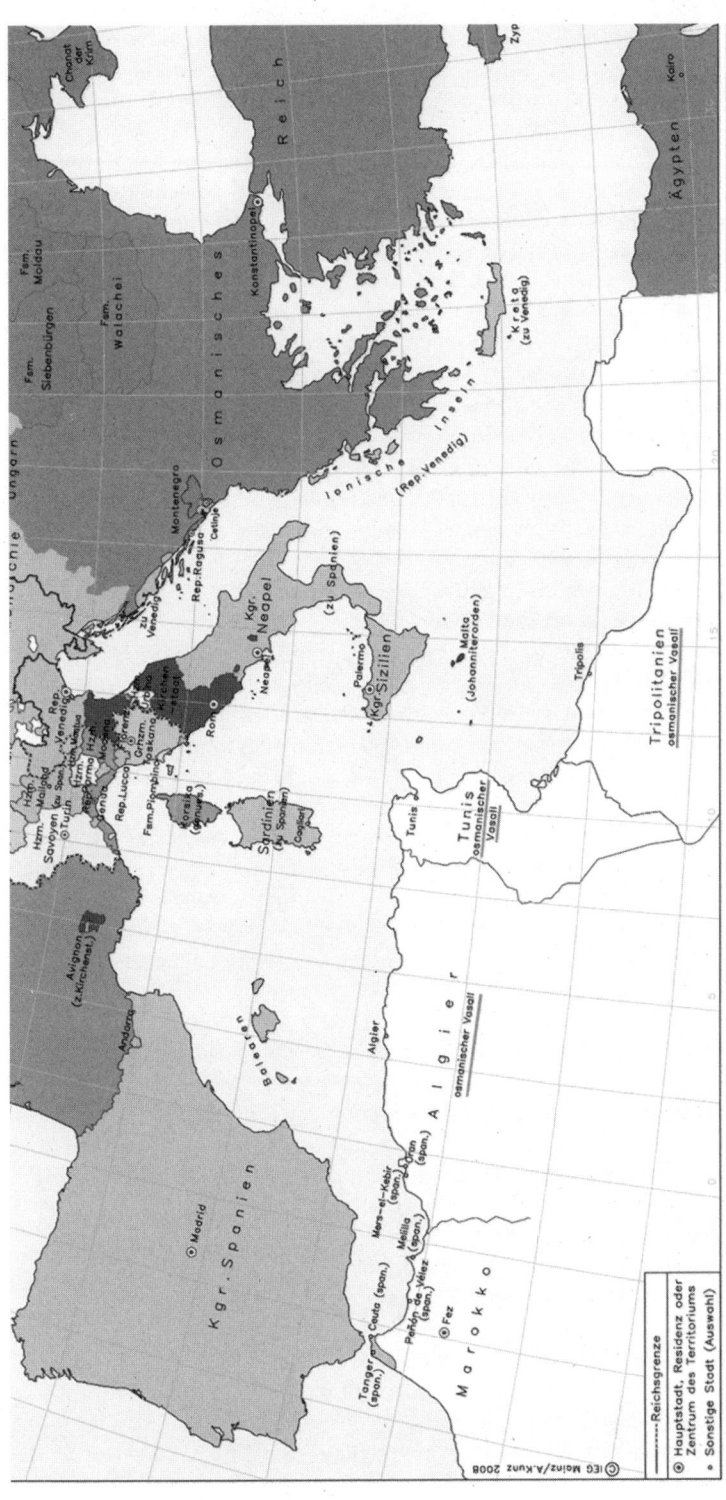

Abb. 1: Der Mittelmeerraum im 17. Jhr.

Korsarenkrieg

Dass die Sklaverei auch im frühneuzeitlichen Europa noch eine Realität darstellte, hängt besonders mit dem sogenannten ‚Korsarenkrieg' zwischen der muslimischen und christlichen Welt des Mittelmeerraumes zusammen. Dieser Krieg war nicht in erster Linie durch Kriegserklärungen, Schlachten und Friedensschlüsse gekennzeichnet, sondern durch eine Taktik der Nadelstiche. Es war eine Art permanenter Krieg, der heiß und kalt geführt werden konnte. Kapereien konnten vor diesem Hintergrund als Verteidigungsmaßnahme gegen den Glaubensfeind legitimiert werden, kamen aber auch in illegitimer Form als Piratenaktionen vor (zu den Begriffen siehe I.3.2). Es gab sowohl muslimische als auch christliche Korsaren und Piraten, die die Schifffahrt und die Küstenregionen permanent bedrohten. Auf beiden Seiten gerieten Menschen dadurch in Sklaverei. Beide Seiten kannten auch die Praxis des **Loskaufs**. Der Sklave wurde einerseits als Beute und andererseits als Loskaufobjekt zum Bestandteil eines interkulturellen und interreligiösen Wirtschaftskreislaufes. Es entstand ein ‚Warenkreislauf' gekaperter und losgekaufter Sklaven. Dieser Kreislauf funktionierte idealtypisch nach dem klassischen Freund-Feind-Schema eines Religionskrieges: Christliche Korsaren kaperten muslimische Schiffe und umgekehrt. Beide Seiten versklavten die Gefangenen dieser Kaperzüge. Beide Seiten bemühten sich auf ihre Weise, ihre Glaubensbrüder wieder freizukaufen. Juden als jeweilige Minderheit konnten auf beiden Seiten sowohl Profiteure als auch Opfer dieses Systems sein. Beim Loskauf der Sklaven waren allerdings die christlichen Staaten über darauf spezialisierte Orden wie die Mercedarier und Trinitarier oder auch über Bruderschaften besser organisiert. Das führte zu einer Asymmetrie in diesem Warenkreislauf: Die christlichen Sklaven wurden weniger als Arbeitskräfte gebraucht, sondern wurden zunehmend in großer Anzahl wegen des zu erwartenden Lösegelds für muslimische Korsaren attraktiv. Eine nicht-intendierte Folge gesteigerter Loskaufbemühungen war demnach die größere Nachfrage an christlichen Sklaven und somit eine Intensivierung der Korsarentätigkeit. Die Barbareskenstaaten lebten zunehmend von diesem Geschäft. Der Loskauf trug somit auch zu einer Dynamisierung dieses Warenkreislaufes bei.

Reziprozität der christlichen und muslimischen Sklaverei

Die Sklaverei im Mittelmeerraum kann als reziprokes Verhältnis zwischen Muslimen und Christen beschrieben werden; auf beiden Seiten gab es Sklavenhalter und Sklaven. Diesem Befund diametral gegenüber steht die zeitgenössische europäische Wahrnehmung der Sklaverei in der Frühen Neuzeit bzw. die zeitgenössische Propaganda. Hier erscheint der Muslim einseitig als barbarischer Sklavenhalter und der Christ einseitig als unter diesem leidenden Sklaven. Diese Propaganda hing vor allem mit dem Bemühen zusammen, christliche Sklaven loszukaufen.

Christliche Loskaufpropaganda

Die christliche Loskaufpropaganda zielte auf das Mitleid ihrer Zuhörer ab, um diese zu Spenden für den Loskauf zu motivieren. Dementsprechend verwundert es nicht, dass es vor allem die Schauergeschichten waren, die in das kollektive europäische Gedächtnis über muslimische Sklavenhalter eingingen. Unterstützt wurden sie durch Briefe der Sklaven selbst, die aus den Sklavengefängnissen Nordafrikas oder des Osmanischen Reiches in die Heimatländer gelangten. Da man aus heutiger Sicht nicht sicher entscheiden kann, was unter diesen mit Topoi durchsetzten Briefen tatsächlich auf eigene Erfahrungen zurückging und was an Übertreibungen oder Klischees transportiert wurde zum Nutzen des Loskaufs – der wiederum auch im Interesse der Sklavenhalter lag –, sind diese Egodokumente nur sehr vorsichtig zu interpretieren.

Loskäufer in der Frühen Neuzeit

E

Die wichtigsten Loskauforden waren die im 12. Jahrhundert gegründeten Trinitarier und die Mercedarier, die beide auch in der Frühen Neuzeit wirkten. Im 16. Jahrhundert wurden in vielen italienischen Staaten Bruderschaften zum Loskauf der eigenen Untertanen gegründet oder – wie im Fall der römischen Erzbruderschaft der Gonfalone – zusätzlich mit diesem frommen Werk beauftragt. Daneben entwickelten sich Selbsthilfemaßnahmen, wie das Beispiel der Sklavenkassen und der Seeversicherungen in den protestantischen Hansestädten Lübeck und Hamburg für ihre Matrosen zeigt. Loskauf stellte in der Frühen Neuzeit keine konfessionelle Besonderheit dar. Loskaufbruderschaften gab es auch bei Juden. Bei den Muslimen bildeten sich zwar weder staatliche noch religiöse Loskauforganisationen heraus, aber auch hier gab es entsprechende Bemühungen über Freunde und Verwandte des betroffenen muslimischen Sklaven und über die Vermittlung von Händlern. Vor allem in den Grenzgebieten betätigten sich zahlreiche Loskaufagenten jeglicher Couleur, die professionell ihr Geschäft mit Loskäufen von Menschen unterschiedlichen Glaubens machten. Sogar Korsaren konnten einerseits als Menschenfänger und andererseits als Loskäufer agieren (vgl. II.1.4).

Den Kontrapunkt zum frommen christlichen Sklavenloskäufer bildet der grausame muslimische Sklavenhalter, der seine christlichen Sklaven auf mannigfache Weise quält, misshandelt und tötet. Dieses Bild wurde in Predigten und Büchern von Loskauforganisationen verbreitet, um den Verdienstcharakter des eigenen Werks herauszustellen, das eigene gesellschaftliche Prestige zu stärken sowie um mit dieser Propaganda Mitleid zu erregen und so die Spendenbereitschaft zu erhöhen. Zum einen ist es Teil eines Wettbewerbsdiskurses christlicher Orden und Bruderschaften, die ihre tätigen Werke der Barmherzigkeit in besonders leuchtenden Farben auszumalen suchten, und zum anderen ist es Teil eines Barbareidiskurses, in dem Muslime als unzivilisiert dargestellt wurden – ganz im Gegensatz zu den Christen.

Das Bild des grausamen muslimischen Sklavenhalters

Ein prominentes Beispiel einer solchen mitleiderregenden Propaganda ist das Buch des französischen Trinitariers Pierre Dan (ca. 1580–1649), der von 1631 bis 1635 in Algier 42 christliche Sklaven losgekauft hatte. Kaum zurück, schrieb er ein Buch über die *Geschichte der Barbareskenstaaten und ihre Korsaren* (Histoire de Barbarie et de ses corsaires).

Pierre Dan

Auf dem Titelbild dieses Buches (Abb. 1) sind drei Personengruppen zu sehen: die Loskäufer (in diesem Fall Trinitarier, links), die muslimischen Sklavenhalter (rechts) und dahinter die geschlagenen armen christlichen Sklaven. Die Botschaft ist eindeutig: Die Muslime gehen grausam mit den Sklaven um. Im Buch werden sie als Inbegriff der ‚Barbarei‘ geschildert. Die Loskäufer sind ihre einzige Hoffnung. Wer Mitleid hat, soll diesen deshalb ein Almosen geben.

Noch deutlicher wird die Propaganda in einer illustrierenden Bilderserie im Buch (Abb. 2). Der Betrachter oder die Betrachterin sieht eine Reihe von Folter- und Tötungsmöglichkeiten, die die muslimischen Sklavenhalter an

Sklaven als Märtyrer

Abb. 2: Titelbild von Pierre Dan, *Histoire de Barbarie et de ses corsaires*, Paris 1637.

den armen christlichen Sklaven exerzieren. Diese Darstellung erinnert an Märtyrergeschichten. Auch christliche Märtyrer wurden verbrannt, gekreuzigt, gehäutet, geschlagen, gesteinigt, zu Tode geschleift etc. Die armen christlichen Sklaven nahmen in ihrem Leiden quasi märtyrerähnliche Züge an. Diese Assoziation setzt allerdings voraus, dass die Sklaven für ihren Glauben litten. In der Tat zeigte sich die Loskaufpropaganda besonders darüber besorgt, dass die christlichen Sklaven vom Glauben abfallen und ihr Seelenheil damit verlieren könnten. Diese Gefahr wurde immer wieder deutlich heraufbeschworen. Dem barbarischen muslimischen Sklavenhalter wird also der arme christliche Sklave gegenübergestellt, der mit seinem Leiden noch ein christliches Bekenntnis ablegt und das Mitleid der Mitchristen erregt, die ihn um der Liebe Christi willen nicht im Stich lassen durften.

Barbareidiskurs   Auch wenn katholische Loskauforden in der Propaganda besonders aktiv waren, so war diese Loskaufpropaganda doch ein Bestandteil eines größeren überkonfessionellen Barbareidiskurses, an dem sich auch Protestanten beteiligten (vgl. II.1.4.2). Mit Jürgen Osterhammel ist für die Frühe Neuzeit

Abb. 3: Das Leiden der christlichen Sklaven unter muslimischer Herrschaft
(aus: Pierre Dan, *Histoire de Barbarie*, S. 416)

festzuhalten, dass die zentrale Bedeutung des Begriffs ‚Barbarei' für die Bezeichnung des Fremden als Gegenbegriff zu Zivilisiertheit diente. Der Übergang von der Barbarei zur Zivilisation konnte sowohl als bewusste Stiftung als auch als allmählicher Prozess im Kontext von Stadientheorien gedacht werden. Zusammen mit dem Despotiediskurs (also der Befreiung der Untertanen von ihrem despotischen Herrscher) mündete der Barbareidiskurs dann später in napoleonischer Zeit in die Rechtfertigung eines Befreiungs-imperialismus (vgl. Osterhammel 1998). Ob auch die frühneuzeitliche Loskaufpropaganda zur Legitimation kriegerischer Unternehmungen herangezogen wurde, ist bisher unklar und bedarf weiterer Forschungen.

Der Befund der einseitigen Wahrnehmung der ‚Sklaverei der anderen' gehört offenbar zu dem bis heute nachwirkenden Bild von Europa als ‚slave-free zone'. Das Fehlen von zeitgenössischen Einwänden hat auch etwas damit zu tun, dass es in Europa keine mit Amerika vergleichbare Abolitionsbewegung in der Frühen Neuzeit gegeben hat, die sich grundsätzlich für die

Einseitige
Wahrnehmung

13

Abschaffung der Sklaverei eingesetzt hätte. Auch die englische Abolitionsbewegung hatte nur die Zustände des transatlantischen Sklavenhandels und die Plantagensklaverei in Amerika im Visier. Die muslimischen Galeerensklaven waren rechtlich gesehen Kriegsgefangene und wurden als solche offenbar als legitim angesehen.

Amerika – Europa   Im Zuge der Abschaffung der Sklaverei in Amerika im Laufe des 19. Jahrhunderts kam allerdings auch in den Mittelmeerländern eine Reflexion über Sklaverei auf. Diese war bereits im 18. Jahrhundert weitgehend abgeschafft worden – im Kirchenstaat offiziell erst 1830. Nach dem Afrikanisten Salvatore Bono hat die Debatte über die Versklavung der Schwarzen bei den Historikern des 19. Jahrhunderts dazu geführt, die europäischen Formen von Sklaverei zu verharmlosen, so dass diese schließlich gar nicht mehr als Sklaverei wahrgenommen wurden. Zum Teil wurden sie auch bewusst verleugnet und verdrängt (vgl. Bono 1999).

Dieses Schweigen über die Sklaverei in der eigenen Geschichte hatte auch eine Funktion im Hinblick auf die Konstruktion einer europäischen Identität. Dazu gehörte die Vorstellung, dass im Europa der Renaissance die Würde des Menschen betont wurde, eine Errungenschaft, die in der Frühen Neuzeit in ihren christlichen Prinzipien bestätigt wurde. Dass man dennoch auch in Europa fortfuhr, Sklaven zu besitzen, störte dieses Bild. Zudem trieb Europa seine Expansion voran und in diesem Kontext wurden muslimische Länder als unzivilisiert abqualifiziert, was auch die Sklavenhaltung einschloss. Umso wichtiger ist es heute, diese ausgeblendete Geschichte der Sklaverei in Europa wieder ins historische Bewusstsein zu rücken. Dazu möchte dieses Buch einen Beitrag leisten.

3. Sklaverei in der Frühen Neuzeit (16.–18. Jahrhundert)

3.1 Eine Longue-durée-Perspektive

Longue-durée-   Bis in die 1960er Jahre gingen Wissenschaftler davon aus, dass die Sklaverei
Perspektive   dank christlicher Moralvorstellungen mit dem Untergang des Römischen Reiches ebenfalls verschwunden war. Das Aufleben der Sklaverei in den Kolonien der Neuen Welt ist jedoch nur vor dem Hintergrund der andauernden Sklaverei in Europa zu verstehen. Weder die Sklaverei im Allgemeinen noch die Versklavung der Schwarzen im Besonderen hat erst mit der portugiesischen Expansion an der westafrikanischen Küste oder gar mit der Entdeckung Amerikas ihren Anfang genommen. Dieses Studienbuch sieht seinen Gegenstand deshalb in einer Longue-durée-Perspektive: Aus der Sklaverei im Mittelalter ging die Sklaverei in der Frühen Neuzeit hervor, auch wenn sich das Erscheinungsbild immer wieder an neue Verhältnisse anpasste.

Mittelalter   Die Sklaverei im Mittelmeerraum und seinen lateinischen Anrainergebieten erlebte während des hohen Mittelalters einen Wiederaufschwung, das heißt, sie stieg zunächst im 12. Jahrhundert wieder deutlich an, ohne je ganz verschwunden gewesen zu sein. Seit dem letzten Viertel des 13. Jahrhunderts erhielt sie dann starke Impulse durch die Erschließung der Levante und des Schwarzmeerraums durch die italienischen Seerepubliken. Auch der Arbeitskräftemangel infolge der großen Pest von 1348 trug in den Städten zum Aufschwung der Sklaverei bei. Die Auswertung der Notariatsakten des *Archivio di Stato di Genova* (ASG) ergab in den letzten Jahrzehnten ein differenziertes Bild der Praxis der Sklavenhaltung und Freilassungen in Genua vom 12. bis zum 15. Jahrhundert. Sie zeigen, dass die Sklaverei dort in der ersten Hälfte des 15. Jahrhunderts ihren Höhepunkt mit einer Anzahl von 3 000–5 000 Sklaven bei einer Gesamtbevölkerung von etwa 55 000 Einwohnern erreichte. Der Sklavenhandel über den Schwarzmeerraum wurde dann im Zuge der osmanischen Eroberungen mit der Erlangung der Kontrolle über den Bosporus 1453 und der Einnahme der Stadt Kaffa 1475 sehr erschwert. Dennoch gab es bis 1797 Sklaverei in Genua, bis diese im Kontext der französischen Revolution feierlich abgeschafft wurde. Es ist also von einer Kontinuitätslinie mit unterschiedlichen Konjunkturen auszugehen.

Bei den Sklaven, die sich über Notariatsakten erfassen lassen, handelt es sich in der Regel um Haussklaven. Diese konnten sowohl in der Landwirtschaft eingesetzt werden als auch direkt in den Haushalten. Hier lassen sich regionale Unterschiede feststellen. „Während vor allem auf den Balearen, aber auch auf Sizilien und in Teilen Südspaniens Sklaven in der Landwirtschaft eingesetzt wurden, war Sklaverei in den größeren Handels- und Hafenstädten hauptsächlich in den Haushalten zu finden" (Cluse, 384).

Notariatsakten

Im Unterschied zu der gut erforschten Haussklaverei im mediterranen Mittelalter wurde den Galeerensklaven dieser Epoche weniger Aufmerksamkeit zuteil. Sie werden wohl immer wieder genannt, erscheinen im Vergleich zu den Haussklaven aber wie ein Randphänomen. Hier scheint sich vom 15. zum 16. Jahrhundert das Verhältnis verschoben zu haben. Zumindest gewinnt man in der Forschung zur Frühen Neuzeit den umgekehrten Eindruck: Galeerensklaven dominieren dabei das Bild der Sklaverei. Inwiefern dieses Bild der Wirklichkeit entspricht oder eher der bisherigen Forschungslage geschuldet ist, die sich jeweils auf unterschiedliche Quellengattungen stützt, wird weiter zu überprüfen sein. Gegenwärtig ist davon auszugehen, dass die Galeerensklaverei im 16. Jahrhundert stark angestiegen ist, während die Haussklaverei zurückging.

Galeerensklaven

3.2 Korsarenkrieg im Mittelmeerraum

Piraterie und Menschenraub gehören zu den großen Konstanten in der Geschichte des Mittelmeerraums. Schon die Antike sah zahlreiche Seeräuber unterschiedlicher Herkunft im östlichen und westlichen Mittelmeer. Die Römer versuchten immer wieder, das Piratenunwesen im *Mare Nostrum*, wie sie das Mittelmeer nannten, zu bekämpfen. Mit der Ausbreitung des Islam im 7. Jahrhundert wurde das Korsarentum zu einem Mittel im Kampf gegen die ‚Ungläubigen‘, und zwar sowohl auf christlicher wie auf muslimischer Seite. Muslimische Piratennester entstanden zwischen dem 9. und 12. Jahrhundert an den Küsten Siziliens und Spaniens. Diesem Trend stellten sich

Korsarentum

nun christliche Korsaren entgegen, die im 12. Jahrhundert wieder deutlich an Anzahl zunahmen. Ein regelrechter Korsarenkrieg entstand. Dieser trat Anfang des 16. Jahrhunderts in eine neue Phase ein. Das Osmanische Reich und die Barbareskenregentschaften von Algier, Tunis und Tripolis tauchten langsam auf der Bühne auf. Damit nahm das **Korsarentum** im Mittelmeer völlig neue Dimensionen an.

E

Korsaren und Piraten

Das Wort Korsar findet sich in den romanischen Sprachen des westlichen Mittelmeerraums (frz. *corsaire*, provenzalisch *cursar*, ital. *corsale, corsare*, span. *corsario*, vgl. auch kroat. *gusar*) und geht letztlich auf lat. *cursus* ‚Beutezug‘, eigentlich ‚Lauf‘ zurück; eine spätere Volksetymologie brachte die Korsaren fälschlich mit der Insel Korsika in Verbindung. Eine Kaperfahrt zu unternehmen, bedeutet im Italienischen auf *corso* zu gehen. Das Wort ‚Korsar‘ kann synonym mit ‚Kaperfahrer‘ verwendet werden.

Der Kaperfahrer im herkömmlichen Sinne besaß einen obrigkeitlichen Auftrag einer kriegsführenden Macht, das heißt, er war mit einem Kaperbrief ausgestattet. Das unterschied den Korsaren vom Piraten, der ohne Vollmacht auf Beutezug ging. Korsaren gab es also nur in Kriegszeiten bezogen auf einen bestimmten Gegner. Es war jedoch ein Spezifikum der Frühen Neuzeit und Neuzeit, dass in Europa zwischen den Mächten Frieden herrschen konnte, während gleichzeitig auf hoher See ein Kaperkrieg zwischen diesen Staaten ausgefochten wurde. In dieser Situation wurde der Freibeuter geboren, der ohne offiziellen Auftrag, aber mit staatlicher Duldung unterwegs war. Dieser konnte zeitgenössisch sowohl als Korsar wie als Pirat bezeichnet werden. Die Grenzen waren fließend.

Zwei Phasen des Korsarenkriegs

Es lassen sich grob zwei Phasen dieser Konfliktgeschichte unterscheiden:

1. *Der Krieg der zwei Großreiche (1510 bis 1580):* Zu Beginn des 16. Jahrhunderts war in Spanien durch die Union von Kastilien und Aragon ein Staat entstanden, der eine Expansionspolitik in den Maghreb verfolgte. Bis 1510 eroberten die Spanier die Häfen von Mers-el-Kebir, Oran, Bugia und Tripolis. Auf der anderen Seite des Mittelmeers erlangte das Osmanische Reich nach seiner Eroberung Konstantinopels (1453) die Vorherrschaft über die orientalische Küste und drängte Venedig und Genua zurück. Zudem errichtete es eigene Stützpunkte an den Küsten des Maghreb. Das Osmanische Reich baute seinen Einfluss bis nach Marokko aus, während es im Osten 1517 Ägypten eroberte. 1522 folgte die Einnahme der von den Johannitern regierten Insel Rhodos; der Ritterorden ließ sich dann 1530 auf Malta nieder (daher der Name Malteserritter). Der große Gegenspieler des Osmanischen Reichs war also Spanien, das durch die Wahl von Karl V. 1519 zum Kaiser des Heiligen Römischen Reiches in Personalunion mit diesem verbunden war. So standen das Imperium der Habsburger mit seinen italienischen Verbündeten auf der einen und das Osmanische Reich mit seinen Vasallen auf der anderen Seite. Der „Weltkrieg“ dieser Phase dauerte bis in das letzte Viertel des 16. Jahrhunderts. Die letzte große Seeschlacht von Lepanto 1571 sowie der Verlust von Tunis 1574 hatten die Zäsur eingeleitet. Danach bestand eine Pattsituation zwischen muslimischer und christlicher Welt, die dadurch eingetreten war, dass der größte maritime Erfolg gegen das Osmanische Reich durch die ‚Heilige Liga‘ (Spanien, Kirchenstaat,

Venedig) bei Lepanto strategisch nicht genutzt wurde. 1574 siegten die Türken in La Goleta und Tunis. Spanien und das Osmanische Reich traten in Friedensverhandlungen ein, die 1581 zu einem Waffenstillstand für zunächst drei Jahre führten, der dann immer wieder erneuert wurde.

2. *Der Korsarenkrieg (1580 bis 1830):* Bis etwa 1580 war der Korsarenkrieg nach Bono wenigstens zum Teil ein Religionskrieg zwischen Christen und Muslimen. Nun habe er nicht nur den offiziellen Krieg zwischen den beiden Blöcken abgelöst, sondern sich im 17. Jahrhundert zunehmend zum Handelskrieg gewandelt, das heißt es dominierten wirtschaftliche Interessen. Die letzte Periode des Korsarenkriegs (1815–1830) sei bei den Barbaresken schließlich von einer immer exklusiveren Rolle des Staates gegenüber privaten Korsaren charakterisiert gewesen.

Diese grobe Einteilung darf freilich nicht über Kontinuitäten hinwegtäuschen. Auch im 17. Jahrhundert kam es noch zu offiziellen militärischen Konflikten. So führte die Korsarenaktion der Malteser 1644, bei der die türkische Galeone *La Sultana* gekapert wurde, zu einer Kriegserklärung des Osmanischen Reichs und somit zum Krieg von Kandia (1645–1669). Sowohl 1684–1699 als auch 1714–1718 führte das Osmanische Reich mit Venedig Krieg. In dieser Zeit fingen die Habsburger an, den Balkan von den Türken zurückzuerobern, so dass sich das Kräftegleichgewicht endgültig verschob. Dies wirkte sich auch auf die Sklaverei aus, da an dieser Grenze auf beiden Seiten ebenfalls viele Gefangene gemacht und versklavt wurden. Dennoch blieb der permanente Korsarenkrieg – auch während dieser kriegerischen Unternehmungen – das charakteristische Element in der Beziehung zwischen muslimischer und christlicher Welt in der Frühen Neuzeit, so dass die Einteilung auf der Makroebene (ohne Binnendifferenzierungen zu negieren) weiterhin sinnvoll erscheint.

Kontinuitäten

Der Gewinn dieses Zwei-Phasen-Modells liegt vor allem darin, eine Zäsur im muslimisch-christlichen Verhältnis um 1580 zu begründen. Die politische Weltbühne veränderte sich in dieser Zeit. „Zwei große Pendelschläge" (Braudel, Das Mittelmeer Bd. 3, 385) – die Osmanen wandten sich nach Osten, die Spanier nach Westen – beendeten den großen Krieg im Mittelmeer. Dies bedeutete jedoch kein Ende der kriegerischen Unternehmungen der Korsaren und der Kriegsflotten auf beiden Seiten, so dass man von einem ‚Korsarenkrieg' sprechen kann. Die Rekrutierung von Sklaven im Mittelmeerraum folgte seit dieser Zeit vor allem den Bedingungen dieses Korsarenkrieges.

1580 als Zäsur

Der Zusammenhang zwischen Korsarentum und Sklaverei ist nicht nur für den Mittelmeerraum bedeutsam. Korsarenkriege wurden ebenfalls schon im späten Mittelalter auch in Übersee geführt. So hatte Papst Alexander VI. im Jahr 1493 mit seiner Bulle *Inter caetera* die Interessenssphären Spaniens und Portugals abgegrenzt. Vor dem Hintergrund der damals durchaus längst bekannten Vorstellung, dass die Erde eine Kugel sei, teilte Alexander VI. diese Kugel mit einer imaginären Linie in zwei Sphären ein. Dieser imaginäre Ländergrad befand sich etwa 1000 Seemeilen westlich der Kapverdischen Inseln. Alles Land westlich der Linie sollte Spanien zufallen und alles Land östlich davon Portugal. So wurde auch das noch zu entdeckende Land bereits aufgeteilt.

1493 Bulle
Inter caetera

Korsarenkrieg und konfessionelle Konfliktlinie

Allerdings führte diese Grenzziehung keineswegs zu einer kooperativen Expansion dieser beiden Mächte. Vielmehr entwickelte sich ein Korsarenkrieg mit dem Ziel der wirtschaftlichen Schädigung des Gegners. Dieser Krieg gewann eine religiöse Komponente hinzu, als sich im 16. Jahrhundert eine neue Konfliktlinie zwischen den katholischen Mächten Spanien und Portugal einerseits und den protestantischen Mächten England und Holland andererseits herausschälte. Dieser konfessionelle Gegensatz wurde wiederum überlagert durch die dritte Konfliktlinie zwischen den christlichen und den muslimischen Staaten. Auch zwischen diesen Staaten entwickelte sich ein Kaperkrieg. Die Meere wimmelten von Korsaren und Piraten unterschiedlicher Religion und Herkunft.

Korsarenkriege und Sklaverei

Korsaren und Piraten waren auf Beute aus. Das konnten auch Menschen sein, die dann als Sklaven verkauft wurden. Insofern hat die Geschichte der Korsarenkriege einen direkten Bezug zur Geschichte der Sklaverei. Offiziell durften Korsaren seit dem Spätmittelalter jedoch keine Christen mehr versklaven. Diese Regelung galt gewohnheitsrechtlich nicht nur für den Mittelmeerraum. Sie war auch der Grund dafür, weshalb aus europäischer Perspektive zunächst keine rechtlichen Einschränkungen gegen die Versklavung der afrikanischen ‚Heiden‘ und der Indios vorlagen. Die Debatte um die Frage, wie man mit ‚Heiden‘ umgehen solle, die vielleicht noch nie etwas vom Evangelium gehört hatten, hinkte den Ereignissen hinterher und kam erst Mitte des 16. Jahrhunderts zum Tragen (vgl. Indiodebatte).

Christlich-muslimische Grenzräume

Im Mittelmeerraum als christlich-muslimischer Grenzraum war angesichts der gewohnheitsrechtlichen Regel die Kapertätigkeit zwischen den Religionen am einträglichsten, da somit Einschränkungen zur Versklavung wegfielen. Ein zweiter wichtiger Grenzraum war der Balkan während der Türkenkriege, das heißt zur Zeit des Vordringens des Osmanischen Reiches bis vor die Tore Wiens. Dementsprechend hing die Präsenz von Sklaven in der muslimischen und christlichen Welt wesentlich mit dieser politisch-religiösen Konfliktlinie zusammen. Die Situation der Juden als Händler und Sklaven richtete sich danach, ob sie Untertanen in christlichen oder muslimischen Ländern waren.

3.3 Expansion und Sklaverei

Sklaverei beziehungsgeschichtlich

Sklaverei existierte in fast allen Kulturen. Sie ist ein globales Phänomen. In diesem Studienbuch soll und kann jedoch keine Globalgeschichte der Sklaverei geschrieben werden, die nacheinander alle Kontinente in gleicher Weise abhandelt. Die außereuropäische Sklaverei wird vielmehr in beziehungsgeschichtlicher Hinsicht in den Blick genommen. Ausgangspunkt ist die europäische Expansion nach Afrika, Amerika und Asien. Vor allem die europäische Expansion seit dem 15. Jahrhundert entfaltete eine ungeheure welthistorische Dynamik, sei dies in politischer, wirtschaftlicher oder kultureller Hinsicht. Es wäre allerdings zu einseitig, die Globalisierung der Welt nur unter europäischen Vorzeichen zu sehen. „Andere Kontinente und fremde Kulturen haben ihrerseits auf Europa zurückgewirkt, angefangen von veränderten Ernährungsgewohnheiten über differenziertere Wirtschaftssysteme bis hin zu religiös-kulturellen Synkretismen (Verschmelzungen).

Zudem waren auch nahezu alle von europäischem Kolonialismus, Imperialismus und abendländischer Zivilisation betroffenen Völker durchaus als Handelnde an den historischen Prozessen beteiligt, die sie in nicht geringem Umfang nach ihren Vorstellungen und Möglichkeiten zu gestalten wussten" (Gründer 2003, 9f.). Im Hinblick auf die Entwicklung des Sklavenhandels in Afrika ist auch die arabische Expansion von Bedeutung.

Wie hängen Expansion und Sklaverei miteinander zusammen? Expansion schuf Handelsbeziehungen. Auch Sklaven konnten als Handelsware in den neuen wirtschaftlichen Beziehungen zwischen europäischen Siedlungskolonien und den Mutterländern eine mehr oder weniger große Rolle spielen. So ist zu fragen: Welche Organisationsformen des Handels bildeten sich heraus? Welche Akteure waren daran beteiligt? Wie wurde dieser Handel gerechtfertigt? Besonders interessant sind die Vernetzungen zwischen den Einheimischen, den neuen Herren und diversen Händlergruppen. Unterschiedliche kulturelle und religiöse Hintergründe trafen im Zuge der Expansionsgeschichte aufeinander, und sowohl der Sklavenhandel als auch die Sklavenhaltung entwickelten und/oder veränderten sich im Spannungsfeld dieses Kulturtransfers. *(Expansion)*

Auf die Entdecker und Erforscher neuer Welten folgten die Eroberer, Händler und Missionare. Handelsstützpunkte und Siedlungskolonien wurden errichtet bis hin zur kolonialen Aufteilung ganzer Erdteile. Sklaven wurden nicht nur exportiert, sondern auch als Arbeiter zum Beispiel für Plantagen in die Kolonien importiert. Neben einem Sklavenhandel entwickelten sich vor Ort im Zuge eines Kolonialismus auch Sklavenhaltergesellschaften. Neue Formen von Sklavenhaltung bildeten sich heraus, die sich an den Bedürfnissen der Kolonialherren ausrichteten. Hier gilt es die wichtigsten Merkmale kurz zu charakterisieren. *(Kolonialismus)*

Von besonderer Bedeutung ist der Zusammenhang von Mission und Sklaverei. Die Erschließung neuer Märkte wurde von Missionsansprüchen begleitet. Im Idealfall ging beides Hand in Hand. Die Portugiesen suchten zum Beispiel um 1500 in Indien Christen und Gewürze, um die arabische Handelskonkurrenz in Asien zu verdrängen. Bistümer wurden gegründet und die eigenen Herrschaftsstrukturen untermauert. Doch die Missionare wurden in den verschiedenen Erdteilen zunehmend auch mit der grausamen Praxis der Sklaverei in den Kolonien konfrontiert. Nicht selten setzten sie sich für das Wohl der Sklaven ein und prangerten Missstände an. Das Verhältnis zwischen Mission und Sklaverei stand in einer Grundspannung: Die Errichtung der Rahmenbedingungen für die Ermöglichung einer Mission (nicht die Missionierung selbst!) konnte zum Beispiel die Eroberung Lateinamerikas rechtfertigen. Doch die Conquista ging mit Gewalt einher und führte im großen Stil zur Versklavung der nichtchristlichen Bevölkerung, der Indios, später zum Import afrikanischer Sklaven. Gerade diese nichtchristlichen Sklaven sollten missioniert werden, da ihr Seelenheil weder einem Missionar noch eigentlich den christlichen Sklavenbesitzern gleichgültig sein konnte. Religionszugehörigkeit war ferner ein wichtiger Faktor der kulturellen Integration. Doch eine Bekehrung sollte nicht unter Zwang erfolgen; der Zweck heiligte eben nicht die Mittel. Zudem widersprach das Evangelium der Nächstenliebe der augenscheinlichen Praxis der Eroberer. *(Mission)*

Taufe führte auch nicht zu einer Pflicht der Herren, ihre Sklaven freizulassen. Für viele Missionare (und wohl nicht nur für sie) wurde die Praxis der Sklavenhaltung und der gewalttätigen Eroberungen zum Gewissensproblem. Das Ziel der Ausbeutung stand im schroffen Gegensatz zum Ziel, den Menschen das Heil zu verkünden. Bedeutsam sind hierbei auch unterschiedliche Missionskonzeptionen, die mehr oder weniger wertschätzend und vermittelnd mit den fremden Kulturen umgingen. So zeigen sich im Zuge der Expansion vielfältige interreligiöse und interkulturelle Transferleistungen, an denen auch Sklaven einen Anteil hatten. Die Mission war für die Geschichte der Sklaverei also mehr als eine Legitimationsstrategie.

3.4 Der religiöse Faktor

Faktor Religion

Es gehört zu den Schwerpunktsetzungen dieses Buches, besonders auf den Faktor Religion für die Geschichte der Sklaverei in der Frühen Neuzeit einzugehen. Auf welchen Ebenen spielte Religion hier eine Rolle?

Religionszugehörigkeit der Akteure

Zunächst einmal ist die Religionszugehörigkeit der Akteure zu beachten. Das sind in diesem Fall vor allem Sklavenhändler, Sklavenhalter und Sklaven und ferner alle, die in dieses System involviert waren. Durch den europäischen Schwerpunkt (II.1) bedingt stehen drei Religionen im Mittelpunkt dieses Studienbuches: Christentum, Islam und Judentum. Mit der Erweiterung des Blickfeldes auf die außereuropäischen Bezüge (II.2) wird das religiöse Feld durch die Sklaven aus Afrika und Amerika noch etwas größer und vielfältiger.

Judentum, Christentum, Islam

In der Praxis spielten die drei abrahamitischen Weltreligionen in der Geschichte der Sklaverei eine unterschiedliche Rolle. Das hing vor allem mit dem jeweiligen Macht- und Einflussbereich zusammen. Während Christentum und Islam zu den expandierenden Religionen gehörten, bildete das Judentum jeweils nur eine mehr oder weniger geduldete Minderheit. Im Hinblick auf die Sklaverei sind alle drei Religionen miteinander eng verstrickt, denn in allen bildete sich die Praxis heraus, nicht die eigenen Glaubensbrüder und -schwestern zu versklaven, sondern die ‚Ungläubigen'. Damit waren aus jeder der drei Perspektiven die Vertreter der anderen beiden Buchreligionen gemeint. Afrikaner und Indios traten als ‚Heiden' ins Bewusstsein, über deren Status im Vergleich zu ‚Ungläubigen' nachgedacht werden musste. Auch die Expansion musste theologisch reflektiert werden. So finden sich also Christen, Muslime und Juden sowohl als Sklavenhalter wie als Sklaven jeweils im Kontakt mit den anderen Religionen. Sklaverei erscheint somit als Brennpunkt einer Beziehungsgeschichte zwischen diesen drei Religionen einerseits und dem jeweiligen Umgang mit weiteren indigenen religiösen Gruppen andererseits.

Unterschiedliche institutionelle Rahmenbedingungen

Für alle drei gelten unterschiedliche institutionelle Rahmenbedingungen, die Akteure und Diskurse unterschiedlich prägten. Im Islam wurden Reflexionen über Sklaverei zum Beispiel primär von den Rechtsschulen geprägt, in der christlichen Theologie vom Diskurs an den Universitäten, im Judentum von den Debatten der Rabbiner. Sowohl Islam als auch Judentum kennen kein Lehramt wie die katholische Kirche mit dem Papsttum. Dies gilt auch für Protestanten. Es sind also unterschiedliche Autoritäten, die im jeweiligen konfessionell-kulturellen Kontext für die Deutung und Praxis der Sklaverei einflussreich sind. Aber es gibt eben jeweils solche Autoritäten, so dass eine vergleichende Perspektive unter Berücksichtigung der unterschiedlichen Strukturen möglich ist. Zudem handelt es sich bei allen dreien um Buchreligionen, die ihre Positionen jeweils mit einer Schriftauslegung begründen. Am Beispiel der Erzählung von der Verfluchung Hams wird deutlich, dass es einen gemeinsamen Pool an Ideen gab und dass die Auslegungstraditionen auch in Beziehung zueinander stehen konnten (vgl. III.4).

Juden verstehen ihren Glauben als gegründet im Bund Gottes mit Israel, wie er in der Hebräischen Bibel offenbart wurde. Für Christen gründet sich ihr Glaube im Geschichtshandeln Gottes, wie es in der Heiligen Schrift bezeugt wird und in Jesus Christus seine Zusammenfassung findet. Für Muslime hat der Glaubensinhalt in der koranischen Offenbarung seine Grundlage. Eine vergleichende Interpretation dieser Offenbarungsquellen hilft, die zentralen Bezugspunkte jeweiliger Schriftauslegungen besser einschätzen zu können. Für die Schrifthermeneutik ist dabei auch jeweils zu berücksichtigen, in welche sozialen Kontexte diese Offenbarungsquellen fielen. In diesen drei Fällen kann stets festgehalten werden: Sowohl Hebräische Bibel, Neues Testament wie auch Koran setzen Sklaverei als selbstverständliche soziale Größe voraus und versuchen auf ihre Weise, sie zu humanisieren (vgl. III). Historisch entscheidend ist aber, was die Schriftgelehrten dann später aus dieser Ethik gemacht haben. Auch das ist freilich nicht ohne Bezug auf ihre jeweiligen politischen, wirtschaftlichen und gesellschaftlichen Rahmenbedingungen zu verstehen.

> Humanisierungspotenziale

Religion spielte in der Frühen Neuzeit da eine Rolle, wo es um die Rechtfertigung und Regelung einer Praxis ging, die in weltlicher wie in religiöser Hinsicht nach Normen und Ausführungsbestimmungen verlangte. Insofern ist die Ebene des Rechts in den jeweiligen religiös-kulturellen Kontexten zu beachten. Zum anderen hat Religion eine konsolatorische Funktion, insofern sie bei der Daseinsbewältigung hilft. Die Welt mit ihrer hierarchischen Struktur, in der eben nicht alle gleich sind (wie vor Gott), ist Ausdruck eines Weltbildes, das Über- und Unterordnungen erklärt und mit Sinn versieht. Warum lässt Gott Sklaverei zu? Wo ist Gott für die Sklaven? Was begründet menschliche Würde unabhängig von Sklaverei? In welchem Zusammenhang stehen innere und äußere Freiheit? Was bedeutet menschliche Freiheit überhaupt?

> Funktion der Religion

Verknüpft sind solche Fragen mit weiteren zentralen theologischen Themen (Gottesbild, Menschenbild, Soteriologie, Eschatologie etc.). Interessanterweise wird Sklaverei in allen drei Religionen auch als spiritueller Begriff verwendet, der im Kontext der eben genannten theologischen Bereiche eine Rolle spielen konnte. So lässt sich in einer theologiegeschichtlichen Perspektive fragen, welche Auswirkungen die spirituelle bzw. innere Sklaverei (meist gleichbedeutend mit Knechtschaft der Sünde) für die Vorstellungen von äußerer Sklaverei und Unfreiheit hatte.

> Sklaverei als spiritueller Begriff

Die Abschaffung der Sklaverei war das Ziel der Abolitionsbewegung (vgl. IV.). Auch hier spielten religiöse Argumente eine Rolle. In allen drei Religionen finden sich in der Glaubenslehre humanisierende bis abolitionistische Potenziale. Warum konnten (und können!) diese sich in manchen Zeiten

> Abolitionistisches Potential der Religion

21

und Kontexten entfalten und in anderen nicht? Die Antwort auf diese Frage ist stärker in den historischen Bedingungen als im Wesen der Religionen zu suchen (vgl. III.).

Einfluss der Religion auf Handlungs-maxime

Neben den theologischen Deutungen und Bewertungen der Sklaverei ist der Faktor Religion auch für die impliziten Handlungsmaximen wichtig, die der Praxis der Akteure und der Gesellschaft zugrunde liegen. Die Mentalitäten waren in der Frühen Neuzeit ebenfalls religiös geprägt. Die Ausdifferenzierung der Akteure in Krieger, Händler, Siedler und Missionare lässt sich nicht so modern denken, dass hier nur der Missionar für die Religion zuständig war, während sich die anderen damit höchstens oberflächlich ummantelt haben und hemmungslos ihre eigenen Ziele verfolgten. Religion prägte das Handeln auf allen Feldern – auch wenn die Frömmigkeitsstandards nicht eingehalten wurden. Die Sorge um das eigene Seelenheil verband letztlich alle, wenngleich sich hier unterschiedliche Strategien im Umgang mit Schuld und eigenen Ansprüchen entwickelten. Die zu beobachtende Profitgier eines Händlers bedeutete zum Beispiel nicht automatisch, dass er kein Gespür mehr für sündhaftes Verhalten gehabt hätte. Auch die Reichen und Mächtigen brauchten eine Pastoral. Gerade im Hinblick auf eine Geschichte der Gewalt – und das ist die Geschichte der Sklaverei in großen Teilen – ist auch eine Geschichte der Gewissen nicht zu vergessen. Täter wie Opfer hatten ein Gewissen. An dieser Gewissensbildung war Religion maßgeblich beteiligt und hat – aus heutiger Sicht – nicht selten versagt. Auch die Verdunkelungen der Gewissen, die Frage nach der Schuld, gilt es in den religiös-kulturellen Werterahmen der jeweiligen Zeit einzuordnen.

Grenzen eines inter-religiösen Vergleichs

Dieses Studienbuch ist sich der Grenzen und Schwierigkeiten eines interreligiösen Vergleichs durchaus bewusst. Zum einen ist vor der Vorstellung zu warnen, es gebe so etwas wie „das Judentum", „das Christentum" oder „den Islam". Es geht hier nicht um essentialistische Vereinfachungen, die einer bunten Wirklichkeit von verschiedenen Gruppen und Individuen gegenübergestellt werden sollen. Wenn hier versucht wird, einige religionstypische Zuordnungen im Verhältnis zur Sklaverei herauszuarbeiten, so soll dies nicht bedeuten, dass Normen einfach in die Praxis umgesetzt wurden oder gar, dass alle so dachten. Normenkonflikte konnten jedoch theologische Diskurse anregen, die wiederum eine Praxis reflektierten. Die Bedeutung theologischer Diskurse für bestimmte sozialgeschichtliche Kontexte herauszuarbeiten, gehört sicherlich zu den anspruchsvollsten Aufgaben kulturgeschichtlicher Einzeluntersuchungen. Aus diesem methodischen Problem abzuleiten, sie hätten keine Bedeutung gehabt, wäre allerdings a priori unredlich und ebenso zu belegen. Ohne Kenntnis der jeweiligen Glaubenslehren und ihrer Vermittlungssysteme dürfte allerdings auch eine solche Widerlegung nicht nachvollziehbar funktionieren.

Eine religions-sensible Perspektive

Insofern möchte dieses Studienbuch zu weiterführenden Fragen und Gesprächen über Sklaverei in einer interreligiösen Perspektive einladen. Einseitige Bewertungsmuster, die sich bis heute in historischen Darstellungen über Sklaverei finden, können nur in einer religionssensiblen komparativen Perspektive überwunden werden, die sich nicht scheut, auch die Perspektive des „anderen" immer wieder einzunehmen. Das gilt von einem atheistischen Standpunkt aus im Hinblick auf diverse Religionsgemeinschaften ebenso wie von einem konfessionell-religiösen Standpunkt aus gegenüber anderen. Es gibt immer noch Historiker, die dahingehend argumentieren, ob nun die eine oder die andere Religion im Hinblick auf ihre Haltung zur Sklaverei besser war als die andere (z.B. Flaig 2009). Bei näherer vergleichender theologiegeschichtlicher Betrachtung wird eine solche Perspektive immer absurder. Dieses Studienbuch möchte einen Beitrag zu ihrer Überwindung leisten.

II. Sklaverei in der Frühen Neuzeit (16.–18. Jahrhundert)

1. Europa

Lepanto 1571

Die Präsenz von Sklaven in Europa hing in der Frühen Neuzeit wesentlich mit dem gewalttätig ausgetragenen Konflikt zwischen dem Osmanischen Reich und Spanien (seit der Wahl Karls V. 1519 zum Kaiser des Heiligen Römischen Reiches mit diesem in Personalunion verbunden) zusammen (vgl. I.3.2). Die letzte große Seeschlacht von Lepanto 1571, in der die Heilige Liga (Spanien, Kirchenstaat, Venedig) einen glänzenden Sieg errungen hatte, wurde strategisch nicht genutzt. Die Osmanen holten zum Gegenschlag aus, der 1574 zum Verlust von Tunis führte. Aufgrund dieser Ereignisse entstand eine Zäsur in diesem großen Krieg, nach der eine Pattsituation zwischen muslimischer und christlicher Welt herrschte. 1581 kam es zu einem Waffenstillstand auf drei Jahre, der immer wieder erneuert wurde. Unter dem Schirm dieser Waffenstillstände schwelte jedoch ein ‚permanenter Krieg‘, der sich nun als Korsarenkrieg zeigte, das heißt, die Korsarenaktivitäten, die auch offizielle Kriege begleitet hatten, wurden nun zum dominanten Konfliktfeld. Der Begriff ‚Korsarenkrieg‘ darf freilich nicht darüber hinwegtäuschen, dass hier nicht nur mit Kaperbriefen ausgestattete staatliche Flotten auf Beutezug im Mittelmeer (sowie auf anderen Meeren – vgl. II.2.2) unterwegs waren, sondern auch Piraten (zum Begriff siehe I.3.2). Gemeinsam sorgten Korsaren und Piraten für ein permanentes Gefühl der Bedrohung, wobei sich die Konfliktlinien auch rasch verschieben konnten. Die Grauzone zwischen legalen und illegalen Aktionen war groß. Kaperbriefe wurden gefälscht, Piraten nicht nur bekämpft, sondern auch instrumentalisiert. Die Linie zwischen Freund und Feind verlief nicht nur entlang der Religionszugehörigkeiten, sondern folgte auch wirtschaftlichen Interessen. Eine klare Konfliktlinie gab es nur in der Theorie. Während der Korsarenkrieg christlicherseits im Rahmen eines ‚gerechten Krieges‘ legitimiert werden konnte, erschienen Piraten grundsätzlich als Übel, das es zu bekämpfen galt. Aber Theorie und Praxis standen wie erwähnt oft spannungsvoll nebeneinander. Die Kaperei nahm Ende des 16. Jahrhunderts insgesamt deutlich zu. Ein kostbares Beutegut auf allen Seiten war und blieb der Mensch.

Sklaverei als Folge des Korsarenkrieges

Vor diesem Hintergrund ist die Geschichte der frühneuzeitlichen Sklaverei in Europa vor allem als Folge dieses Korsarenkrieges zu beschreiben. Es handelt sich hierbei um einen reziproken Prozess, denn muslimische und christliche Flotten waren daran beteiligt. Im Folgenden soll ein knapper Überblick über die christlichen Flotten der Frühen Neuzeit gegeben werden, um die genuin europäische Beteiligung an diesem Prozess näher zu beleuchten.

1.1 Christliche Flotten im Mittelmeerraum

Die Malteserritter

Zu den erfolgreichsten Korsaren der christlichen Welt gehörten die Malte-serritter. Seit ihrer Ankunft auf der Insel Malta im Jahr 1530 wuchs ihre Kriegs- und Korsarenflotte stark an. Die Malteserritter sollten ein Bollwerk der Christenheit gegen den Islam im Mittelmeerraum sein und nahmen diese Aufgabe sehr ernst. Detaillierte Tabellen zu Korsarenaktivitäten der Malteserritter finden sich in der grundlegenden Darstellung von Wettinger (2002).

Bollwerk gegen den Islam

Der Hafen von La Valetta wurde von vielen Korsaren frequentiert. Einige der reichen Ritter unterhielten selbst Korsarenschiffe. Aber auch viele Ge-schäftsmänner und Ausländer beteiligten sich finanziell an deren Aktivitä-ten unter der Flagge des Ordens oder des Großmeisters. Zudem war La Valetta ein Anlaufpunkt vieler ausländischer Korsaren und Händler. Ein kon-stanter Strom von erbeuteten Sklaven gelangte im Zuge der Korsarentätig-keiten auf die Insel.

La Valetta

Auch christliche Schiffe waren vor christlichen Korsaren nicht völlig si-cher. So beanspruchten die Malteser im 16. Jahrhundert zum Beispiel das Recht, venezianische Schiffe aufzuhalten, um an Bord nach Untertanen des Sultans Ausschau zu halten. Die Kaperfahrten Maltas gegen Venedig lassen sich als Indikator für den Dauerkonflikt zwischen der Markusrepublik und dem Ordensstaat deuten (vgl. Mallia-Milanes 1992). Dass Venedig zudem Handelsbeziehungen mit der Hohen Pforte unterhielt, schien diese Aktio-nen aus Sicht des Ordens zu rechtfertigen. Venedig war hingegen stärker wirtschaftlich orientiert. Statt sich von der Vorstellung eines „permanenten Kriegs" gegen die Ungläubigen leiten zu lassen, pflegte es ohne Skrupel freundschaftliche Handelsbeziehungen mit dem Osmanischen Reich.

Malta und Venedig

Mit ihren Korsarenaktivitäten, die wie erwähnt auch christliche Schiffe in Mitleidenschaft zogen, lösten die Malteser auch bei anderen christlichen Staaten Besorgnis aus. Der diplomatische Druck erhöhte sich, bis ihnen im 18. Jahrhundert gänzlich verboten wurde, Reisende unter venezianischer oder anderer christlicher Flagge zu belästigen. Auch Überfälle auf Grie-chen, Maroniten und andere christliche Verbündete des Sultans wurden ihnen untersagt. Ihre Operationen wurden zunehmend auf die Verfolgung von Piraten der Barbareskenstaaten begrenzt.

Überfälle auf christliche Schiffe

Die Stefansritter

Ein weiterer Ritterorden, der sich im Korsarenkrieg einen Namen machte, waren die Stefansritter. Dieser Orden wurde am 15. März 1562 vom Herzog der Toskana (Cosimo I. von Medici, ab 1569 Großherzog) gegründet, seine Statuten von Pius IV. approbiert. Ihr Ordenssitz war der Palast Carovana in Pisa. Im letzten Viertel des 16. Jahrhunderts erbeuteten die Stefansritter zahlreiche Menschen, die sie versklavten. Die Ergebnisse dieser Korsarentä-tigkeit zwischen 1568 und 1683 sind in einem ‚Registro delle prede' (Beute-register) festgehalten, wobei die Daten nicht vollständig sind. Das 17. Jahr-hundert war demnach das einträglichste für den Orden. So erbeuteten die Ritter 1602 etwa 423 Sklaven, ein Jahr später weitere 118 und 1604 wieder

Herzogtum Toskana

282. In demselben Jahr nahmen sie zudem 337 Engländer gefangen, die gemeinsam mit Türken auf Kaperfahrt unterwegs gewesen waren. Diese Engländer wurden wie die Forzati, also wie die zur Galeere verurteilten Sträflinge, an die Ruder gesetzt. Das Jahr 1605 brachte noch mehr Erfolg: Insgesamt wurden etwa 2000 muslimische Sklaven nach Livorno gebracht. Zwei Jahre später nahmen die Stefansritter mit einer Flotte von neun Galeeren die Stadt Bona ein und versklavten etwa 2000 Personen, das heißt ein Drittel der Bevölkerung. Insgesamt sind Größenangaben angesichts einer lückenhaften Quellenlage selbst bei den relativ gut aufgearbeiteten Stefansrittern sehr schwierig. Vittorio Salvadorini (1978) gibt für den Zeitraum von 1568 bis 1688 die Beute der Stefansritter mit 10115 Sklaven an. Da man neben den statistischen Angaben auch noch eine Dunkelziffer berücksichtigen muss, kann man mit bis zu 20000 Sklaven rechnen (Bono 1999).

1688 entschied der Großherzog, keine Korsarentätigkeiten mehr in der Levante durchzuführen, weil der Profit dort sehr gering war. So verlagerten die Stefansritter ihre Aktionen in die westliche Mittelmeerhälfte. Im 18. Jahrhundert nahm die Tätigkeit der Stefansritter weiter ab. Mit der Reorganisation des Ordens zu Beginn der Herrschaft der Dynastie Lothringen (die Dynastie der Medici ging in der Toskana unter, als am 9. Juli 1737 der letzte Medici starb) wurde die Kaperei quasi eingestellt und nachdem die Lothringer mit dem Osmanischen Reich und den Barbareskenstaaten Frieden geschlossen hatten (1747–1749), wurde die Flotte 1750 ganz abgeschafft (vgl. IV.1).

Die Galeeren der Republik Genua

Republik Genua   Für das Mittelalter ist die Sklaverei in Genua, vor allem die Haussklaverei, bereits sehr gut erforscht. Vergleichbare Studien wie die von Balard (1969), Gioffrè (1971), Haverkamp (1974) und Cluse (2005) fehlen leider für die Frühe Neuzeit. Zu den Korsarenaktivitäten der Genueser Flotte sind bisher nur vereinzelte Hinweise bekannt. So fand im September 1611 eine gemeinsame Korsarenaktion von 34 Galeeren aus Neapel, Genua, Sizilien und Malta gegen die Insel Kerkenna (zwischen Tunis und Libyen) statt. Im Herbst 1623 steckten zehn Galeeren aus Genua an der Küste Tunesiens sechs Seeräuberschiffe in Brand und kaperten vier von ihnen. Sie nahmen reiche Beute auch an Sklaven mit nach Messina. Aus den Jahren 1716 und 1717 sind Aktivitäten der Flotte aus Genua an der Küste Latiums und in den Gewässern Sardiniens bekannt (vgl. Bono 1999, 60f., 73).

Nach Eickhoff war die Republik Genua in den 1640er Jahren „dazu übergegangen, ihre Galeeren von privaten Bruderschaften und Kongregationen rüsten und nur noch von freien Leuten anstatt von Verbrechern und Kriegsgefangenen rudern zu lassen, ein System, das alle Nachbarn bestaunten" (Eickhoff 2008, 38). Dieses Bild widerspricht allerdings den Ergebnissen von Epstein (2001). Danach existierte Sklaverei in Genua bis 1797, also bis zur Abschaffung der Galeeren Genuas im Zuge der Französischen Revolution. Bemerkenswert ist die Angabe, die Genuesen hätten die ehemaligen Galeerensklaven nach Nordafrika zurückgebracht, was schon deutlich macht, dass es sich um Muslime handelte. Dort habe man diese großzügige

Geste allerdings nicht zum Anlass genommen, Sklaven aus Genua zurück-
zugeben. So seien 1797 noch 105 Genuesen als Sklaven in Algier geblieben
und 35 in Tunis (Epstein 2001, 53). Länger dauerte es, die Sklaverei als
Strafe für Verbrechen abzuschaffen. Italienische Aufklärer wie der Mailän-
der Adelige Cesar Beccaria (1738–1792) sahen diese Strafe als wirksamere
Abschreckung an als die Exekution (ebd., 49).

Die Galeeren der Republik Venedig

Ende des 14. Jahrhunderts war das entstanden, „was die Venezianer stolz
als den *stato da mar*, den Meeresstaat, bezeichneten: ein umfassender Herrschaftsbereich im östlichen Mittelmeer, bestehend aus Inseln, Hafenstädten
und Küstenstreifen" (Karsten 2008, 80). Mit dem expandierenden Osma-
nenreich war dieses venezianische Kolonialreich seit dem 15. Jahrhundert
einer permanenten Bedrohung ausgesetzt, die nach der Eroberung Konstantinopels 1453 durch die Osmanen deutlich zunahm. Von nun an versuchte
Venedig mit allen Mitteln, das Erreichte zu verteidigen. Im 16. Jahrhundert
führte die Bedrohung zu einer erhöhten Produktion eigener Kriegsschiffe
und im Zuge dessen zu einer neuen Organisierung des Schiffsbaus im Arse-
nal.

Venedig orientierte sich in seiner Außenpolitik nicht an religiösen Vorgaben. Mit der Hohen Pforte hatte es im Zuge der eigenen Handelsinteressen Frieden geschlossen. Ende des 16. Jahrhunderts suchte die Markusrepublik ferner die Unterstützung der protestantischen Mächte und bevorzugte
eine anti-spanische Politik. Letztlich wollte Venedig sich jeder Vorherrschaft
entziehen, sei diese türkisch, päpstlich, spanisch oder habsburgisch. Venedig blieb zwar ein wichtiges europäisches Zentrum, aber die Handelsflotte
und auch die Kriegsmarine der Markusrepublik verloren zunehmend an Bedeutung. Nach 1610 sicherten die englischen und holländischen Schiffe zu
einem guten Teil den Handel zwischen Venedig und der Levante (Tenenti
1961, 10 u. 31).

Venedig litt sehr unter Piraten. Auf der kroatischen Seite der Adria lag Se-
gna (kroat. Senj), das von den Osmanen erobert worden war und das Sam-
melbecken der berüchtigten Uskoken darstellte. Diese lebten inmitten des
umkämpften Gebietes zwischen Osmanen und Habsburgern von der Piraterie. Der Papst betrachtete sie als Kreuzfahrer gegen die Türken, was zur religiösen Legitimation ihrer Raubzüge beitrug. Der Friede, den Venedig mit
der Pforte geschlossen hatte, war durch das Piratenwesen der Uskoken gegen die Osmanen immer wieder gefährdet, denn Venedig war einerseits
nicht in der Lage, diese Gefahr, die bis Ragusa hinab bestand, wirklich einzudämmen. Die Markusrepublik bot aber andererseits auch nicht viel gegen
sie auf. Zu Beginn des 17. Jahrhunderts wandte man sich an die Habsburger
um Hilfe gegen die Uskoken. Da die Habsburger jedoch von deren Piraten-
beute einen Anteil erhielten, unternahmen sie nichts. Nach 1615 fingen die
Raubzüge der Uskoken an, die ganze Adria zu irritieren. Die Republik
wurde langsam Herr der Lage, und der Kaiser siedelte die Mehrzahl der Uskoken an die innere Militärgrenze um.

Eine andere Bedrohung stellten die Korsaren aus den Barbareskenstaaten
dar, die sich nicht an die Friedensverträge zwischen Venedig und der Pforte

Republik Venedig

**Venedigs und
Osmanisches Reich**

Uskoken

hielten. Selbst ihre eigene Adria vermochten die Venezianer nicht gegen diese Raubflotten nachhaltig abzusperren. Als der venezianische Geschwaderführer Giovanni Capello 1638 den algerischen Korsaren in der Bucht von Valona einen empfindlichen Schlag versetzt hatte, protestierte die Hohe Pforte. Die Serenissima gab nach und leistete einen Schadensersatz von 250000 Dukaten.

Die Bedrohung Venedigs durch christliche Korsaren wurde bereits erwähnt. So kam es zum Beispiel vor, dass Malteserritter und Stefansritter gemeinsam Jagd auf türkische Schiffe machten und dabei auch venezianische Schiffe kaperten.

Krieg von Kandia   Die Handelsbeziehungen mit der Hohen Pforte hinderten Venedig daran, selbst Sklaven zu erbeuten. Diese mussten deshalb (wie in Frankreich) über die Sklavenmärkte eingekauft werden. Nur wenn sich die Venezianer selbst im Krieg mit dem Osmanischen Reich befanden (zum Beispiel 1645–1669, 1684–1699 und 1714–1718), konnten sie die Gelegenheit nutzen, um selbst Sklaven zu erbeuten. So brachten sie nach einem glänzenden Sieg im Krieg von Kandia 1651 zahlreiche Sklaven nach Hause, aber auch in diversen Operationen bis 1657. Nach der fehlgeschlagenen Belagerung Wiens 1683 stieg die Feindseligkeit gegenüber dem Osmanischen Reich wieder an, und 1684 beteiligte sich auch Venedig erneut an diesem Konflikt im Mittelmeer. Die Einnahme von Corone 1685 brachte 1336 Sklaven, vor allem Frauen und Kinder. Etwa 1000 Menschen wurden in Italien verteilt (Venedig, Toskana, Kirchenstaat), der Rest kam nach Malta. Im Jahr darauf konnten die vereinten Christen Navarino, Modone und andere Orte besetzen und einige Sklaven machen, jedoch nicht in so großer Zahl. Während der Krieg in der Levante bis zum Ende des Jahrhunderts weiterging, ohne dass dabei viele Sklaven erbeutet worden wären, wurden die Aktivitäten im Thyrrenischen Meer wieder ergiebiger.

Die päpstliche Flotte des Kirchenstaats

Kirchenstaat   Auch im Kirchenstaat gehörte die Korsarentätigkeit zu den Aufgaben der Flotte und war fester Bestandteil christlicher Außenpolitik. Sie war bis zu einem gewissen Grad als Verteidigungsmaßnahme gegen feindliche Korsaren auch notwendig. Die Flotte war insgesamt wichtig für das Prestige eines Herrschers. Auch der Papst als weltlicher Herrscher des Kirchenstaates konnte sich militärisch als Oberbefehlshaber über seine Galeeren prunkvoll inszenieren.

Sixtus V.   Die eigentlichen Anfänge der päpstlichen Flotte liegen im Pontifikat von Sixtus V. (1585–1590), der im Zuge seiner Reformen des Kirchenstaates 1587 auch eine Kongregation für die permanente Flotte einrichtete. In der Konstitution dieser Kongregation wurde das Ziel des Flottenaufbaus formuliert: Es gehe vor allem darum, die beiden Küsten des Kirchenstaates vor Piraten und Dieben zu schützen. Gerade an jenen Stränden, wo der Grundstein des Glaubens liege, solle für die Untertanen keine Gefahr herrschen, in die Hände der ‚Turchi' zu fallen. Deshalb bestimmte Sixtus V. fünf Kardinäle mit der Herrschergewalt über zehn Galeeren, die gebaut, bewaffnet und mit großer Sorgfalt unterhalten werden sollten. Diese müssten militärisch einsatzbereit sein. Mit dieser Flotte und der Hilfe Gottes wollte der

Papst Räuber so gut wie möglich abwehren oder wenigstens weit vom Kirchenstaat fernhalten.

Eigentlich hätte Sixtus V. gern noch mehr als zehn Galeeren bauen lassen, doch die Finanzen des Kirchenstaates ließen das nicht zu. Seine Vergrößerungspläne lagen im Trend, denn die Flotten vergrößerten sich in der zweiten Hälfte des 16. Jahrhunderts im ganzen Mittelmeerraum. Allerdings war das ehrgeizige Projekt von Sixtus V. im wahrsten Sinn des Wortes bald verrottet, und die Flotte wurde dauerhaft wieder auf fünf Galeeren reduziert.

Die Korsarentätigkeit von Schiffen aus der päpstlichen Flotte ist im beschriebenen Kontext der allgemein verbreiteten christlichen Kapereien zu sehen. Aus dem letzten Jahrzehnt des 16. Jahrhunderts belegen zwei Beispiele die Beteiligung des Kirchenstaates an dieser Praxis. Im Juli 1590 nahmen die päpstlichen Galeeren drei Schiffe aus den Barbareskenstaaten ein und brachten deren ganze Besatzung auf den Sklavenmarkt nach Genua. 1593 kaperten sie zwei Schiffe in der Meerenge von Sizilien, drei aus Algier bei der Insel Giglio und zwei aus Tunis im Golf von Salerno. Schätzungsweise wurden im Zuge dieser Kapereien mindestens 150–200 Menschen versklavt (Bono 1999, 57).

Eine Hochphase der Korsarentätigkeit Algiers lag in den 1620er und 1630er Jahren. Dies führte auch von christlicher Seite zu vermehrter Korsarenaktivität, so dass es nicht verwundert, dass dies in den Schreiben von Urban VIII. Barberini (Papst 1623–1644) vermehrt zum Thema wird. Darin geht es vor allem um die Frage der Beuteaufteilung sowie der Belohnung für die Beute nach einem *corso* der päpstlichen Flotte.

Flottengeneral war ein Amt mit hohem Ansehen. Die Päpste betrauten oft nahe Verwandte damit. So hatte Urban VIII. seinen Bruder Carlo Barberini zum General seiner Galeeren ernannt, ebenso wie Alexander VII. Chigi (Papst 1655–1667) seinen Bruder Mario Chigi. Diesem ließ er am 4. Dezember 1657 das Privileg zukommen, sich zwei Sklaven auszusuchen. So kamen manche erbeutete Sklaven auch in die Privathaushalte des Kirchenstaates.

Während die Aktivitäten der Stefansritter in der ersten Hälfte des 18. Jahrhunderts bereits zurückgingen bis zur vollständigen Entwaffnung in der Mitte des Jahrhunderts, spielte die kleine päpstliche Flotte noch eine herausragende Rolle bei der Überwachung des Tyrrhenischen Meeres vor der Bedrohung durch die Barbareskenstaaten. In der zweiten Hälfte des 18. Jahrhunderts ging aber auch hier die Korsarentätigkeit stark zurück.

Urban VIII.

Die spanische Flotte

Spanien (mit Neapel und Sizilien) hatte Mitte des 17. Jahrhunderts die größte Galeerenflotte im Mittelmeerraum. „Galeras, galeras y mas galeras" war die Strategie der katholischen Majestät in Spanien. Gerade dieses spanische Vorbild animierte auch Frankreich unter Ludwig XIV., seine Galeerenflotte erheblich auszubauen (vgl. I.1.7). Neapel und Sizilien gehörten zum spanischen Herrschaftsgebiet. Zu Beginn des 16. Jahrhunderts, nach einer nur kurzen Episode französischer Herrschaft, wurden Stadt und Königreich Neapel als Provinz dem spanisch-habsburgischen Weltreich angegliedert. Damit begann die Ära der spanischen Vizekönige von Neapel. Die spani-

Spanien, Neapel, Sizilien

sche Galeerenflotte bestand dementsprechend aus verschiedenen Schwadronen: Nach einem Bericht von 1679 zählte die neapolitanische Schwadron Spaniens acht Galeeren, diejenige eines italienischen Condottiere elf Galeeren, die sizilianische Schwadron sechs Galeeren, diejenigen aus Sardinien zwei und aus Spanien selbst sieben. Insgesamt bestand die spanische Seemacht im Mittelmeer in der zweiten Hälfte des 17. Jahrhunderts also aus 30 Galeeren (Bamford, 41).

Die riesige Galeerenflotte der Spanier sorgte dafür, dass auch die spanischen Korsaren im Mittelmeer auf zahlreichen Raubzügen präsent waren. 1624 erbeuteten vier Galeeren des Vizekönigs von Neapel auf ihrer Rückfahrt 80 Sklaven *moros y moriscos* [Mauren und Morisken]. Im Jahr 1638 kaperten die Galeeren des Königreichs Neapel eine Galeotte aus der Berberei mit 119 Menschen. Die Liste ließe sich lange fortführen (vgl. Bono, 62–75).

Auch in der zweiten Hälfte des 18. Jahrhunderts wurden noch einige Korsarentätigkeiten durchgeführt. Allerdings lässt sich auch hier ein Rückgang feststellen.

Mentalitätsgeschichte　Die Studie von Ellen Friedman hat gezeigt, dass der frühneuzeitliche Korsarenkrieg große Auswirkungen auf die Mentalität der spanischen Bevölkerung hatte. Ein Klima der Angst sei entstanden, ein Misstrauen gegen fremde Kulturen sowie ein religiös-nationales Bewusstsein. „Dieser Korsarenkrieg brachte mehr religiöse und nationale Gefühle hervor als jeder der großen Kriege Spaniens im 16. und 17. Jahrhundert" (Friedman, XXV). Dies ist die eine Seite des Korsarenkrieges: Die muslimische Bedrohung Spaniens und die verschiedenen Antworten darauf. So wurden entlang der spanischen Küste Festungen gebaut, in Dörfern und Städten Wachtürme. Doch diese Küstenverteidigung war nur sehr begrenzt wirksam. Ferner wurde auch eine Linie von befestigten Stützpunkten in Nordafrika errichtet, die jedoch mehr neue Probleme schufen, als dass sie die Bedrohung – zum Beispiel Küstenrazzien muslimischer Korsaren oder Piraten – verminderten. Die andere Seite des Korsarenkrieges waren freilich die christlichen Korsaren, die die Angriffe der muslimischen Korsaren beantworten sollten, indem sie selbstverständlich auch Menschen versklavten.

Die französische Flotte

Frankreich　Die Kaufleute der Südküste Frankreichs betrachteten die Galeere früh als beste Verteidigung für ihre Schiffe und ihren Handel. Wenn dafür keine staatliche Hilfe zu erlangen war, versuchten die Händler sich mit Kaufleuten der Nachbarländer zusammenzutun, um sich die Kosten zu teilen. Zwischen 1611 und 1616 waren die Kaufleute von Marseille gezwungen, ihre Galeeren auf eigene Kosten zu bewaffnen. Sowohl Adlige als auch die Städte selbst investierten in Galeeren, um die Küste zu schützen. Während der Regierungszeit Kardinal Richelieus (1624–1642), des Ersten Ministers Ludwigs XIII., richteten die Händler Südfrankreichs viele Petitionen an den Hof, ihnen gegen Korsaren und feindliche Nachbarn zu helfen. Richelieu ließ daraufhin neue Galeeren als Teile einer Flotte bauen, wobei die Verteidigung des Handels von der Kampagne eines Kreuzzugs gegen die Ungläubigen begleitet wurde. Zudem spielte das Motiv eines Aufrüstens gegenüber

Spanien eine Rolle. Als Richelieu am 4. Dezember 1642 starb und wenige Monate später König Ludwig XIII., erlitt das ambitionierte Flottenprogramm zunächst einen Niedergang. Statt der angestrebten 30 Galeeren waren nur 22 gebaut worden.

König Ludwig XIV. beschloss gleich 1661, zu Beginn seiner Regierungszeit, sein Land mit einer riesigen Galeerenflotte auszustatten. Die Anzahl der Galeeren wurde ständig erhöht bis zu etwa 40 im Jahr 1690. Dafür brauchte man 10 000 bis 12 000 Ruderer. Es ist äußerst schwierig, die Anzahl aller Sklaven und Galeerensträflinge (Forçats) abzuschätzen. Zysberg geht davon aus, dass bis zu 20 Prozent der Rudermannschaft Sklaven waren (Zysberg, 69). Da es nach seinen Untersuchungen zwischen 1680 und 1715 38 036 Forçats gab, würde dies bedeuten, dass die Zahl der Sklaven auf 9 509 zu schätzen wäre, wobei die Jahre 1661 bis 1679 noch nicht berücksichtigt worden sind. Insgesamt geht man von etwa 12 000 Sklaven aus.

König Ludwig XIV. baute seine Flotte unter dem weltlichen Kommando der Malteserritter auf. Er stattete die Galeeren mit muslimischen und hugenottischen Rudersklaven aus und inszenierte sich mit seiner Flottenpolitik als großer Kämpfer für den katholischen Glauben. Auf der anderen Seite wollte Ludwig XIV. Verträge mit den Muslimen schließen und sich mit ihnen gegen seine christlichen Feinde verbünden. Er hatte auch keine Skrupel, sowohl mit den Barbareskenstaaten als auch mit den protestantischen Engländern und Holländern Handelsbeziehungen zu unterhalten. Der Aufbau der französischen Galeerenflotte als neues Bollwerk zur Verteidigung des Christentums bot Ludwig XIV. neben den Propagandazwecken für seine weltliche Souveränität und seine geistliche Autorität eine Möglichkeit, den französischen Klerus und die gallikanischen Katholiken im Allgemeinen besser in seine Herrschaft zu integrieren. Ferner schützte er damit seine Küsten vor dem katholischen Spanien, dessen Vormachtstellung er brechen wollte. Die französische Flotte erfüllte also auf verschiedenen Ebenen unterschiedliche Funktionen für die Politik des Königs.

Ein großes Problem stellte die Versorgung der Flotte mit Rudersklaven dar. Die französische Flotte konnte die muslimischen Sklaven nicht in Gefechten erbeuten, da Frankreich fast immer im Frieden mit den Barbareskenstaaten und dem Osmanischen Reich lebte. Jene, die in den Perioden der Feindschaft gekapert worden waren, mussten zurückgegeben werden, sobald wieder ein Friede geschlossen wurde. Zur Zeit des Kriegs von Kandia (1645–1669) waren zum Beispiel nur wenige Ruderer vorhanden, da viele Sklaven und Forçats gestorben waren. Am Ende des Jahrhunderts, nach dem Frieden von Karlowitz (1699), klagten die Franzosen aufs Neue über die Schwierigkeit, sich mit Sklaven zu versorgen.

Nach dem Ende der religiösen Toleranz in Frankreich durch die Aufhebung des Edikts von Nantes 1685 wurden auch Hugenotten wegen ihres Glaubens zum Dienst auf den Galeeren verurteilt. Damit wurden die Galeeren zum Ausdruck der Grausamkeit des Sonnenkönigs. Die publizierten Erinnerungen des Hugenotten Jean Marteilhe sind ein wichtiges Zeugnis der grausamen Lebensbedingungen auf den Galeeren.

Ludwig XIV.

Jean Mateilhe

Die protestantischen Flotten aus England und den Niederlanden

Hafen von Livorno

Der Zeitraum zwischen 1550 und 1575 stand unter dem Zeichen einer wirtschaftlichen Rezession. Alle nordischen Handelspartner, die jenseits der Straße von Gibraltar ins Mittelmeer vorgedrungen waren, zogen sich zurück. Mit dem Wiederaufschwung am Ende des Jahrhunderts tauchten die englischen und später die holländischen Schiffe wieder auf, „diesmal in weit größerer Anzahl als in der ersten Hälfte des Jahrhunderts" (Braudel 2001, Bd. 2, 392). Der Großherzog der Toskana hatte den Hafen von Livorno nicht nur für jüdische Händler geöffnet. Er lud zwischen 1576 und 1578 auch die Engländer nach Livorno ein und brachte so den Stein ins Rollen. Als dann auch noch der Krieg Spaniens gegen Großbritannien und die rebellischen Niederlande ausbrach, war die Rückkehr der spanischen Gegner ins Mittelmeer unausweichlich.

Englische und niederländische Schiffe in der Levante

Um 1580 trafen englische Schiffe gemeinsam mit niederländischen in der Levante ein. Die protestantischen Flotten waren stark genug, um sich den Zugang zum Mittelmeer über Gibraltar zu erzwingen und weiter bis in die Levante vorzudringen. Dort bedrohten sie die Seemacht Venedigs. Diese war schon vorher durch die Piraterie der Uskoken, die Korsaren aus den Barbareskenstaaten und die Korsaren der Stefansritter und Malteserritter herausgefordert worden. Die Flotten aus dem Norden führten nun in Venedig zu einem Kollaps. Zunächst versuchte Venedig, Beziehungen zu den englischen Händlern aufzubauen. Mit den englischen Händlern kamen jedoch auch die englischen Freibeuter. Außerdem stand England bis 1604 im Krieg mit Spanien. Philipp II. zögerte nicht, venezianische Handelsschiffe auf dem Weg nach England kapern zu lassen.

Handelsinteressen

Für den Handel brauchten die Engländer Verbindungen zu den Märkten der Levante. Deshalb versuchte England, auch mit der Hohen Pforte Handelsvereinbarungen zu treffen. Der erste offizielle Kontakt fand 1575 statt, wurde 1578 erneuert und fand in den Kapitulationen von 1580 seinen Höhepunkt. Auch diplomatische Kontakte wurden etabliert. Die englischen und holländischen Schiffe kombinierten sofort nach ihrer Ankunft im Mittelmeer Handel mit Piraterie. Während Türken und Katholiken sich als Glaubensfeinde gegenüberstanden, hatten die Protestanten analoge Gründe, die Türken als ‚Ungläubige' und die Katholiken als ‚Papisten' anzugreifen. Auch wenn für die Piraterie wirtschaftliche Gesichtspunkte eine größere Rolle spielten als religiöse, so war den Protestanten klar, dass sie keine Freunde antreffen würden. Sie traten deshalb sofort kriegerisch auf und versuchten, sich im allgemeinen Konfliktfeld Respekt zu verschaffen, um so ihre Handelsinteressen durchsetzen zu können. Trotz diverser Vereinbarungen mit der muslimischen und katholischen Welt griffen protestantische Schiffe immer wieder deren Schiffe an, ob türkisch oder katholisch, und plünderten, was sie erbeuten konnten. Die protestantischen Flotten brachten also in das ohnehin bei Piraterie schon schwer bestimmbare Verhältnis von Freund und Feind noch mehr Unsicherheiten. Sie traten teilweise als Handelspartner nach beiden Seiten hin auf und griffen Schiffe beider Seiten in Piratenmanier an.

Bis zum 17. Jahrhundert waren der Ferne Osten, Afrika südlich der Sahara und die Neue Welt weit weg für die Engländer. Dafür hatten Tausende von Engländern, Schotten, Walisern und Iren direkt mit Nordafrika und den Berberstaaten zu tun, ob als Seeleute, Händler, Soldaten oder Handwerker. Es gab Anfang des 17. Jahrhunderts so viele europäische Emigranten in Algier, dass sie dort eine eigene Lobby bildeten. Vor dem Beginn der Großen Migration nach Nordamerika Ende der 1620er Jahre gab es mehr Briten in Nordafrika als in Nordamerika. Englische Männer suchten in den Berberstaaten Arbeit und Wohnung (Matar 2001).

Engländer in Nordafrika

Die Briten blieben aber auch nicht vor den nordafrikanischen Korsaren verschont, die zum Teil bis Großbritannien vorstießen und dort kaperten oder bei Küstenrazzien Menschen erbeuteten. Andere Briten gerieten in Gefangenschaft, wenn sie beim illegalen Handel in Nordafrika erwischt wurden. Manche der Gefangenen waren auch Soldaten, die im Laufe von Militäraktionen gefangen genommen wurden, vor allem im Befreiungskrieg von Marokko unter Mulay Ahmad und Mulay Ismail 1681. In diesem Zeitraum wurden viele Briten gewaltsam zum Militärdienst gezwungen. Viele von diesen Gefangenen hatten wiederum selbst Gefangene gemacht. Auch die Engländer (und mit ihnen die Holländer) waren wie alle übrigen europäischen Mächte keineswegs nur Opfer der muslimischen Korsaren, sondern stellten auch selbst einen Unsicherheitsfaktor auf dem Mittelmeer dar.

1.2 Europäische Sklavenmärkte

Die Flotten hatten ständig Bedarf an neuen Galeerensklaven. Die Korsarentätigkeiten reichten nicht immer aus, um diesen Bedarf zu decken. Manche Staaten (z.B. Frankreich und Venedig) wurden zudem durch Abkommen mit dem Osmanischen Reich immer wieder daran gehindert, an dieser Kapertätigkeit teilzunehmen. Unerlässlich waren demnach die Sklavenmärkte, auf denen man Sklaven und Sklavinnen einkaufen konnte, sei es für die Galeeren, sei es für den privaten Haushalt.

Sklavenmärkte

Die Sklaven auf den Märkten waren freilich auch eine Folge der Korsarentätigkeiten. Ein Teil der Prise (Beute) blieb Eigentum der Korsarenflotte. Ein anderer Teil kam auf den Markt, um dort verkauft zu werden. Frauen und Kinder kamen fast alle auf den Markt.

Die Sklavenmärkte befanden sich praktischerweise in den Hafenstädten der jeweiligen Flotten. Hier kamen die Sklaven an, hier wurden sie verteilt und auf den Märkten verkauft. Sklavenmärkte gab es in Livorno, Genua, Neapel, Palermo, Civitavecchia, Cagliari, Messina, Trapani, Bari etc. Doch damit nicht genug. Auch im Hinterland gab es Sklavenmärkte, wie zum Beispiel in Lanciano in den Abruzzen. Der Bedarf an Haussklaven bestand auch in Städten im Landesinneren, so dass auch dorthin ein Strom an Sklaven zu diversen Umschlagplätzen floss.

Manche Sklaven kamen zudem über Land an die Mittelmeerstädte. Eine wichtige Route war zum Beispiel der Weg von Dalmatien und dem Hinterland des Balkans nach Italien. In Venedig gründeten 1588 Händler eine Gesellschaft (Compagnia), um auf dem Balkan muslimische Sklaven von einem österreichischen Erzherzog zu kaufen und sie in Genua zu einem höheren

Sklavenhandel

Preis zu verkaufen. In Venedig selbst kaufte man muslimische Ruderer nur, wenn Phasen öffentlicher Feindschaft mit dem Osmanischen Reich eintraten. Andere Händler transportierten muslimische Sklaven aus dem Balkan von einer italienischen Hafenstadt zur nächsten, um sie dort gewinnbringend zu verkaufen. Die größten italienischen Sklavenmärkte befanden sich in Livorno und Genua.

Registre des Turcs   Frankreich kaufte einen erheblichen Teil seiner muslimischen Galeerensklaven ein. In Marseille mussten sich alle türkischen Ruderer in ein Register eintragen, das *Registre des Turcs* hieß. In den zwei Jahren zwischen 1685 und 1687 waren 200 Ruderer registriert worden, 56 kamen aus Italien, fast alle aus Livorno. Der Kauf war meist von einem französischen Konsul durchgeführt worden. Livorno blieb der wichtigste Markt für den Export von Sklaven nach Marseille, auch wenn die Quote des Sklavenmarktes von Genua in der Zeit von 1689–1693 auf die Hälfte der Sklaveneinkäufe anstieg (178 von 356 Einkäufen). Die Rolle der Konsuln (Cotolendy in Livorno und Aubert in Genua) bei den Einkäufen für die Flotte wurde quasi exklusiv. Das durchschnittliche Alter der eingekauften Sklaven lag bei 26 Jahren. Von den aus Italien eingeführten Sklaven kamen 90 Prozent vom Balkan, 5,7 Prozent aus dem Maghreb, 4,3 Prozent aus der Levante. Manche hatten einen weiten Weg hinter sich: Erst wurden sie von den kaiserlichen Truppen gefangen genommen, dann nach Italien und von dort nach Frankreich verkauft (Bono 1999, 125–128).

Schwarze Sklaven   Bei der Suche nach Galeerensklaven kam 1673 in Frankreich die Idee auf, sowohl Russen als auch Griechen als Sklaven zu verwenden. Russische und griechische Christen wurden damals auf dem Sklavenmarkt in Konstantinopel verkauft und auf türkischen Galeeren eingesetzt. Aber König Ludwig XIV. wollte weder Russen noch Griechen auf seinen Galeeren, da dies den Ruf seiner Flotte zu untergraben drohte, immerhin handelte es sich um orthodoxe Christen. So wurde überlegt, ob man nicht schwarze Sklaven aus Westafrika importieren sollte, doch der König lehnte diese als „ungeeignet" ab. Dennoch kam es zu einigen Lieferungen durch die Senegal-Company. So wurden zum Beispiel 1679–1680 drei Schiffsladungen mit 300 Männern nach Marseille gebracht, von denen der Gesundheitsinspektor 273 akzeptierte. Die Schwarzen wurden von den anderen Sklaven isoliert, damit die Türken und die Strafgefangenen ihnen kein schlechtes Beispiel geben konnten. Der Superior der Missionskongregation in Marseille fragte an, ob man diese Neuankömmlinge zum Licht der wahren Religion führen dürfe. Die Mission wurde für den Winter 1680/81 erlaubt, und im August darauf wurden die ersten 50 getauft. Erst mit den schwarzen Sklaven konnten 30 Galeeren tatsächlich besetzt werden (Bamford 1973, 152–157).

Irokesen   Doch die Afrikaner litten offenbar unter dem europäischen Klima und unter den Lebensbedingungen in Marseille, so dass sich der Staatsekretär der Marine (Colbert) in den 1680er Jahren genötigt sah, neue Quellen für Sklaven aufzutun. Noch 1680 entschloss sich Ludwig XIV. zu einem großen kriegerischen Unternehmen gegen Algier. 1682 erhielt der französische Admiral Duquesne den Befehl, Algier zu zerstören. Trotz mehrerer Anläufe, in dessen Verlauf sogar ein politischer Umsturz in Algier erfolgte, gelang den Franzosen die Kapitulation Algiers nicht. Es kam notgedrungen bis 1689 zu mehreren Friedensschlüssen, die immer wieder gebrochen wurden. Die Kaperei Algiers konnte von christlicher Seite sehr gut dafür verwendet werden, kriegerische Maßnahmen zu legitimieren. Gleichzeitig wollte Frankreich seine Versorgung mit Sklaven sicherstellen – wobei die Friedensverträge natürlich hinderlich waren. Als man hier nicht weiterkam, blickte man zur Beschaffung der Sklaven mittlerweile nach Kanada. Dort unternahm man ein Experiment mit gefangenen Irokesen. Dies scheiterte jedoch, da die nach Europa verschleppten Irokesen reihenweise auf den französischen Galeeren an Krankheiten starben (Bamford, 163).

Eine weitere mögliche Quelle wurde im Großen Türkenkrieg (1683–1699) hingegen für ganz Europa der habsburgische Sieg in Ungarn bei Mohács 1687 gegen das Osmanische Reich, der zahlreiche türkische Kriegsgefangene auf den Markt brachte. Doch der Kaiser wollte den Franzosen keine Sklaven verkaufen. So fiel letztlich die Zahl der französischen Rudersklaven seit den 1690er Jahren immer weiter. 1746 gab es nur noch 200 Sklaven und insgesamt 3000 Ruderer in der französischen Flotte. Gründe für diesen Rückgang waren vor allem die Friedensverträge mit den nordafrikanischen Staaten, die den wirtschaftlichen Interessen dort endgültig den Vorrang einräumten, sowie die Friktionen zwischen Ludwig XIV. und den übrigen katholischen Mächten Europas, vor allem dem Kaiser und dem Papst.

Großer Türkenkrieg

1.3 Die Lebenswelt der Sklaven

Sklavengefängnisse (Bagnos)

Die Stefansritter brachten ihre Beute nach Livorno, wo sich der größte italienische Sklavenmarkt der Frühen Neuzeit bis in das erste Drittel des 18. Jahrhunderts etabliert hatte. Untergebracht waren die Sklaven ebenso wie die Forzati (Strafgefangenen) in einem sogenannten Bagno, einem Sklavengefängnis. Das Bagno von Livorno wurde zwischen 1598 und 1604 errichtet. Darin lebten zu Beginn etwa 3000 Menschen, was eine enorme Anzahl darstellt, wenn man bedenkt, dass Livorno zu dieser Zeit nur etwa 1200 Einwohner hatte. Bis zum Ende des 17. Jahrhunderts wuchs die Stadt auf 21000 Einwohner an. In diesem Zeitraum zeigt sich die Tendenz, dass sich das Sklavenbagno (*bagno degli schiavi*) zu einem Sträflingsbagno (*bagno penale*) entwickelte, das heißt die Anzahl der Sklaven nahm im Verhältnis zu den Forzati ab (Fratarelli-Fischer 2000, 70). Mit der Abschaffung der Stefansflotte Mitte des 18. Jahrhunderts verlor das Bagno gänzlich seine ursprüngliche Bestimmung und wurde zum Hospital S. Antonio umgebaut.

Das Bagno in Livorno

Wesentlich später als in Livorno wurde in Marseille ein Bagno eingerichtet. Als Ludwig XIV. um 1690 auf dem Höhepunkt seiner Seemacht stand, war Marseille die größte und modernste Galeerenbasis im Mittelmeer. Sein Finanzminister und Staatssekretär der Marine, Colbert, hatte bereits 1669 vorgeschlagen, ein Bagno in Marseille zu errichten. Doch für den König scheint dieses Projekt zunächst unwichtig gewesen zu sein. Als das Problem einer immer größeren Anzahl an Invaliden unter den Ruderern aufkam, wurde die Idee eines Bagnos in den 1680er Jahren wieder aufgeworfen. Die Invaliden waren bisher in Schiffsrümpfen im Hafen sowie in zwei Hospitä-

Das Bagno in Marseille

lern untergebracht worden. Doch man wollte die Invaliden, die der Krone nur Geld kosteten, lieber loswerden, anstatt ihnen eine bessere Unterkunft zu bieten, und so wurden die Pläne abgelehnt. Erst zwischen 1700 und 1748 wurde das Bagno tatsächlich gebaut, immer wieder unterbrochen durch Geldknappheit oder die Pest. Im Unterschied zu Livorno lebten die Sklaven hier also bis Mitte des 18. Jahrhunderts nicht in einem Bagno, sondern auf den Galeeren selbst.

Bagnos auf Malta Die meisten Bagnos dürfte es auf der Insel Malta gegeben haben. Hier gab es nicht weniger als vier solcher Gefängnisse (in Valletta, Mdina, Birgu und L-Isla), vielleicht sogar fünf (Bormla). Eine Malteser Galeerenschwadron bestand aus acht Schiffen, wobei vier bei Birgu und vier in L-Isla im Hafen lagen. Dort wurden die ersten Bagnos errichtet. Die Türen der Bagnos wurden streng bewacht, die Bewegungen der Sklaven kontrolliert. Wenn die Sklaven nicht zur Arbeit eingesetzt werden konnten, sei dies auf den Galeeren oder bei schweren Arbeiten im Hafen oder in der Stadt, mussten sie in ihren Bagnos bleiben. Das Ziel der Eigentümer bestand freilich darin, die Arbeitskraft der Sklaven möglichst gut auszubeuten. Manche von ihnen wurden als Diener bei vornehmen Familien eingestellt. So konnte der Übergang vom Galeerensklaven zum Haussklaven fließend sein. Doch war dies keineswegs der Regelfall. Die meisten gingen anderen Arbeiten nach. Dabei durften Sklaven auch etwas Geld verdienen, motiviert von dem Gedanken, sich für den eigenen Freikauf etwas zu sparen (vgl. II.1.4). Manche zogen als Hausierer durch die Straßen. Eine beliebte Tätigkeit war die des Wasserträgers. So konnte der Alltag eines Sklaven, dessen Galeere ruhig im Hafen lag, sehr unterschiedlich aussehen. Manche wurden zu schweren Arbeiten wie Ausbaggern des Hafenbeckens oder Festungsbau eingesetzt, manche konnten sich selbst Geld für einige Dienstleistungen verdienen, manche wurden als Haussklaven gemietet oder im glücklichsten Fall übernommen. Die Arbeitsuntauglichen blieben in den Bagnos. Bei schweren Krankheiten wurden sie separiert. Die Malteser hatten in ihrem Hospital einen eigenen Raum für kranke Sklaven reserviert, was relativ fortschrittlich war (vgl. Muscat).

Auf den Galeeren

Die Galeere als
Lebensraum

Galeerensklaven lebten entweder abwechselnd in einem Bagno und bei Einsätzen auf einer Galeere oder stets auf einer Galeere, auch in Zeiten, in denen die Schiffe in den Häfen lagen. Livorno ist ein gutes Beispiel für die erste Variante, Marseille für die zweite. Wie muss man sich das Leben auf einer Galeere vorstellen?

Zunächst einmal spielte sich alles auf engstem Raum ab. Eine normale Galeere der Malteserritter war mit 26 Rudern an Steuerbord und 25 Rudern an Backbord ausgerüstet. Hier fehlte eine Reihe für die Feuerstelle, an der gekocht wurde. Das wichtigste Küchenutensil war ein großer Topf, in dem die Suppe für die Mannschaft gekocht wurde. Als Verpflegung für die Ritter wurden auch Tiere (vor allem Hühner, aber auch ein paar Kühe) mitgenommen. Man setzte fünf Männer für jedes Ruder ein, die sich eine Ruderbank teilten. Auf größeren Galeeren konnten es bis zu sieben Männer sein. Sie waren an die Bank festgekettet, arbeiteten, aßen, schliefen dort und verrichteten auf ihren Plätzen ihre Notdurft. So lag nicht nur der Unrat der Tiere auf dem Schiffsboden (vgl. Muscat 2002).

Die meisten Ruderer waren muslimische Sklaven. Doch am Ende jedes Ruders saß gemäß einer Malteser Verordnung ein Bonavoglia (Freiwilliger, oft ein Schuldsklave), während die Forzati (Strafgefangenen) unter die Sklaven gemischt wurden, je nach Statur und Erfahrung. Das Mischverhältnis dieser drei Typen von Ruderern richtete sich in der Praxis freilich auch nach den Möglichkeiten, so dass solche Regelungen oft Wunschcharakter annahmen. Die Rudermannschaft einer Galeere war also ein bunt zusammengewürfelter Haufen. Auf einer Malteser Galeere saßen zum Beispiel Türken, Mauren, Schwarze, Araber, Griechen, Juden, Europäer, wenige Malteser, Sklaven, Strafgefangene und Bonavoglie. Sie sprachen verschiedene Sprachen, kamen aus unterschiedlichen Kulturkreisen, hingen verschiedenen Religionen sowie abergläubischen Vorstellungen an. Für das Verständnis der Ruderkommandos durch den Kommandeur (ital. *comito*, frz. *comite*) waren auch keine besonderen Sprachkenntnisse nötig. Der Comite besaß eine Pfeife für seine Anweisungen. Diese Sprache verstanden alle. Daneben gab es noch den Aufseher (ital. *argusin*, frz. *argousin*), der den Gehorsam mit einem Stock kontrollierte. Unter diesem standen mehrere Unteraufseher (frz. *sous-argousin*). Für die Zeit im Hafen gab es zudem noch Wächter, die auf die Sklaven in den Bagnos oder auf den Galeeren aufpassen mussten. Eine Galeere war neben ihrer repräsentativen Funktion im Grunde eine Kriegsmaschine. Sie besaß Segel und Ruder und war mit vier oder fünf Kanonen bewaffnet. Am Heck des Schiffes befand sich die Kabine für den Kapitän, die Ritter (bzw. Soldaten) und ihre Gäste.

> Galeerenruderer: Bonavoglia, Forzato, Schiavo

Auf einer Galeere musste stets für ein hohes Maß an Disziplin gesorgt werden. Der Kapitän eines Schiffes wusste genau, dass er von der Ruderkraft seiner Mannschaft abhängig war. Das Gesetz erlaubte ihm eine Reihe von Strafmaßnahmen wie Auspeitschen, Verstümmelung bis hin zur Todesstrafe. Wenn ein Sklave entflohen und wieder eingefangen wurde, setzte man ihn nach grausamer Bestrafung wieder an die Ruderbank. Das Abschneiden von Nasen oder Ohren diente anderen Sklaven zur Warnung für bestimmte Vergehen. Die Schwere der Bestrafung richtete sich auch nach der Situation der christlichen Sklaven in den Bagnos der muslimischen Korsaren in Nordafrika (vor allem Algier, Tunis, Tripolis). So wurde die Praxis aufgegeben, erbeutete Korsaren aus den Barbaresken hinzurichten, weil dies schwere Strafen für die christlichen Sklaven in den Barbareskenstaaten nach sich zog. Die Informationen zwischen der christlichen und muslimischen Welt des Mittelmeerraumes flossen reichlich hin und her. Auch in der Behandlung der Sklaven war eine gewisse Reziprozität gegeben, was sich in gegenseitigen Reaktionen auf bestimmte Vorfälle zeigt. Deshalb sind zeitgenössische Beurteilungen der eigenen Behandlung als mild und derjenigen der Gegner als grausam auch eher Ausdruck von Propaganda als Beschreibung von Wirklichkeit. Zudem stilisierten sich hier beide Seiten gleichermaßen – blind für die eigenen Grausamkeiten.

> Körperliche Züchtigung

Sowohl muslimische Sklaven als auch die Strafgefangenen waren an die Galeerenbänke festgekettet. In Marseille ließ sich der Wächter das An- und Abketten mit einem Sol bezahlen. Für das Überqueren der Brücke musste dem nächsten Wächter etwas gezahlt werden. Dies zeigt, dass die Sklaven und Gefangenen nicht nur im Hinblick auf einen Freikauf (der für die Strafgefangenen ohnehin nicht möglich war) Geld verdienen mussten. Zudem war untätiges Herumsitzen nicht gestattet. Der Comite verteilte Wolle, aus der die Nichtbeschäftigten Strümpfe für die Bewohner Marseilles zu stricken hatten (Martheilhe 2001, 338f.). Teilweise lag diese Produktion auch in der Hand eines Türken oder eines Forçats, der die Socken weiterverkaufte. Nach Marc Vigié können die Galeeren deshalb auch als „manufactures flottantes" (schwimmende Manufakturen) bezeichnet werden (Vigié 1985, 226).

Ob die Sklaven und die Strafgefangenen nun nachts in Bagnos oder Galeeren untergebracht waren, der Austausch mit der Bevölkerung der Hafenstädte war allgemein rege. Die Männer der Rudermannschaft wurden in den Wirtschaftskreislauf der Stadt integriert. Gerade in den Wintermonaten konnte mit der kostenlosen Arbeitskraft der Ruderer ein Gewinn erwirtschaftet werden, an dem Marine und Unternehmer profitierten. Nicht nur für die Sklaven, sondern auch für die Strafgefangenen wurde das Organisationsprinzip Arbeit richtungsweisend. Die Nützlichkeit des arbeitenden Häftlings ließ Arbeit zum wesentlichen Instrument des Strafvollzugs werden.

Haussklaven und Haussklavinnen

Haussklaverei   Haussklaven und Haussklavinnen (im Unterschied zu den Galeerensklaven finden sich hier beide Geschlechter!) gehören in Europa für die Frühe Neuzeit (wie auch schon für das Mittelalter) zur großen Dunkelziffer. Es existieren noch keine verlässlichen Studien, die einen Überblick über dieses Phänomen erlauben. Daraus zu folgern, es habe keine gegeben, wäre jedoch ein Trugschluss. Denn es existieren durchaus zahlreiche Hinweise auf Haussklaverei, die wie Mosaiksteinchen vor uns liegen und nicht so recht in das historische Image der europäischen Gesellschaft hineinpassen (vgl. I.2). Welche Spuren von Haussklaverei lassen sich finden und müssten in der Forschung noch weiter untersucht werden?

Taufregister   Eine Möglichkeit, dass Haussklaven aktenkundig werden können, sind
römisches   Taufregister. So ist zum Beispiel über die Taufregister des römischen Katechumenenhaus   umenenhauses ersichtlich, dass zahlreiche Muslime zwischen dem 16. und 18. Jahrhundert zum Katholizismus konvertierten, die ehemals Haussklaven waren. In diesen Taufregistern ist vermerkt, ob der Täufling ein Freier oder ein Sklave war. Die Taufe machte nicht automatisch frei, erleichterte aber den Weg zur Freilassung, da viele Besitzer solchen Sklaven die Freiheit schenkten – ein Akt der Gnade und der christlichen Nächstenliebe. Die Konvertiten gehörten dann zwar immer noch zum Haushalt ihres Herrn, aber eben nicht mehr als Sklaven. Die Übernahme eines neuen christlichen Namens signalisierte diese Veränderung auch nach außen. Der soziale Aufstieg wurde möglich.

Haussklaven in   Die Taufregister des römischen Katechumenenhauses zeigen also, dass
vielen römischen   viele römische Adelsfamilien Haussklaven hatten. Was allerdings fehlt, sind
Adelsfamilien   statistische Übersichten über die Anzahl der Sklaven in den Haushalten selbst, so dass man nicht sagen kann, ob die Konversion muslimischer

Haussklaven eher üblich oder eher die Ausnahme war. Sind diese Konvertiten und Konvertitinnen nur die Spitze des Eisbergs einer weitverbreiteten Haussklaverei? Hier müssen weitere Quellen hinzugezogen werden. Dies können Zeugnisse von und über berühmte Persönlichkeiten sein, in denen Sklaven vorkommen. Ein Beispiel hierfür wäre der Sklave des spanischen Malers Diego Velázquez (1599–1660). Der in Sevilla geborene Maler besorgte sich, wie in Sevilla zu dieser Zeit nachweislich üblich, einen Haussklaven, einen Mulatten mit Namen Juan de Pareja, der erstmals 1623 im Zusammenhang mit einer Reise nach Madrid erwähnt wird. Als Velázquez 1649 mal wieder nach Rom kam, nahm er seinen Sklaven Pareja mit. Dieser Aufenthalt zog sich über ein Jahr hin und öffnete Velázquez die Türen zur Vereinigung der Künstler in Rom. Bei einer Ausstellung am 19. März 1650 im Pantheon beteiligte sich der Maler mit einem Porträt seines Sklaven Juan de Pareja. Wüsste man nicht, dass es sich um einen Sklaven handelt, würde man es auf dem Gemälde nicht erkennen. Auf seinen Status weisen lediglich die dunkle Hautfarbe und die ausgeprägten Züge eines Mulatten (er war der Sohn einer schwarzen Sklavin und eines Weißen) hin. Gesichtsausdruck, Haltung und Kleidung sind hingegen wie bei einem Edelmann dargestellt. Fünf Monate später entschloss sich Velásquez, seinen Sklaven freizulassen. Er unterzeichnete hierfür am 23. November 1650 vor einem römischen Notar eine Freilassungsurkunde, wobei festgelegt wurde, dass Pareja noch weitere vier Jahre im Dienst seines Herrn bleiben solle (Zapperi 2013). Dieses Beispiel zeigt, dass Notariatsregister für die Frühe Neuzeit noch systematisch im Hinblick auf Haussklaven beiderlei Geschlechts auszuwerten sind. Allerdings kommen hier meist nur freigelassene Sklaven in den Blick, so dass auch darüber nicht alle HausssklavenInnen erfasst werden könnten.

Wie selbstverständlich diese zu den vornehmen Haushalten der Frühen Neuzeit gehörten, vermitteln biographische Berichte, die im Kontext der Türkenkriege im 17. Jahrhundert entstanden sind und die Verhältnisse auf dem Balkan und in Österreich beschreiben. Zu nennen ist hier zum Beispiel der Ungarische oder Dacianische Simplizissimus, ein Roman, der reichhaltiges Material über die Verhältnisse in Oberungarn und Siebenbürgen um die Mitte des 17. Jahrhunderts enthält. Sein Dichter Daniel Speer (1636 in Breslau geboren) war selbst in der Stadt Erlau/Eger in türkische Gefangenschaft geraten. Nach seinem Freikauf hielt er sich in Oberungarn und Siebenbürgen auf und trat Ende der 1650er Jahre als Trompeter eine Reise nach Istanbul an. In seinem autobiographisch gefärbten Roman zeichnete er ein „detailliertes Bild der Zustände im Grenzraum zwischen osmanischer und habsburgischer Herrschaft und der Lebensbedingungen der Menschen diesseits und jenseits der Grenze, die zwei Großreiche voneinander trennt und zugleich auf eigenartige Weise verbindet" (Matschke 2004, 326). Wo der Ungarische Simplizissimus (alias Speer) hinkommt, herrscht Angst vor Angriffen. Die Bevölkerung ist einer ständigen Bedrohung von Plünderung und Gefangennahme ausgesetzt. So geriet auch der Simplizissimus zusammen mit einem Metzgerknecht bei einem Spaziergang in Gefangenschaft, wurde in Erlau auf dem Sklavenmarkt angepriesen und verhöhnt. Er wird an den Pascha von Erlau verkauft und muss mit eisernen Fußfesseln in einem

(Auto-)biographische Berichte

unterirdischen Gefängnis des Stadtschlosses darben. Später fertigt er Gürtel an, die er verkauft. In einem komplizierten Loskaufverfahren (es werden Bürgen und Geldsummen bereitgestellt und ein türkischer Gefangener freigelassen) kommt er schließlich wieder frei. Was hier beschrieben wird, ist Sklaverei im Kontext von Kriegsgefangenschaft, die auch in den täglichen Kleinkriegen an der Grenze auf dem Balkan zum vertrauten Bild gehörte. Diese versklavten Kriegsgefangenen wurden zu Arbeiten herangezogen, dienten aber auch als Verhandlungsmasse für Gefangenenaustausche. War Speer ein Haussklave gewesen? Diese Frage lässt sich deswegen nicht so leicht beantworten, weil Kriegsgefangenschaft und Haussklaverei (hier als Sklave des Paschas von Erlau) ineinander übergehen konnten.

Osman Ağa Noch deutlicher wird diese Durchlässigkeit beim autobiographischen Bericht des Osman Ağa (um 1671 bis nach 1725). Um 1671 in Temeschwar geboren, wurde Osman wie sein Vater, der Hauptmann Ahmed Ağa, bald selbst Ağa in der Festungskavallerie, daher der Name Osman Ağa. Als die kaiserlichen Truppen am 11. Juni 1688 Lipova eroberten, geriet Osman in Kriegsgefangenschaft. Nach grausamer Behandlung durch seinen ersten Herrn ging er in den Besitz des Generals Graf Stubenberg über und gelangte so auf dessen Burg bei Kapfenberg in der Steiermark. Von dort wurde er nach Wien zum Hofkriegsrat General von Schallenberg weitergegeben. Ob im Kriegsgebiet, in der Steiermark oder in Wien: Überall gehören Sklaven zum selbstverständlichen Bild. Osman trifft stets auf andere muslimische Sklaven und Sklavinnen, die im Krieg erbeutet und in den Haushalten der adeligen Feldherren als eine Art Diener eingesetzt wurden, freilich mit dem Status eines Haussklaven oder einer Haussklavin im Unterschied zur ebenfalls vorhandenen freien Dienerschaft. Hier bildet sich eine Hierarchie innerhalb der Dienerschaft ab, die in der allgemeinen Geschichtsschreibung wenig berücksichtigt wird.

Aus dem Bericht des ehemaligen Sklaven Osman Ağa (um 1671 bis nach 1725)
Aus: Osman: Der Gefangene der Giauren.

Osman Ağa über die Situation auf Burg Kapfenberg:
Das ist eine kleine, hübsche Stadt am Ufer des Flusses Mürz. (…) Außer mir hatte der General noch einen anderen Gefangenen und vier oder fünf Dienerinnen, die alle hier wohnten (100).

Osman Ağa über Sklavinnen seines Herren in Wien:
Mit dem übrigen Gesinde kam ich gut aus und hatte nie Streit. Übrigens hatten wir in unserem Palais drei Musliminnen, zwei Mädchen und eine Frau. Die beiden Mädchen hatte unsere Herrin, als sie noch in ihrem eigenen Hause war, in einem Nonnenkloster erziehen lassen; als sie dann geheiratet hatte und zu unserem Herrn gezogen war, hatte sie die Mädchen mitgebracht (136f.). [Es folgen Beschreibungen des Schicksals dieser drei Musliminnen.]

1724: Erste Autobiographie Ağas Erst 1699 gelang Osman als österreichischer Offizier verkleidet die Flucht auf osmanisches Gebiet. Danach wurde er Dolmetscher des Statthalters in Temeschwar. 1724 schrieb er seine erste Autobiographie in Istanbul, in der er seine Versklavung durch die Österreicher und seine abenteuerliche Flucht behandelte.

Auch wenn solche Berichte neben ihrem autobiographischen Wert als Literatur zu verstehen sind, so zeichnen sie doch ein zeitgenössisches Bild, in dem Sklaverei ganz selbstverständlich zur europäischen Gesellschaft dazugehörte. Die meisten muslimischen Sklaven und Sklavinnen kamen im Zuge der Türkenkriege auf dem Balkan in die Länder der Habsburgermonarchie und manchmal auch weiter in Länder des Heiligen Römischen Reichs deutscher Nation. Auch hier wäre die Auswertung der Taufregister aufschlussreich, denn in Pfarrarchiven lassen sich bisweilen Einträge zu Taufen muslimischer Sklaven finden. So sollen allein in Wien nach dem Sieg über die türkischen Belagerer 1683 650 muslimische Sklaven getauft worden sein. Etwa 1000 gefangene Türken sind damals nach Bayern gebracht und zum Großteil getauft worden. Ende des 17. Jahrhunderts kam es an deutschen Höfen geradezu in Mode, sich Türkensklaven zu halten. So sind Sklaven beiderlei Geschlechts zum Beispiel für Berlin, Hannover, Köln, aber auch für kleinere Residenzstädte und Adelssitze belegt (Bono 2009, 255f.).

Neuere vergleichende Untersuchungen über den Sklavenloskauf entlang der Osmanischen Grenze haben gezeigt, dass es zahlreiche Quellen aus dem 16. und 17. Jahrhundert über den Kauf, die Haltung und den Austausch von Gefangenen im Balkan gibt – sowohl über christliche Sklaven unter osmanischer Herrschaft als auch über muslimische Sklaven in den Ländern des Habsburgerreiches und seiner Verbündeten (vgl. Dávid/Fodor 2007). So wird ein wichtiges Feld einer christlich-muslimischen Beziehungsgeschichte sichtbar.

Marginalie: Sklaven im Heiligen Römischen Reich deutscher Nation

Religionsausübung der Galeerensklaven

Unter den Galeerensklaven der christlichen Herrscher befanden sich überwiegend Muslime sowie einige Juden. Ausgerechnet diese Sklaven durften in einem ansonsten intoleranten Europa ihre Religionen zumindest in begrenztem Umfang ausüben. Das bedeutet, sie hatten in der Regel eigene religiöse Vorsteher, eigene Räume für die Verrichtung gemeinsamer Gebete und eigene Friedhöfe für ihre Glaubensbrüder. Allerdings lassen sich hier große regionale Unterschiede feststellen.

Auf Malta waren Muslime in der Mitte des 13. Jahrhunderts vor die Wahl gestellt worden, sich taufen zu lassen oder auszuwandern. Außer einer größeren jüdischen Gemeinde im späten Mittelalter und ein paar wenigen Lutheranern oder Krypto-Lutheranern im 16. Jahrhundert waren die einzigen Nicht-Katholiken, die in friedlichen Kontakt mit der Insel kamen, zeitweilige Besucher wie Engländer, Holländer und Griechen, Seeleute oder Händler – oder eben die muslimischen und jüdischen Sklaven.

Über die religiöse Praxis der muslimischen Sklaven gibt es einige Quellen in der National Library in Valletta/Malta, die Godfrey Wettinger (2002) ausgewertet hat. Danach werden die Gebetsführer der Muslime in den Quellen als *papassi*, *dervis* oder *marabuti* bezeichnet. 1661 hatte jedes Bagno auf Malta seinen eigenen Papasso. Dieser wurde von den Sklaven gewählt und war von der Arbeit ausgenommen. Ebenso wie ihren Papasso wählten die Sklaven ihren eigenen Kadi (Richter nach islamischem Recht) aus. Die Pa-

Marginalie: Zur religiösen Praxis muslimischer Sklaven auf Malta

passi waren weit mehr als Gebetsvorstände. 1631 waren sie zum Beispiel damit betraut, auf das Eigentum der kranken Sklaven aufzupassen, da diese dazu nicht mehr in der Lage waren. Der Großmeister des Malteserordens bestimmte, dass die Sklaven, die an Land waren (im Unterschied zu den Galeerensklaven auf See), zwei Papassi benennen sollten. Diese hatten ein Inventar mit allem Eigentum zu führen, das dem Kranken dann bei Genesung übergeben wurde – oder dem Orden, wenn der Kranke starb. Es war auch Aufgabe der Papassi, Beerdigungen zu organisieren. Der Leichnam wurde in einen speziellen Raum gebracht, wo man nach dem Brauch heißes Wasser über ihn goss. Diese Aufgabe übernahm der Papasso mit anderen freiwilligen Sklaven. Anschließend wurde der Leichnam begleitet von vier Sklaven und dem Papasso zum Friedhof gebracht, wo er beerdigt wurde. Der Papasso musste auch überprüfen, ob der Leichnam irgendwelche Spuren von schlechter Behandlung zeigte.

Ein eigener muslimischer Friedhof existierte auf Malta seit 1675. Die Leichentücher und das Öl wurden von Tripolis gestellt, ebenso die Baumwollgehänge für die Moschee. Dies ist bereits ein Hinweis darauf, dass die Praxis einer gewissen religiösen Toleranz bei den Herrschern der Barbareskenstaaten mit den Zentren Algier, Tunis, Tripolis bekannt war und unterstützt wurde. Die kleinen Prozessionen zum Friedhof zogen unvermeidlich Aufmerksamkeit auf sich und wurden oft Zielscheibe öffentlichen Missbrauches und öffentlicher Schmähungen. Nur der strenge Schutz durch die Regierung auf Malta sicherte ihnen eine relative Sicherheit zu. Am 7. Juni 1742 wurde zum Beispiel ein Malteser Seemann in Ketten gelegt, weil er Türken beschimpft hatte, die einen Leichnam zum Friedhof trugen. Er wurde am nächsten Tag freigelassen, vor allem weil die Papassi selbst um seine Freilassung gebeten hatten.

Moscheen in Bagnos   Die Räume, die als Moscheen dienten, existierten sowohl im Gefängnis von L-Isla als auch in dem von Birgu. Am äußersten Ende des Gefängnisses von Valletta findet sich schon 1599 ein Platz, der als eine Art Moschee diente und von den Sklaven selbst besessen wurde. Hier durften sie ihr Abendgebet während des Ramadan verrichten und seinen Abschluss feiern sowie zum Abendgebet und zum Gebet zu Ehren des Geburtstages des Propheten zusammenkommen. Diese drei Moscheen (L-Isla, Birgu, Valletta) waren nicht besser ausgestattet als die anderen Räume im Gefängnis. Um 1702 bekamen die Sklaven hingegen ein eigenes Gebäude als Moschee. Dieses war nicht direkt mit den Bagnos verbunden, sondern lag nahe bei diesen und war vermutlich an den muslimischen Friedhof in Marsa angeschlossen. Dieses Gebäude war explizit als Moschee gebaut worden. Der erste unzweifelhafte Hinweis darauf stammt vom 20. Juni 1738, wo von „ihrer Kirche" die Rede ist. Seine Position lässt sich anhand einer Tagebuchaufzeichnung aus dem Jahr 1758 relativ genau bestimmen.

Über die religiöse Praxis der Muslime und die damit verbundenen Vorsichtsmaßnahmen gibt eine Instruktion vom 16. Juli 1749 Auskunft. Wann immer türkische Sklaven an ihren Festtagen in die Moschee gehen wollten, sollten sie sich erst untereinander über die genaue Zeit ihres Besuches an den Tagen nach Ramadan einigen. Dann sollten sie dies mit den üblichen Vorsichtsmaßnahmen tun können: Angekettet in Zweiergruppen wurden die Sklaven den ganzen Weg dorthin und zurück von Soldaten begleitet. Das Freitagsgebet wurde nur vom Papasso und vom Kadi versehen, die vom Wärter eines jeden Gefängnisses begleitet wurden. Die Akten der Diözesansynoden Maltas im 17. Jahrhundert zeigen, dass immer wieder Dekrete erlassen wurden, um den Kontakt von Christen mit Muslimen und analog dazu mit Juden zu verbieten. Muslimische Feste scheinen offenbar auch für manche Christen anziehend gewesen zu sein.

Q

Erklärung der Diözesansynode von Malta 1620
Aus: Decreta Melivetanae Synodi Actae in Cathedrali Melitensi, 1620, in: Wettinger, 451, dt. Übersetzung Priesching.)

Um den Ungläubigen [gemeint sind Muslime] alle Gelegenheiten zu nehmen, die Gebräuche der Christen zu verderben, sollen Letztere Acht haben, nicht mit Ungläubigen zu leben, dass sie nicht zu ihren Festen gehen und diese nicht zu ihren eigenen einladen, dass sie keine Medizin von ihnen empfangen noch ihre Kranken zu ihnen bringen, damit sie sie heilen, und schließlich, dass sie nichts mit ihnen gemeinsam haben sollen, sondern soweit wie möglich von allem Feiern oder Handeln mit ihnen fernbleiben.

Insgesamt lässt sich festhalten, dass den muslimischen Sklaven seit etwa Ende des 16. Jahrhunderts (erste Erwähnung einer Moschee 1599) in gewissen Grenzen die Ausübung ihrer Religion erlaubt wurde. Analoges lässt sich zu den jüdischen Sklaven feststellen. Es gab auf Malta eine permanente jüdische Sklavengemeinde. „The authorities on the island were tolerant, as the ecclesiastical arm generally was, regarding Jews. There was an old authorization permitting the Jewish slaves to have their cemetery and synagogue, with scrolls of the Law. Slave-owners, however, were often less sympathetic, compelling themselves to work on Sabbaths and holidays" (Roth 1929, 227). 1675 ordnete der Inquisitor auf Malta an, dass es den Juden verboten sei, an ihren religiösen Feiertagen zu arbeiten. Ein eigener Friedhof wurde allerdings erst 1784 errichtet (ebd., 229).

Begrenzte Religionsausübung

Vergleicht man die Verhältnisse auf Malta mit denen in Livorno, Genua, Civitavecchia und Neapel, so zeigen sich regionale Unterschiede. In Livorno stammt die erste Nachricht über eine Moschee erst aus dem Jahr 1668. 1680 hatten die Sklaven der Bagnos dort vier Gebetsorte, wie eine Erklärung vom 4. September an die *ministri turchi della dogana* zeigt, die in Tunis von einem muslimischen Kaufmann unterschrieben worden war (Bono 1999, 242). Einen muslimischen Friedhof gab es in Livorno mindestens seit 1765. Dieser lag außerhalb der Stadtmauer.

Livorno

In Genua muss es bereits vor 1737 eine Moschee für die Sklaven gegeben haben, da aus diesem Jahr ein Konflikt mit einem sehr eifrigen Papasso erwähnt ist. Diese Moschee existierte bis 1797, also bis zum Ende der Republik, als die letzten Sklaven Genuas befreit wurden. Der Anfrage nach einem Friedhof wurde in Genua am 5. Mai 1711 mit der Motivation stattgegeben, keine Unterdrückung der Sklaven aus Genua im Maghreb zu provozieren. Man wählte einen Ort am Strand, der mit Mauern umgeben wurde. Noch 1717 war die Entscheidung allerdings nicht in die Praxis umgesetzt; der *magistrato delle galere* opponierte dagegen, weil die Errichtung des Friedhofs

Genua

ein Hindernis für die Befestigungen der Stadt darstelle. In Algier führte diese Ablehnung zu der Drohung, man werde dort die Kadaver der christlichen Sklaven auf die Straße werfen. Daraufhin stimmte der Stadtsenat am 12. August 1717 zu, dass die Muslime einen Friedhof mit Mauern bekommen sollten. Es dauerte jedoch noch einige Jahre, bis auch der *magistrato delle galere* seine Zustimmung gab (vgl. Bono 1999, 244f.).

Civitavecchia

In der päpstlichen Hafenstadt Civitavecchia wurde den Muslimen bereits 1707 eine Moschee bewilligt, als sich die Sklaven beschwerten, dass der kleine Ort, an dem sie bisher ihre Gebete verrichtet hatten, zerstört worden war, um ihn als Spelunke zu gebrauchen. Dieser Hinweis zeigt sowohl eine praktizierte Intoleranz des christlichen Umfelds (Zerstörung des Gebetsraumes) als auch die sehr frühe staatliche Toleranzmaßnahme der Bewilligung einer neuen Gebetsstätte. Nach Malta wäre diese der zweitälteste Hinweis auf eine Moschee für Sklaven. Auch in der Friedhofsfrage gelang es den Sklaven in Civitavecchia relativ früh – in der zweiten Hälfte des 17. Jahrhunderts –, einen Ort zu kaufen, an dem sie ihre Toten begraben durften. Allerdings wurde ihnen dieser Platz bald weggenommen, und die nachfolgenden Beschwerden nach Tunis provozierten Drohungen des Paschas im Hinblick auf die Behandlung der Priester und Religiosen bei den christlichen Sklaven in den Barbareskenstaaten. 1683 wurde dann endgültig ein Friedhof für sie eingerichtet (Bono 1999, 248f.).

Neapel

Völlig anders lagen die Verhältnisse in Neapel. Hier gab es keine Moschee. Als im November 1742 ein Botschafter des Paschas von Tripolis kam, erreichten ihn deswegen Proteste und Bittschreiben der muslimischen Sklaven. Unter anderem forderten sie eine Gebetsstätte. König Karl Bourbon bat daraufhin den Staatssekretär Herzog von Salas, die Anfragen zu untersuchen. Der Kapitän der größten Galeere sprach sich für eine Bewilligung mit dem Hinweis auf Livorno, Genua und Malta aus. Aber der Präsident des Gerichtshofs war dagegen. Schließlich protestierte die Bevölkerung gegen die Eröffnung einer Moschee, weil sie die religiösen Gefühle der Christen verletze. Die Anfrage nach einem Friedhof in Neapel hatte der Botschafter von Tripolis 1741 zusammen mit der nach der Moschee vorgebracht. Anders als diese wurde den muslimischen Sklaven ein Friedhof gewährt. Bis dahin wurden die Toten ins Meer geworfen oder verbrannt. Das war die gebräuchliche Praxis, wenn Muslime keinen Friedhof besaßen (Bono 1999, 244–252).

Wechselwirkung mit christlicher Religionsausübung in den Barbareskenstaaten

Zusammenfassend lässt sich sagen, dass muslimische Friedhöfe 1683 in Civitavecchia, 1717 in Genua, nach 1742 in Neapel und mindestens seit 1765 in Livorno für die Sklaven der jeweiligen Flotten existierten. Für Malta ist ein muslimischer Friedhof sogar schon seit 1675 belegt. Moscheen – im Sinne von Gebetsstätten – für muslimische Sklaven sind für Malta 1599, für Livorno 1668, für Civitavecchia 1707 und für Genua 1737 bezeugt, während eine solche Gebetsstätte in Neapel nie eingerichtet wurde. Die Bewilligung derselben scheint in einer Wechselbeziehung zur Errichtung von Kapellen und christlichen Friedhöfen für christliche Sklaven in den Barbareskenstaaten gestanden zu haben. So geriet Neapel für seine ablehnende Haltung in Konflikt mit den Herrschern der Barbareskenstaaten. Gerade das Beispiel Neapel zeigt aber auch, dass man die Existenz von Moscheen für muslimische Sklaven nicht einfach voraussetzen darf. Auch wenn die Jahreszahlen keine absoluten Angaben darstellen und mit gewissen Vorformen von Begräbnis- und Gebetsstätten gerechnet werden muss, zeichnen sich doch Unterschiede in der Ermöglichung der Religionsausübung und damit in der praktizierten religiösen Toleranz ab.

1.4 Der Loskauf

Der Loskauf von Sklaven hat auf christlicher Seite viele Gesichter. Er ist zunächst einmal ein karitatives Werk im Sinne der sieben Werke der Barmherzigkeit: Hungrige speisen, Durstige tränken, Fremde beherbergen, Nackte kleiden, Kranke pflegen, Gefangene besuchen und Tote bestatten. Der Sklave war einer dieser ‚Armen', ein spezieller Gefangener, dessen Not zu lindern war. Da er unter einer andersgläubigen Herrschaft besonders davon bedroht war, vom Glauben abzufallen, war der Loskauf ein Mittel zur Rettung seiner Seele. Das Seelenheil war ohnehin das beherrschende theologische Thema der Frühen Neuzeit.

Tätige Nächstenliebe umfasste Leib und Seele, nicht nur der Sklaven, sondern auch der Loskäufer und ihrer Geldgeber. Vor diesem Hintergrund ist es nicht verwunderlich, dass sich bestimmte Orden und Bruderschaften des Loskaufs annahmen.

Aber die Geschichte des christlichen Loskaufs ist auch von vielen falschen Vorstellungen geprägt, die sich quellenmäßig auf das zeitgenössische Propagandamaterial der Loskauforganisationen stützen. So wird der Loskäufer gern als jemand verklärt, der aus christlichem Antrieb sein Leben zum Wohle der armen Sklaven riskiert. Dies ist für einen Teil der Loskäufer – diejenigen, die in Barbareskenstaaten fuhren und dort die Verhandlungen durchführten – durchaus richtig. Bei der Erzbruderschaft der Gonfalone im Kirchenstaat sieht man hingegen, dass sich nur ein Bruchteil der Bruderschaft mit dem Loskauf befasste, der gefährliche Part des Loskaufs in Algier an die Kapuziner delegiert wurde und das Engagement immer wieder am Erliegen war. Dennoch wurden die eigenen Privilegien des Almosensammelns im Kirchenstaat für den Loskauf eifersüchtig gegen Anfragen der Trinitarier und Mercedarier verteidigt. Loskauf war hier im Sinne von Mehrung der eigenen Privilegien und Ablässe auch ein Instrument für das eigene Prestige.

Umgekehrt ist von der Existenz christlicher Orden und Bruderschaften für den Loskauf abgeleitet worden, die Christen hätten sich stärker für ihre gefangenen Glaubensbrüder eingesetzt als die Muslime, bei denen vergleichbare Organisationen nicht ausgebildet wurden. Auch dies trifft bei näherer Betrachtung nicht zu, denn Muslime engagierten sich sehr wohl für den Loskauf ihrer Angehörigen, Freunde und Glaubensbrüder und -schwestern. Der Loskauf war in der Praxis – wie die gegenseitige Versklavung – ein reziproker Prozess. Im Koran wird der Loskauf von Sklaven als gottgefälliges Werk gepriesen. Inwiefern diese empfohlene Barmherzigkeit Eingang in die islamischen Rechtsschulen und von dort in die politische und private Praxis fand, bleibt in einer theologiegeschichtlichen Perspektive noch zu untersuchen. Die Vorstellung, dass das Loskaufverständnis des Korans nur zu priva-

Loskauf als karitatives Werk

Orden und Bruderschaften

Loskauf im Islam

45

ten Aktivitäten hatte führen können und nicht zu politischen oder religiösen Organisationen (Guemara 2007, 342), verkennt die politischen Loskaufaktivitäten muslimischer Herrscher, die im Rahmen von Gefangenenaustauschen regelmäßig in der Frühen Neuzeit stattfanden. Zudem steht dahinter die (oftmals irrige) Vorstellung einer grundsätzlich hohen Effizienz religiöser Organisationen, ohne deren Alternativen zu würdigen. Der folgende Überblick zeigt jedoch, dass auch Selbsthilfemaßnahmen in protestantischen Ländern sowie die Loskaufaktivitäten von Händlern und Korsaren erfolgreich waren. Das Zusammenwirken von religiösen, wirtschaftlichen und familiären Motiven einerseits und die Einrichtungen diverser politischer und gesellschaftlicher Organisationsformen andererseits erscheinen bei näherem Hinsehen wesentlich komplexer als die Frage nach der Priorität von religiösen oder wirtschaftlichen Interessen.

Katholische Loskauforganisationen

Trinitarier Ein Pionier auf diesem Feld war der Orden der Trinitarier (*Ordo Sanctissimae Trinitate de redemptione captivorum, OSST*), der Ende des 12. Jahrhunderts als religiöse Laienbruderschaft in Frankreich gegründet worden war, um von den Ungläubigen in den Kreuzzügen gefangene Christen loszukaufen. Der Orden und seine Regel wurden von Innozenz III. am 17. Dezember 1198 approbiert. Die Trinitarier waren also seit ihrer Gründung Spezialisten für den Loskauf von Gefangenen beziehungsweise Sklaven. Nach der Ordensregel war ein Drittel aller Einkünfte für den Loskauf vorgesehen. Darüber hinaus widmeten sie sich der Seelsorge und Krankenpflege für die Befreiten. Ihrem Status nach gehörten sie zu den Mendikanten-Orden (Bettelorden). Im 16. Jahrhundert entstanden sowohl in Frankreich als auch in Spanien Reformzweige des Ordens. Während die Reform in Frankreich in drei Richtungen zerfiel und sich somit in ihrer Wirkung blockierte, stieg in Spanien der Reformzweig der Unbeschuhten Trinitarier zur dominierenden Gruppe auf, die sich über Spanien hinaus auch in Italien, Polen und der Habsburgermonarchie ausbreitete. Die kirchenrechtlich und administrativ vollständige Trennung vom Trinitarierorden der alten Observanz erfolgte 1631. Das Hauptaktionsfeld der Trinitarier waren Frankreich und danach Spanien und Österreich. In Italien hatten sie insgesamt einen schweren Stand.

 Die Trinitarier waren nicht nur als Loskäufer, sondern auch als Seelsorger der Sklaven vor Ort tätig. Als einige Staaten – Vorreiter war Frankreich – Konsultate in den Barbareskenstaaten einrichteten, unterhielten unter anderem die Trinitarier in diesen Städten Hospitäler. Der erste französische Konsul in Algier, P. Bionneau aus Marseille, war selbst Trinitarier. Die Konsuln halfen dem Orden bei den Loskäufen. Diese Hilfe ließen sie aber auch anderen Loskauforganisationen zukommen.

Mercedarier Ein weiterer auf Loskauf spezialisierter Orden waren die Mercedarier, Anfang des 13. Jahrhunderts gegründet, um christliche Gefangene von den Muslimen loszukaufen. 1235 approbierte Papst Gregor IX. die nach der Augustinusregel verfasste Ordenssatzung. Die Mercedarier waren nach den Konstitutionen von 1327 als Predigerorden ausgerichtet. Die Konstitutionen bestanden aus zwei Teilen: Der erste Teil handelt von Gottesdienst, Disziplin, Noviziat, Berufung und der zweite Teil von der Regierung des Ordens und der Befreiung der Gefangenen. Die Mercedarier führten zwischen 1302 und 1489 insgesamt 133 Loskaufaktionen durch, in deren Folge 18623 Gefangene befreit wurden. Im 15. Jahrhundert expandierte der Orden in Europa und gründete zahlreiche Konvente in Sardinien, Sizilien, Spanien und Frankreich. Der erste Konvent in Amerika war 1514 derjenige in Santo Domingo. Es folgten Niederlassungen in Panama, Mexiko, Venezuela, Kolumbien, Ecuador, Peru, Argentinien und Chile. Im 16. Jahrhundert fanden zwischen 1499 und 1573 41 Befreiungen mit 7000 befreiten Gefangenen statt (d. h. im Durchschnitt wurden jedes Mal 170 Gefangene befreit). An der afrikanischen Küste lieferte das strategisch günstig gelegene Haus der Mercedarier in Oran, gegründet von Kardinal Francisco Jiménez de Cisneros 1509, sehr wichtige Dienste für die Befreiung. Zwischen 1574 und 1770 führten sie über 100 Befreiungsaktionen durch, in etwa alle zwei Jahre mit insgesamt 19352 losgekauften Gefangenen.

Sowohl mit den Trinitariern als auch mit den Mercedariern waren Bruderschaften verbunden, von denen die Orden Almosen und andere Zuwendungen erhielten. Überhaupt übernahmen vielerorts Bruderschaften in der Frühen Neuzeit das Werk des Loskaufs.

Die älteste Bruderschaft in Italien, die mit dem Ziel gegründet wurde, christliche Sklaven von den Muslimen zu befreien, scheint die *Real Casa Santa della Redenzione dei Cattivi* gewesen zu sein. Diese neapolitanische Institution wurde von Kaiser Karl V. 1548 als Bruderschaft gegründet und hatte ihren Sitz bei der Kirche San Domenico Maggiore, ab 1559 in der Kirche San Pietro a Maiella. Im Verlauf des 16. Jahrhunderts bis zur Mitte des 17. Jahrhunderts war das neapolitanische Werk in den Barbareskenstaaten, vor allem in Tunesien, aktiv. Die letzte Reise für einen Loskauf fand 1647 zur Insel Tabarca statt, um dort über die Freilassung der Sklaven aus der Hand der Tunesier zu verhandeln.

Real Casa Santa della Redenzione dei Cattivi (Neapel)

Die zweitältesten Informationen über Loskaufaktivitäten mit Unterstützung eines italienischen Staates stammen aus Venedig. Die Markusrepublik wandte sich allerdings nicht an eine religiöse Bruderschaft, sondern stellte 1586 einen Teil der staatlichen Wohlfahrt für Lösegelder der neuerrichteten Organisation der *Provveditori sopra Luoghi Pii* zur Verfügung. Die Provveditori hatten den Ruf, Venedigs karitative Tätigkeiten gegenüber Interessen von außen (zum Beispiel vor dem Einfluss des Papstes) zu schützen.

Provveditori sopra Luoghi Pii (Venedig)

In der Republik Genua wurde am 29. Oktober 1597 der aktive *Magistrato del Riscatto degli Schiavi* eingerichtet, der die Nachfolge des auf das Jahr 1403 zurückgehenden *Magistrato di Misericordia* antrat. Diese Loskaufbehörde existierte bis zum Ende der Republik.

Magistrato del Riscatto degli Schiavi (Genua)

Auf Sizilien wurde 1596 die *Arciconfraternità della Redenzione dei Cattivi* ins Leben gerufen. Diese Erzbruderschaft hatte ihren Sitz in der Kirche Santa Maria Nuova in Palermo.

Arciconfraternità della Redenzione dei Cattivi (Sizilien)

Für den Kirchenstaat übernahm die Erzbruderschaft der *Gonfalone* 1581 den Loskauf. Die Bruderschaft selbst bestand schon seit dem 13. Jahrhundert und war nicht für den Loskauf gegründet worden. An die Erzbruderschaft der Gonfalone in Rom waren zahlreiche Bruderschaften in Italien und darüber hinaus angeschlossen, von denen auch Geld für den Rückkauf

Gonfalone (Kirchenstaat)

und Informationen eingesammelt wurden. Die wichtigste dieser angeschlossenen Bruderschaften scheint im Hinblick auf den Loskauf die Bruderschaft aus Bologna *Santa Maria della Neve* gewesen zu sein.

Insgesamt waren die Trinitarier und die Mercedarier wohl die erfolgreichsten Loskäufer. Schätzungsweise haben die Trinitarier in der Frühen Neuzeit seit 1580 70–80000 Sklaven losgekauft. Vergleicht man dies mit dem Loskauf der Erzbruderschaft der Gonfalone im Kirchenstaat, die in drei Jahrhunderten insgesamt etwa 1000 Sklaven losgekauft haben (Priesching 2012, 383), ist dies trotz letzter Unsicherheiten um genaue Zahlenwerte ein deutlicher Kontrast. Die Loskauforden scheinen insgesamt effizienter als die Bruderschaften gewesen zu sein.

Protestantische Loskauforganisationen

Sklavenkassen

Auch die Matrosen aus den norddeutschen Hafenstädten hatten unter der Piraterie der Barbareskenstaaten zu leiden. So kam es im 16. Jahrhundert immer wieder vor, dass Angehörige aus diesen Städten nach Algier verschleppt wurden, von dort Briefe in die Heimatstadt schrieben und die Verwandten für den Loskauf Geld sammelten. Das Geld reichte allerdings meist nicht aus. Als die Bedrohung im 17. Jahrhundert zunahm und sich die Fälle häuften, erließ der Rat in Lübeck am 7. Juli 1627 eine Verordnung, wonach die Seeleute (je nach Rang) für jede Reise etwas für einen eventuell anfallenden Loskauf in einem Kasten hinterlegen sollten. Dieser Lübecker Sklaven-Kasten erhielt später die Bezeichnung **Sklavenkasse**. Doch auch diese Abgabe reichte für den Rückkauf nicht aus. Es folgte eine Eingabe, dass alle Schiffe (auch die, die in die Ostsee fuhren) eine Abgabe zahlen sollten. Dies wurde auch umgesetzt, und am 8. Mai 1629 erfolgte eine Einigung in mehreren Punkten über Abgaben, Art der Auslösung der Schiffe etc.

E

> **Sklavenkasse**
>
> „Der Begriff ‚Sklavenkasse' bezeichnet in Dänemark-Norwegen und Lübeck eine einzige, eindeutig abgrenzbare Behörde. In Hamburg existierten jedoch drei Kassen für den Freikauf der Seeleute, die Stück-von-Achten-Kasse (gegr. 1622), die Bootsleute-Sklavenkasse (gegr. 1624) und die Beckengelderkasse (gegr. 1641). (...) In der Literatur wie auch bei den Zeitgenossen wurde zumeist der Begriff ‚Sklavenkasse' für beide Kassen [gemeint sind die beiden letztgenannten, N. P.] verwendet, was angesichts einer einheitlichen Sklavenordnung auch völlig richtig ist. (...) Nie gemeint ist mit ‚Sklavenkasse' die Stück-von-Achten-Kasse, die immer unabhängig von der Admiralität blieb. (Aus: Ressel, Zwischen Sklavenkassen und Türkenpässen, XV)

Am 1. August 1629 begann die Erhebung der Gelder. Am 17. Oktober 1631 konnte ein Bericht mit genauen Angaben zu den Gefangenen in Algier übergeben werden. Danach waren seit 1615, also seit 16 Jahren, 22 Schiffe von den Korsaren erobert worden. Davon befanden sich noch 84 Personen in Gefangenschaft. Nachdem vier der Gefangenen türkisch geworden waren, galt es noch 80 zu befreien. Das Geld der Sklavenkasse allein reichte dafür allerdings noch nicht aus. Wie viele tatsächlich befreit werden konnten, ist unbekannt.

1650 beschloss die Sklavenkasse, einen eigenen Kommissär nach Algier zu schicken. Das Institut der Sklavenkasse wurde ausgedehnt, so dass mehrere Beamte nötig waren. Die Schifffahrt in den Süden ging im Laufe des Jahrhunderts zurück und somit auch die Anfragen an die Sklavenkasse. Sie gelangte so zu einigem Kapital und diente häufig als Leihe für die Stadt. Doch die Schiffer wurden mit der Abgabe nachlässig, weshalb man sie 1730 wieder verstärkt einforderte. Auch im 18. Jahrhundert kaperte Algier durch Korsare noch Schiffe aus Lübeck. Einer der wichtigsten Punkte bei der ganzen Verwaltung betraf die Versicherungen der Schiffsmannschaft gegen Türkengefahr. Die Algerier steigerten nämlich ihre Forderungen für die Gefangenen sehr bedeutend. Die Abgaben wurden deshalb erhöht und ganze Schiffe versichert. Aber auch diese Summen reichten nicht, wie Fälle in der Mitte des 18. Jahrhunderts zeigen.

In der zweiten Hälfte des 18. Jahrhunderts scheint es relativ ruhig gewesen zu sein. Erst zu Beginn des 19. Jahrhunderts wird wieder die Gefangennahme eines Lübecker Schiffes vermerkt. Durch diese lange Atempause bekam die Sklavenkasse viel Kapital, so dass man 1796 meinte, man könne die Versicherungen künftig ganz unterlassen. Dies unterblieb jedoch. Stattdessen sollten die Gelder nun auch für anderweitige Staatszwecke verwendet werden können. Im Jahr 1805 kam es zum letzten Mal vor, dass aus der Sklavenkasse ihrer eigentlichen Bestimmung gemäß Geld verwendet wurde. 1811 wurde die Sklavenkasse ganz aufgehoben. *Lübeck*

Die Bedrohung durch die Barbareskenschiffe erstreckte sich im 17. Jahrhundert über Gibraltar hinaus nach Norden bis nach Irland. Die Holländer verloren zwischen 1617 und 1625 nicht weniger als 206 Schiffe, Hamburg verlor zwischen 1613 und 1621 56 Schiffe. Zunächst rüsteten die Hamburger ihre Handelsschiffe mit mehr Soldaten aus, schließlich setzten sie eigens zu diesem Zweck gebaute Kriegsschiffe zu ihrem Schutz ein, und es entwickelte sich daraus im letzten Drittel des 17. Jahrhunderts die Hamburger Convoyschifffahrt. Als man den Geleitschutz im 18. Jahrhundert verringerte, gingen zwischen 1719 und 1747 wieder 50 hamburgische Schiffe verloren und 682 Seeleute gerieten in die Sklaverei. Bis Ende 1754 konnten alle Hamburger ausgelöst werden. *Hamburg*

Als weitere Maßnahme begann man in Hamburg bereits 1622 mit der Errichtung einer Kasse der Stück von Achten, die von der Schiffergesellschaft verwaltet wurde. 1624 kam es zur Gründung einer eigentlichen Sklavenkasse, die auf alle Seeleute, nicht nur die Mitglieder der Schiffergesellschaft, ausgedehnt wurde. Ein Vertreter dieser Sklavenkasse, der sogenannte Sklavenvater, ging mit einer vom Rat beglaubigten Liste der Gefangenen von Tür zu Tür und sammelte Geld für den Loskauf. Von Zeit zu Zeit wurde auch in der Kirche für Gaben zum Zwecke des Loskaufes gepredigt. Vor der Kirche stand dann ein großes Becken, daneben ein auf Pappe gemalter Sklave, der die Gaben entgegennahm (Beckengeld).

In Dänemark kam es 1636 zur Gründung der Kopenhagener *Skipperlav*, einer Schiffergilde mit Sklavenkassenfunktion. Der dänische König gewährte zudem sogenannte Sklavenbücher, die es den Angehörigen erlaubten, vor den Kirchentüren Geld zu sammeln. Zu Beginn des 18. Jahrhunderts wurden ferner zunächst zweimal im Jahr in allen Kirchen Pflichtsammlungen durchgeführt, die dann einer neueingerichteten Sklavenkasse zugeführt wurden. Es folgte in Dänemark und Norwegen 1715 die Einführung einer Sklavenkasse, die 1723 auf Holstein ausgedehnt wurde. Auch in *Dänemark*

Schweden kümmerte sich der Staat um den Freikauf seiner Seeleute. In England existierte seit 1641 die Algiers-Duty zum Freikauf der Gefangenen. Nur in den Niederlanden gab es in Kriegszeiten mit Algier kein obrigkeitlich kontrolliertes Freikaufsystem. Trotz wiederholter Bemühungen war hier kein zentralisiertes Freikaufsystem zustande gebracht worden. Warum?

Niederlande Vor dem Dreißigjährigen Krieg wurde der Freikauf über Privatleute und einen Konsul, Wijnant de Keyser, in Algier abgewickelt. Danach nahm die niederländische Mittelmeerfahrt deutlich zu, und die Republik der Vereinigten Niederlande schien gefragt. Nun nahm auch das Problem der Gefangenen dramatisch zu und stellte sich bis 1726, als endlich ein dauerhafter Friede mit den Barbaresken erzielt werden konnte. Dennoch blieb der Freikauf privat organisiert. Dörfer und Stadtgemeinden sammelten für ihre gefangenen Mitbewohner. Daneben existierten private Versicherungen. Erst zwischen 1717 und 1720 wurden intensivere Debatten über eine Einführung einer republikweiten Sklavenkasse geführt. Holland und Westfriesland hatten dieses Projekt auf die politische Agenda gebracht, doch Zeeland lehnte es aus ökonomischen Gründen ab. Eine neuerliche Initiative 1720/ 21 scheiterte an der Opposition der Vereinigten Ostindischen Kompanie (VOC), da die Beiträge für die Sklavenkasse von Teilen der Gagen der Ostindienfahrer bezahlt werden sollten. So kam bis 1726 keine Sklavenkasse zustande, und danach erschien dies wegen des Friedens mit Algier als nicht mehr notwendig.

Loskauf bei Juden und Muslimen

Sklavenbefreiung als gottgefälliges Werk Auch wenn die Befreiung eines Sklaven für den gläubigen Muslim ein gottgefälliges Werk war, so blieb dies stets ein persönliches Werk, das weder eine politische noch eine religiöse Organisation hervorbrachte. Eine Pflicht des Staates wurde in der Regel nicht vorausgesetzt. Die Beendigung der Gefangenschaft stellte sich folgendermaßen dar:

Der Gefangene trifft mit der feindlichen Regierung oder seinem Herrn Abmachungen über sein Lösegeld, seine Freilassung und ihre Bedingungen. Dabei gibt es mehrere Varianten vertraglicher Freilassung:

1. Der Gefangene bleibt als Freier auf unbestimmte Zeit oder bis zu einem bestimmten Termin im Feindesland.
2. Der Gefangene leistet als solcher dem Feinde militärische Hilfsdienste, auch mit der Waffe in der Hand, gegen Freilassung ins Feindesland oder nach Hause.
3. Der Gefangene kauft sich selbst los, entweder in bar, oder er wird vorläufig nach Hause entlassen, um dort das Lösegeld zu beschaffen, und muss in diesem Falle einen Bürgen stellen oder aber rechtsverbindlich versprechen, bei Zahlungsunfähigkeit in die Gefangenschaft zurückzukehren.

Diese Verhaltensnormen für Muslime bei Kriegsgefangenschaft können die Praxis erklären, die in der Frühen Neuzeit bei den muslimischen Sklaven in christlichen Ländern zu beobachten ist. Die Sklaven verhandelten in der Regel selbst über ihren Freikauf. Darüber hinaus gab es aber auch eine Solidarität unter Glaubensbrüdern, die dafür sorgte, dass sich zudem Verwandte und Freunde für den Loskauf muslimischer Sklaven einsetzten. Manchmal hatten sie auch das Glück, von Händlern, die mit dem Freikauf nebenbei viel verdienten, losgekauft zu werden. Dies lässt sich zumindest für Malta sagen. Der am besten dokumentierte jüdische Händler, der dort mit dem Freikauf muslimischer Sklaven zu tun hatte, war Isaac Alsech von Zante, der in der ersten Hälfte des 17. Jahrhunderts aktiv war (Wettinger 2000, 224).

Auch wenn auf muslimischer Seite keine Organisationen entstanden, die sich professionell mit dem Loskauf beschäftigten, so verlief der Loskauf auch hier nicht völlig unorganisiert. Die Praxis des eigenen Freikaufs muss gewohnheitsrechtliche Grundlagen gehabt haben, da dies ein häufiger Weg war. Die Kontaktaufnahmen mit Verwandten, die loskauften, muss genauso möglich gewesen sein wie im umgekehrten Fall. Die Nachrichten scheinen nach beiden Seiten hin rege ausgetauscht worden zu sein. Schließlich ist anzunehmen, dass auch bei den Muslimen, die besonders von der Gefahr einer Gefangenschaft bedroht waren, Überlegungen angestellt wurden, wo man Geld für Freikäufe sammeln konnte etc. Insgesamt bilden die privaten und kommunalen Reaktionen in den muslimischen Ländern auf die Gefangenschaften immer noch ein Forschungsdesiderat. *Loskauf bei den Muslimen*

Während auf muslimischer Seite keine Bruderschaften für den Loskauf bekannt sind, bildeten sich solche doch bei den Juden heraus. Bei den Sklaven in den christlichen Ländern finden sich auch immer wieder Juden, so wie umgekehrt in den muslimischen Ländern Juden Besitzer von christlichen Sklaven sein konnten. Die erste und wichtigste jüdische Bruderschaft für die Befreiung der Gefangenen war die *Hebrath Pidion Shevuim*. Sie wurde in Venedig in der Mitte des 17. Jahrhunderts gegründet. 1683 war die Bruderschaft so erfolgreich, dass sie als reichste und am besten angesehene unter den jüdischen Vereinigungen Venedigs galt (vgl. Roth 1929). *Jüdische Loskaufbruderschaften*

Händler und Korsaren als Loskäufer

Am Ende dieses Überblicks über die verschiedenen Organisationen und Formen des Loskaufs während der Frühen Neuzeit darf ein Hinweis auf die Fluchthelfer sowie auf Befreiungsagenten zwischen den Welten nicht fehlen. Auch bei der Flucht bildeten sich gewisse Organisationsformen heraus. So waren nach Braudel in Konstantinopel die italienischen Renegaten auf Fluchthilfe spezialisiert. In Tunis hatten die französischen Konsuln fast das Monopol darauf. Überall tauchten ferner jüdische Vermittler auf. *Fluchthelfer*

Von besonderem Interesse im Hinblick auf den Loskauf sind außerdem Händler, die mit dem Loskauf sowohl bei Muslimen wie bei Christen ihre Geschäfte machten. So gab es zum Beispiel einige Muslime, die zwischen Malta und Nordafrika oder dem Balkan hin- und herfuhren. Es wurde ihre Lebensaufgabe, Muslime hier und Christen dort zu befreien. So eine Person war Rais Belfadal bin Brahim, dessen Handel mit Lösegeldern in der ersten Hälfte des 17. Jahrhunderts florierte. Es handelte sich dabei um einen ehemaligen Sklaven des Malteserordens. Besonders die Grenzregionen und Inseln wie die Balearen, Malta und Sizilien waren für diese Gefangenenhändler beliebte Stützpunkte. *Loskauftätigkeiten von Händlern*

Doch sogar Korsaren, die einerseits Menschen erbeuteten, konnten andererseits als Loskäufer tätig werden. So berichtet Wettinger von christlichen Korsaren, die ihre neuen muslimischen und jüdischen Sklaven selbst loskau- *Loskauftätigkeiten von Korsaren* fen ließen, wenn sie noch in der Nähe des Landes der jeweiligen Sklaven waren. Sie umgingen auf diese Weise die Abgabepflichten, die sie auf Malta oder jedem anderen christlichen Platz gehabt hätten. Auch ehemalige Sklaven nutzten ihre Kontakte sowie Ortskenntnisse und wurden als Befreiungsagenten tätig.

Insgesamt scheint es im Mittelmeerraum einen recht lebhaften Zwischenhandel mit Menschen gegeben zu haben. Dieser überwand die religiösen Schranken und lenkte den Blick auf die wirtschaftlichen Interessen am Loskauf. Er zeigt zudem, dass die Vorstellung von bösen Korsaren und guten Loskäufern nicht immer aufgeht. Beide Seiten bildeten auch einen Wirtschaftskreislauf, der sich gegenseitig bedingte.

2. Außereuropäische Bezüge

2.1 Auftakt: Expansion nach Afrika und Beginn des Sklavenhandels

Bereits im Mittelalter drangen Europäer aus der Nordsee und Ostsee einerseits, dem Mittelmeer und dem Schwarzen Meer andererseits in den Atlantischen Ozean vor. Aus diesem wurde eine neues „Mittelmeer" zwischen Europa und seinen neuen Kolonien. Welche Ursachen lassen sich für diese europäische Expansion nennen? Diese Frage ist nach Wolfgang Reinhard bereits falsch gestellt, denn es handelte sich hier „um ein langfristiges Zusammenwirken von Strukturen und Entwicklungen, wobei aber die Konstellationen wechseln und daher kontingenten Ereignissen ein größeres Gewicht zukommt" (Reinhard 1996, 9). Aktionen im Zuge der europäischen Expansion waren meistens improvisiert, selten geplant. Einher mit dieser Expansion ging eine Entwicklung der Sklaverei, die im transatlantischen Sklavenhandel ein fast unvorstellbar grausames Ausmaß annahm. Auf die Voraussetzungen dieser Entwicklung und ihrer Strukturen ist deshalb hier einzugehen.

Reconquista | Die europäische Expansion nach Afrika ging zunächst von der iberischen Halbinsel aus. Die Reconquista, also die Wiedereroberung ehemals christlicher Gebiete aus muslimischer Hand, war hier mit Ausnahme von Granada weitgehend in der Mitte des 13. Jahrhunderts abgeschlossen. Portugal und Kastilien hatten eine Marine aufgebaut und Handelsbeziehungen mit Flandern und England geknüpft. Auch der aragonesische Staatenbund errichtete sein Imperium im westlichen Mittelmeer.

1312: Wiederentdeckung der Kanarischen Inseln | Nachdem 1291 mit der Eroberung Akkons die letzte Kreuzfahrerfestung an die Muslime gefallen war, nahm der Druck zu, eine Ausweichmöglichkeit für die Handelswege nach Indien zu suchen. Eine schicksalhafte Bedeutung kommt der Wiederentdeckung der Kanarischen Inseln 1312 durch den Genuesen Lancelotto Malocello zu. Er war auf der Suche nach den verschollenen Brüdern Vivaldi gewesen, die Ende des 13. Jahrhunderts von Genua nach Westen aufgebrochen waren, um eine neue Handelsroute nach Indien zu finden und so das ägyptisch-venezianische Monopol zu brechen. Mehr oder weniger zufällig entdeckte er dabei die Kanarischen Inseln wieder, die in der Antike durchaus bekannt gewesen waren. Diese fruchtbaren Inseln wurden nun zum Ziel diverser Eroberungsbemühungen von Italienern, Portugiesen, Andalusiern, Katalanen und Mallorquinern. Doch die Einwohner wehrten sich erbittert gegen eine Inbesitznahme. In der zweiten Hälfte des 14. Jahrhunderts ließ dieser Druck wieder nach, vielleicht auch als Folge der Großen Pest sowie anderer interner Probleme in Portugal und Kastilien. Nur Sklavenjäger suchten die Inseln immer wieder heim. Erst Anfang des 15. Jahrhunderts gelang es Kastilien, hier Stützpunkte zu errichten. Aber auch Portugal erhob Ansprüche auf die Inseln. 1425 unternahmen die Portugiesen einen neuen Anlauf, die Einwohner der Kanarischen Inseln zu unterwerfen, was jedoch wieder scheiterte. Immerhin konnten sie sich ab 1419 auf der Insel Madeira niederlassen.

Das subtropische Klima der Kanarischen Inseln und Madeiras erlaubte es, hier intensiv Zuckerrohr anzubauen, aus dem ein Produkt gewonnen wurde, das in Europa bislang nur Adeligen und Kaufleuten zugänglich war: **Zucker.** Ursprünglich in Südostasien beheimatet, war das Zuckerrohr im Zuge der muslimischen Expansion in den Mittelmeerraum gelangt. Das mediterrane Klima erlaubte jedoch nur wenig Ausbeute, so dass die reichen Erträge auf Madeira und den Kanarischen Inseln sehr bedeutsam wurden. Erstmals gelang eine Massenproduktion – und hierfür wurden vor allem Sklaven eingesetzt. Diese setzten sich aus importierten Sklaven aus dem nahen Afrika sowie in geringerem Maße aus versklavten Ureinwohnern, den Guanchen, zusammen. Europäische Arbeitskräfte reichten nicht aus oder waren zu teuer. Um 1500 lag die Zahl von Sklaven pro Zuckermühle auf Madeira noch durchschnittlich unter 30. Doch begann hier bereits eine Praxis, die später ein wesentliches Merkmal der brasilianischen, karibischen und nordamerikanischen Plantagenkolonien werden sollte: Die Arbeitskraft für eine exportorientierte Agrarproduktion wurde durch die Versklavung von Einheimischen und Afrikanern sichergestellt. Während auf den Inseln vor Westafrika logistisches und agrartechnisches Wissen gesammelt wurde, schritt die portugiesische Expansion an der westafrikanischen Küste voran.

Anbau von Zucker

Zucker

„Die arabische Expansion nach Westen markiert einen Wendepunkt in der europäischen Erfahrung mit dem Zucker. (…) Die Zuckerherstellung, in Ägypten möglicherweise auch schon vor der arabischen Eroberung gängige Praxis, breitete sich nach der Eroberung im gesamten Mittelmeerraum aus. Auf Sizilien, Zypern, Malta, kurzfristig auch auf Rhodos, in großen Teilen des Maghreb (vor allem in Marokko) sowie in Spanien selbst (insbesondere an der Südküste) führten die Araber das Zuckerrohr ein und lehrten sie seinen Anbau, die Kunst der Zuckerherstellung und den Geschmack an der neuartigen Süße. (…) Der Niedergang der mediterranen Zuckerindustrie, die von den Arabern begründet worden war, erfolgte in Etappen und war ein langwieriger Prozess. (…) Die christliche Fortführung der arabischen Produktion im östlichen Mittelmeerraum auf der einen und die am westlichen Ende des Mittelmeers von Portugal (und bald auch von Spanien) unternommenen Experimente auf der anderen Seite setzten allerdings zwei recht verschiedene Entwicklungen in Gang. (…) [Der östliche Mittelmeerraum verlor] zunehmend an Bedeutung als Quelle für Zucker; und es waren die Portugiesen und die Spanier, die mit ihrem Aufbau einer Zuckerindustrie auf den atlan-

> tischen Inseln den Charakter des europäischen Zuckerkonsums ein für allemal veränderten. Diese Inseln waren das Sprungbrett, von dem aus die Zuckerindustrie von der Alten in die Neue Welt hinübersprang. (…) Die Zuckerindustrien auf den spanischen und portugiesischen Atlantikinseln waren durch Sklavenarbeit gekennzeichnet – vermutlich in Fortführung der auf den mediterranen Zuckerrohrpflanzungen von den Arabern und den Kreuzfahrern geübten Tradition."
> (Aus: Mintz, Die süße Macht, 51–60.)

Eroberungen an der westafrikanischen Küste

Im Jahr 1415 eroberte Portugal in der Tradition der Reconquista die marokkanische Stadt Ceuta und errichtete dort einen gutbefestigten Stützpunkt. Die päpstliche Kurie hatte dieses Unternehmen durch eine Kreuzzugsbulle unterstützt. Es gelang allerdings nicht, von dort aus weiter ins Landesinnere vorzudringen. Der Goldhandel durch die Sahara wurde von Marokko beherrscht, sowie von den muslimischen Reichen Mali und Songhai im Süden. So versuchten die portugiesischen Schiffe, die Goldquellen entlang der westafrikanischen Küste zu erschließen. 1434 gelang es einem Schiff der Flotte des portugiesischen Infanten, Heinrich der Seefahrer (1394–1460), die gefährlichen Küstengewässer des Kap Bojador zu überwinden. Entgegen der damaligen Schauergeschichten zeigte sich, dass Meer und Land südlich des Kaps keine der legendären Schrecken aufwiesen. In den 1440er und 1450er Jahren wurden Rio de Oro, Senegal, Kap Verde und Sierra Leone erreicht. Der Beginn des Sklavenhandels wird im Allgemeinen mit dem Jahr 1441 angegeben, als der junge portugiesische Kapitän Antam Gonçales an der Westküste der Sahara einen Mann und eine Frau entführen ließ, die er Heinrich dem Seefahrer schenkte. Er wurde zum Dank zum Ritter geschlagen. Diese kleine Episode war der Auftakt des Sklavenhandels, denn bereits 1444 wurde eine Ladung von 235 Gefangenen von der afrikanischen Küste nach Lagos in der Algave gebracht. Sie waren auf einer ersten großen Sklavenjagd 1444 in Arguin und Umgebung erbeutet worden. Die meisten von diesen Sklaven nahmen das Christentum an und wurden teilweise rasch freigelassen.

Der Chronist Gomes Eanes de Zurana schildert den Verkauf der ersten in Afrika gefangenen Sklaven in Lagos (1444):
Aus: Schmitt, Dokumente zur Geschichte der europäischen Expansion Bd. 4, 31–35.

Kapitel XXV. Worin der Autor in Gedanken kurz bei dem tiefen Jammer dieser Leute verweilt, und [berichtet,] auf welche Weise ihre Aufteilung vor sich ging.
O himmlischer Vater, der Du mit machtvoller Hand, unbewegt in Deinem göttlichen Wesen, die ganze Gemeinschaft Deiner himmlischen Stadt regierst (…). Ich bete zu Dir darum, dass meine Tränen meiner Seele nicht Schaden zufügen, denn nicht ihrer [der Gefangenen] fremden Religion, sonders ihres menschlichen Schicksals wegen war sie bedrückt, da sie mitleidsvoll ihre Leiden beweinte. (…) Öffne du diesen beklagenswerten Leuten die Augen, damit sie die weitere Entwicklung ein wenig verstehen und daraus Trost in ihrem tiefen Elend gewinnen mögen. [Es folgt eine Schilderung der grausamen Trennung der gefangenen Eltern von ihren Kindern, der Frauen von ihren Männern etc.]. Der Infant [Dom Henrique], hoch zu einem kraftvollen Ross, war dabei, umgeben von seinem Gefolge, (…), [erfüllt von] großer Freude die Rettung dieser Seelen zu erwägen, die vorher verloren waren.

Seit 1444 brachten Entdeckungsfahrten in hohem Maße Gewinne. Die portugiesischen Kapitäne entdeckten bald, dass sie auch Sklaven in Afrika kaufen und dann an portugiesische oder spanische Händler verkaufen konnten, die nach afrikanischen Arbeitern suchten. Sie nutzten den seit dem 9. Jahrhundert etablierten muslimischen Transsahara-Sklavenhandel. Außerdem versuchte Diego Gomes zwischen 1446 und 1462 Handelsabkommen mit afrikanischen Herrschern der Küstenregionen abzuschließen, um Gold und Sklaven zu erhalten. Die afrikanischen Stammesfürsten bekamen Geschenke und gewährten im Gegenzug Handelsrechte. Bald errichteten die Portugiesen auf der Insel Arguin vor der Küste Mauretaniens einen Handelsstützpunkt für Sklaven und vor allem für das heißbegehrte Gold. Fort Arguin sollte Goldtransporte umleiten, die nach Marokko unterwegs waren. Der Sklavenhandel wurde als Nebenzweig etabliert. So wurden also im Zuge der Errichtung von portugiesischen Handelsstützpunkten an der westafrikanischen Küste sukzessive auch afrikanische Sklaven vor allem auf die Kanarischen Inseln und Madeira sowie nach Portugal und von dort in den Mittelmeerraum transportiert.

Etablierung des Sklavenhandels

In den 1440er und 1450er Jahren suchte Heinrich der Seefahrer beim Papst um Erlaubnis für seine Aktivitäten an der afrikanischen Küste an. Er verfolgte eine Ausbreitung im Westatlantik in der Tradition der Reconquista. Allerdings erreichte man nun nicht mehr nur muslimisches Gebiet, sondern auch heidnisches. Die Kreuzzugsidee war zur Legitimierung allerdings flexibel genug. Der Krieg konnte als gerecht angesehen werden, wenn er mit Glaubensverbreitung und Missionierung verbunden war. Auf dieser Grundlage erließ Nikolaus V. (Papst 1447–1455) die Bulle *Romanus Pontifex* (8. Januar 1455) und Kalixtus III. (Papst 1455–1458) die Bulle *Inter Cetera* (13. März 1456). Beide Bullen gestanden Portugal das alleinige Eroberungsrecht in Afrika zu. Es erhielt die weltliche Souveränität und die geistliche Jurisdiktion über alle Gebiete südlich vom Kap Bojador bis ,Indien' auf ewige Zeiten übertragen, inklusive des Handelsmonopols und des Rechts, die ,Ungläubigen' zu versklaven. Gleichzeitig solle versucht werden, die Sklaven zu missionieren. Sie dürften auch von Muslimen gekauft werden, wenn der Gewinn den Kreuzzugsaktivitäten zugutekäme. So könnten auch die Heiden vor den Ungläubigen (Muslimen) geschützt und für die christliche Botschaft gewonnen werden. Auf diese Weise erinnerte Nikolaus V. Heinrich den Seefahrer an seine Pflicht zur Glaubensverbreitung, auch in den bisher unbekannten Gebieten. Kalixtus III. übertrug dem portugiesischen Christusorden die geistliche Gewalt über alle Gebiete von Kap Bojador und Kap Nun über Guinea südwärts.

Portugals exklusives Eroberungsrecht durch päpstliche Bullen bestätigt

Die Bulle *Romanus Pontifex* von Nikolaus V.:
Aus: Schmitt, Dokumente zur Geschichte der europäischen Expansion, Bd. 1, 223–231.

Seit langem haben wir dem besagten König Alfons mit unseren [früheren] Schreiben unter anderem die umfassende und unbeschränkte Befugnis eingeräumt, die Sarazenen und Heiden und die übrigen Feinde Christi, wo auch immer sie sich aufhalten mögen, anzugreifen, aufzuspüren, zu bezwingen, niederzukämpfen und zu unterwerfen (…) und die Bewohner [jener Länder] in immerwährende

> Sklaverei zu führen (…). [Ferner erklären wir], dass kraft jener Ermächtigung und kraft des vorliegenden Schreibens das, was bereits erworben wurde, und das, was noch in Zukunft dazugewonnen werden mag, nach dem Erwerb dem besagten König und seinen Nachfolgern dem Infanten [gehört und gehören wird].

Kastilien

Der größte Konkurrent für Portugal war Kastilien. 1474 kam es zum Krieg, den Portugal gegen Kastilien gewann. Im Vertrag von Alcáçovas aus dem Jahr 1479 wurde das portugiesische Afrikamonopol südlich des 26. Breitengrades anerkannt. Die Kanarischen Inseln lagen nördlich davon und fielen nun endgültig Kastilien zu. Zwar hatte Papst Eugen IV. schon 1434 mit der Bulle *Sicut Dudum* verboten, die Ureinwohner der Kanarischen Inseln im Zuge der Kolonisierung zu versklaven. Diese sollten vielmehr missioniert werden, was durch die Praxis der Eroberer gefährdet wurde. Aber die kastilische Krone betrieb ihre Eroberung vor allem mit kapitalistischem Interesse. Sie schloss mit privaten „Militärunternehmern" Verträge, wonach diese hoheitliche Befugnisse übertragen bekamen und sich dafür zur Besitznahme und Besiedlung des neueroberten Gebietes verpflichteten. Die Ureinwohner der Kanarischen Inseln waren bald ausgestorben.

Ende 15. Jh.: Zunehmende Planmäßigkeit der Expansion

Die portugiesische Expansion entlang der westafrikanischen Küste ging weiter. König Johann II. (1481–1495) sorgte dafür, dass sie zunehmend planmäßiger betrieben wurde. Der Goldhandel blühte. 1481 wurde dafür im heutigen Ghana ein Zentrum, Elmina (El Mina = Die Mine) genannt, eingerichtet. Gold machte 1506 rund ein Viertel der Einkünfte der portugiesischen Krone aus. Dieser Anteil ging zwar bald zurück, aber erst um 1700 übertrafen Sklaven als Exportartikel das Gold. Die Sklaven für den Handel in El Mina kamen von der Küste des Benin, die die Portugiesen in den 1470er Jahren erreicht hatten.

Königreich Kongo

In den 1480er Jahren fanden die Portugiesen einen wertvollen Handelspartner im Kongo-Reich im Norden des heutigen Angolas. Der König von Kongo, der selbst in dieses Gebiet eingewandert war, suchte Einnahmequellen und Unterstützung von außen für seine instabile Herrschaft. Als er in den Portugiesen seine Verbündeten fand, ließen sich der König von Kongo und sein Sohn (Alfons Mbemba Nzinga) taufen. Alfons usurpierte 1506 den Thron und band sich noch weiter an das Christentum. Zunächst blühten die Handelsbeziehungen. 1526 exportierte das Königreich jährlich zwischen 2000 und 3000 Sklaven, die vor allem auf portugiesischen Zuckerrohrplantagen eingesetzt wurden. Neben Madeira hatten die Portugiesen um 1500 solche Plantagen auf der Insel São Tomé vor der Küste des heutigen Gabuns angelegt. Alfons war mit der steigenden Ausfuhr an Arbeitskräften zunehmend unzufrieden. Er versuchte, den Sklavenhandel zu regulieren. Dies sorgte langfristig dafür, dass die Portugiesen einen neuen Handelsstützpunkt in Luanda errichteten, das nun zur Basis neuer Sklavenraubzüge wurde.

Insgesamt dominierten bei der Expansion die wirtschaftlichen Interessen. Neben Gold, Silber und Rohstoffen entwickelten sich auch Sklaven als Handelsware. Bis 1520 errichtete Portugal entlang der ostafrikanischen Küste, am Persischen Golf und entlang der maritimen Handelsstraße nach Ostindien eine Kette von Handelsstützpunkten. Es machte damit vor allem den muslimischen Händlern scharfe Konkurrenz, die einen einträglichen Fernhandel mit Indien unterhielten. Osmanische Flottenexpeditionen unter Piri Reis (1465–1554) versuchten vergeblich, die portugiesische Expansion nach Indien aufzuhalten.

Kurz nach 1600 gelang es dann der britischen *East India Company* und der niederländischen *Vereenigde oost-Indische Compagnie* (VOC), die Portugiesen aus Ceylon zu verdrängen. 1617/18 errichteten Briten und Niederländer ihre ersten Faktoreien (Warenlager) im westindischen Surat. Nach 1660 kamen Franzosen, Dänen, Schweden und andere Europäer hinzu.

2.2 Christliche, muslimische und afrikanische Sklavenhändler in Afrika

Der afrikanische Kontinent wurde sowohl von muslimischen als auch von christlichen Sklavenhändlern jahrhundertelang ausgelaugt. Es ist nicht abzuschätzen, inwieweit der damit zusammenhängende Bevölkerungsverlust die wirtschaftliche, gesellschaftliche und politische Geschichte Afrikas mitgeprägt hat. Über 11 Millionen Menschen verlor Afrika allein durch den von christlichen Staaten organisierten transatlantischen Sklavenhandel zwischen 1450 und 1900. Doch die Zahl der Opfer des Sklavenhandels ist insgesamt noch weit höher. Zwischen der Gefangennahme und der Verschiffung mussten oftmals weite Strecken zu Fuß zurückgelegt werden. Nicht selten waren sie dabei paarweise an hölzerne Joche geschlossen, manchmal auch mit Fußeisen und Ketten gefesselt und von bewaffneten Aufsehern gut bewacht. Wie hoch die Sterblichkeit vor dem Erreichen der Küste war, ist unklar. Insgesamt forderte der Sklavenhandel zahllose weitere Opfer durch die Kriege und Raubzüge, die Entbehrung und Willkür auf den Märschen. Schätzungen zur Gesamtzahl dieser Opfer liegen beim zwei- bis fünffachen der 11 Millionen Afrikaner, die auf Schiffe verladen wurden.

Folgen für Afrika

Der orientalische Sklavenhandel der Muslime erstreckte sich über einen längeren Zeitraum, von etwa 650 bis 1920. Über drei Routen (Sahara, Rotes Meer, Indischer Ozean) wurden insgesamt vermutlich 11 bis 15 Millionen Afrikaner in islamische Kernländer und bis nach China verschleppt. Die Zahlen beruhen auf Schätzungen, die zuweilen auch bis zu 17 Millionen reichen. Afrika wurde also sowohl vom christlichen wie vom muslimischen Sklavenhandel bedrückt.

Orientalischer Sklavenhandel der Muslime

In Nord- und Ostafrika spielten dabei die muslimischen Handelsnetze und ihr Sklavenhandel nach Norden und Osten eine große Rolle. Große Mengen neuer Sklaven wurden durch inner-islamische Kriege und islamische Expansionskriege im Savannengürtel auf den Markt gebracht. Zwar war im Islam ebenso wie im Christentum die Versklavung von Glaubensgenossen im Prinzip verboten (vgl. III.), doch wurde von beiden Seiten immer wieder dagegen verstoßen. Zudem war die Versklavung von sogenannten Ungläubigen in beiden Religionen erlaubt, was die Versklavung von Afrikanern weiter begünstigte. Unmittelbar südlich der Sahara bestanden bis ins 16. Jahrhundert noch bedeutende islamisch regierte Reiche, darunter Kanem, Borno (um den Tschad-See) und Songhay (am oberen Niger). Songhay war das größte afrikanische Reich vor dem 19. Jahrhundert. Da der Islam hier zunächst die Religion der Eliten war, konnten die kaum bekehrten

Landbewohner ohne Hindernisse versklavt werden. Marokkanische Invasionskriege gegen Songhay warfen ab 1591 zunächst für beide Seiten Gefangene ab, bereiteten Songhay aber schließlich auch den Untergang. Es folgten kleinere, meist instabile Nachfolgestaaten, darunter Segu am oberen Niger. Segu wurde zu einem wichtigen Zulieferer für europäische Sklavenschiffe. Unter diesen Kleinstaaten hielten die Konflikte bis weit ins 17. Jahrhundert an. Nicht-muslimische senegalesische Kleinstaaten wie Kajoor, Kaymor und Saalum versklavten dagegen vornehmlich Muslime.

Muslimische Händler im gesamten Großraum zwischen Sahara und Guinea-Küste waren in der Frühphase des transatlantischen Sklavenhandels die wichtigsten Lieferanten. Sie blieben bis in die Schlussphase bedeutend. Zwischen 1500 und 1800 verkauften sie von dort etwa eine Million Menschen über den Senegal und die obere Guineaküste an die Europäer. (Meissner/Mücke/Weber 2008, 54). Nicht zuletzt das gemeinsame Interesse des Sklavenhandels führte also zu intensiven Kooperationen zwischen christlichen und muslimischen Händlern.

Beteiligung der Afrikaner am Sklavenhandel

Doch auch die Afrikaner selbst waren am Sklavenexport beteiligt. Wahrscheinlich wäre die Entwicklung des transatlantischen Sklavenhandels ohne ihre Mitarbeit nicht einmal möglich gewesen. Was ihn sicher begünstigt hat, war der Umstand, dass auch in Afrika schon lange mit Menschen gehandelt wurde.

Vier Wege in die Sklaverei

Vier Wege führten Menschen in Afrika in die Sklaverei, wobei es unmöglich ist, anzugeben, wie hoch die jeweiligen Anteile waren:

1. Kriegsgefangene: Es wurden bei Kriegen zwischen Nachbarstaaten militärische und zivile Gefangene versklavt. Bisweilen wurden die Kriege nur mit dem Ziel geführt, Sklaven zu erbeuten.
2. Menschenraub/Razzien: Es wurden gezielt Entführungen und Raubzüge unternommen, um Sklaven zu fangen.
3. Strafgefangene: Versklavung war eine Strafe für schwere Verbrechen wie Ehebruch, Hexerei oder andere religiöse Frevel.
4. Schuldsklaverei: Menschen begaben sich aus existentieller Not in die Sklaverei (Schuldknechtschaft). Die meisten afrikanischen Staaten verboten zwar den Verkauf der Schuldsklaven, doch wurde dies häufig ignoriert.

Situationsähnlichkeit Afrika – Europa

Diese Liste zeigt bereits, dass sich die Situation in Afrika grundsätzlich nicht von der im europäischen Mittelmeerraum unterschied. Auch hier konnten Krieg, Raub, Strafe und existentielle Not in die Sklaverei führen. Allerdings gab es hier Versuche, die Gewalt durch bestimmte Regelungen zum ‚gerechten Krieg' (vgl. III.2) einzudämmen. Solche Überlegungen existierten in Afrika offenbar nicht.

Bedeutung der Beziehung zu Einheimischen

Für die Entwicklung des transatlantischen Sklavenhandels spielten die Beziehungen zu den einheimischen Akteuren eine große Rolle. Lediglich in seiner Anfangsphase machten die Europäer an den Küsten direkt Gefangene. Hierbei wurden sie von den örtlichen Autoritäten rasch in die Schranken gewiesen. Erst Bündnisse mit lokalen Fürsten ermöglichte es den europäischen Händlern, eine größere Anzahl von Sklaven auf ihre Schiffe zu bringen.

Rolle afrikanischer Staaten im Sklavenhandel

An der Gold- und Sklavenküste selbst gab es vier afrikanische Staaten von nennenswerter Größe und Lebensdauer: das Oyo-Reich der Yoruba (heute in Nigeria, im Hinterland von Lagos), Benin und Dahomey (heute der Raum

Benin und Togo) sowie die Föderation der Asante (westlich davon). Diese Staaten verhielten sich ganz unterschiedlich zum Sklavenhandel. So gab es in Benin von 1516 bis ins 18. Jahrhundert ein Ausfuhrverbot, insbesondere für männliche Sklaven. Dies galt sowohl für versklavte Landsleute als auch für importierte Sklaven. Andere Staaten wie Dahomey verboten lediglich den Export eigener Landeskinder. Oyo stieg erst 1730 in den Sklavenhandel ein, nachdem es Dahomey tributpflichtig gemacht hatte. Die übrigen kleinen Staaten der Region waren tief in den Atlantikhandel verstrickt. Ihre Machthaber profitierten am meisten davon. Sie legten oft Wert darauf, dass die Sklaven bevorzugt vom Hof gekauft wurden, bevor private Anbieter zum Zuge kamen. Oyo und Dahomey machten ihre Küsten zu Afrikas zweitgrößter Exportregion im Menschenhandel. Die größte war die Region Kongo-Angola. Von hier aus wurden allein im 18. Jahrhundert 1,2 Millionen Afrikaner auf die Schiffe gebracht.

In allen afrikanischen Staaten, ob sie nun in den Atlantikhandel verstrickt waren oder nicht, wurden Sklaven eingesetzt, im staatlichen Bereich ebenso wie im privaten Bereich.

Betrachten wir weiter die einzelnen Staaten Afrikas. Einer der relativ stabilen Staaten war das Königreich Kongo, vor allem während seiner Allianz mit Portugal zwischen 1500 und 1660. Auch hier beteiligte sich der Staat am Sklavenhandel. Eine bemerkenswerte Situation entstand, als sich ihr König unter portugiesischem Einfluss taufen ließ und den Namen Alfons I. annahm (er herrschte bis 1540). Er führte den Katholizismus als Staatsreligion im Kongo ein. Seinen Sohn Alfons II. schickte er mit einer Delegation nach Rom, um einen eigenen Bischof zu erhalten. Natürlich belieferte der katholische König auch weiterhin die katholischen Portugiesen mit Sklaven. Und natürlich besaß auch er wie alle anderen Herrscher weiterhin Sklaven. Das Land zerfiel jedoch im 17. Jahrhundert und blieb vor dem 19. Jahrhundert der einzige Versuch, einen christlichen afrikanischen Staat zu etablieren.

Die Portugiesen unterhielten – wie seit dem 17. Jahrhundert Engländer und Franzosen – ihre Handelsniederlassungen an den Küsten. Von dort stießen dann Menschenjäger ins Hinterland vor und lieferten Sklaven an die Küsten. Auch im südlichen Ostafrika besaßen die Portugiesen schon seit 1505 Handelsposten an der Küste und drangen auf Raubzügen ins Hinterland ein. Ab 1650 setzte hier die französische Präsenz auf zwei östlich von Madagaskar gelegenen Inseln ein (heute Réunion und Mauritius). Dies führte zu einer intensiven französischen Ausfuhr von Sklaven aus Ostafrika in den Raum des Indischen Ozeans. Ab etwa 1790 lieferten vor allem Portugiesen Afrikaner aus Mosambik nach Brasilien. Begünstigt wurde dieser Handel durch schwere Dürreperioden und afrikanische Kriege. Auch in anderen Regionen spielten immer wieder afrikanische Warlords eine große Rolle beim Menschenraub.

2.3 Die Entdeckung Amerikas und die Versklavung der Indios

Um 1483 kam der Genuese Cristoforo Colombo (1451–1506) als portugiesischer Kapitän nach Elmina. 1484 legte er König Johann seinen Plan vor, Indien durch Umsegelung des Erdballs nach Westen zu erreichen. Der Plan

Kolumbus

wurde abgelehnt. So ging Kolumbus 1485 nach Spanien, wo sein Projekt 1486 aber zunächst ebenfalls abgelehnt wurde.

Der portugiesische König setzte auf einen Weg nach Indien über Afrika. Neben den weiteren Vorstößen entlang der afrikanischen Küste unterstützte er auch Expeditionen nigeraufwärts in das Hinterland der Guineaküste, wo eine Verbindung mit dem Nil vermutet wurde. 1488 gelang die Umrundung Afrikas durch Bartolomeu Dias. Die Portugiesen standen kurz vor ihrem Durchbruch.

Seeweg nach Indien In dieser Situation blieb den spanischen Königen nur noch die Idee des Kolumbus, um den Wettlauf um den Seeweg nach Indien doch noch zu gewinnen. So ernannten sie ihn 1492 zum Admiral, sicherten ihm Gewinnanteile zu und stellten ihm drei Schiffe für die Überfahrt zur Verfügung. Er startete von den Kanarischen Inseln aus und erreichte nach 36 Tagen am 12. Oktober 1492 eine Insel der Bahamas-Gruppe. Nach Erkundigungen der Nordküste Kubas und der Nordküste Haitis kehrte er über Portugal zurück. In seinem Bordbuch äußerte sich Kolumbus neben seiner Begeisterung über die Aussicht auf Gold auch eingehend über die Bewohner dieser Neuen Welt. Dabei spricht er einerseits immer wieder von ihrer Bekehrung, die er für leicht hält, da sie keine Religion hätten. Andererseits betrachtete er sie bereits als Untertanen der spanischen Könige, die gute Diener sein würden. Die Schilderungen lassen nicht erkennen, dass er sich diese Diener als Sklaven vorstellte. Das Thema Sklaverei kommt bei ihm insofern vor, als er davon ausgeht, dass sich die verschiedenen Eingeborenenstämme untereinander einfangen und versklaven. Das Phänomen des Menschenraubs und der Versklavung gehörte zu seinem selbstverständlichen Wissenshorizont. So prägte das Vorbild des portugiesischen Afrikas seine Wahrnehmungen und Erwartungen im Hinblick auf die Möglichkeiten, das Land auszubeuten und in Besitz zu nehmen. Welche Rolle die Eingeborenen dabei spielen sollten, war jedoch zunächst noch offen.

Kolumbus über die Indianer
Aus: Kolumbus, Bordbuch, 11. und 12. Oktober 1492, 47f.

Manche von Ihnen [den Eingeborenen] hatten Wundmale an ihren Körpern. Als ich sie unter Zuhilfenahme der Gebärdensprache fragte, was diese zu bedeuten hätten, gaben sie mir zu verstehen, dass ihr Land von den Bewohnern der umliegenden Inseln heimgesucht werde, die sie einfangen wollten und gegen die sie sich zur Wehr setzten. Ich war und bin auch heute noch der Ansicht, dass es Einwohner des Festlandes waren, die herkamen, um sie in die Sklaverei zu verschleppen. Sie müssen gewiss treue und kluge Diener sein, da ich die Erfahrung gemacht habe, dass sie in Kürze alles, was ich sagte, zu wiederholen verstanden; überdies glaube ich, dass sie leicht zum Christentum übertreten können, da sie allem Anschein nach keiner Sekte angehören.

Die Entdeckung Amerikas Die Entdeckungen des Kolumbus galten den spanischen Königen. Doch immer noch war der Vertrag von Alcáçovas in Kraft, so dass Portugal auf alle Neuentdeckungen südlich der hier festgesetzten Linie Ansprüche erhob. Der Papst, der selbst aus Aragon stammte, wurde eingeschaltet. Alexander VI. sprach den spanischen Königen in der Bulle *Inter caetera divinae* (4.

Mai 1493) die Länder jenseits einer Linie von 100 Meilen westlich der Azoren zu. Er verschob damit die Trennungslinie zwischen dem portugiesischen und dem spanischen Machtbereich zugunsten Spaniens. Legitimiert wurde die koloniale Inbesitznahme der Neuen Welt mit dem Missionsauftrag. Portugal, das einst selbst mit Papstbullen zur Absicherung der eigenen Eroberungen gearbeitet hatte, einigte sich am 7. Juni 1494 mit Spanien im Vertrag von Tordesillas auf eine neue Demarkationslinie, die es ihm später erlaubte, die Gebiete Brasiliens zu kolonisieren. Die Beteiligung Kastiliens an der Vorherrschaft im Atlantik war aber gesichert. Kolumbus wurde umgehend zu weiteren Reisen in die Neue Welt entsandt. Erst jetzt betätigte er sich gleichzeitig als Kolonisator, der auch Zwangsarbeit zur Goldgewinnung einsetzte – allerdings recht erfolglos. Sein begonnener Handel mit Indianersklaven wurde von der Krone verboten, die ihre neugewonnenen Untertanen nicht verlieren wollte. 1500 wurde Kolumbus als Gouverneur abgelöst.

Die spanischen Könige missbilligten die Sklavensendungen des Kolumbus nicht, weil sie gegen Sklaverei an sich gewesen wären. Es ging ihnen vielmehr darum, ihren neuen Herrschaften die Untertanen zu erhalten. Was die Eroberer vor allem antrieb, war die Gier nach Gold, um sich damit letztlich soziale Aufstiegsmöglichkeiten zu sichern. Zu den aristokratischen Wertvorstellungen gehörten aber auch die Vorbilder der Ritterromane und die Vorstellung, ein Held mit aufrichtigem Glaubenseifer zu sein. Waren solche religiösen Motive bloß ein Überbau, während es im Grunde nur um Beute ging? Was sich nicht ausschloss, muss auch nicht gegeneinander ausgespielt werden. Es ging nicht ohne den religiösen Faktor.

Grund: Erhalt der Untertanen in den neuen Gebieten

In dieser Zeit gelang es den Portugiesen, Indien über die Umsegelung Afrikas zu erreichen. 1497 führte Vasco da Gama (1459–1524) die erste erfolgreiche Ostindienfahrt durch, fast zehn Jahre nach der ersten Umrundung des Kaps der Guten Hoffnung. 1498 erreichten die Portugiesen den Gewürzhafen Calicut. Von dort brachten sie ein Jahr später eine erste Gewürzladung zurück nach Lissabon.

1497: Vasco da Gamas Ostindienfahrt

Gleichzeitig zeichnete sich im Westindien des Kolumbus der Übergang von der Entdeckung zur Eroberung (Conquista) ab. Ein bestimmtes Verlaufsschema ist festzustellen: Zunächst wurde Propaganda getrieben, die den Reichtum des Landes betonte. Eingeborene und kostbare Produkte des Landes wurden zum Beweis vorgezeigt. Man arbeitete gern mit einheimischen Bundesgenossen zusammen. Seit Kolumbus war auch die Festnahme des einheimischen Herrschers als eine Art Geisel üblich geworden, um die Bevölkerung zu erpressen. Der Gegner wurde planmäßig und gewalttätig eingeschüchtert. Gräber und Heiligtümer wurden gezielt geschändet, die Überlegenheit des christlichen Gottes demonstriert. Schließlich wurde eine spanische Stadt gegründet, Grundstücke und indianische Arbeiter den Eroberern zugewiesen.

Von der Entdeckung zur Eroberung

Die Versklavung der Indianer wurde 1500 endgültig verboten. Allerdings durften Gefangene in einem ‚gerechten Krieg' (*bellum iustum*) weiterhin versklavt werden. So hörten Sklavenfangexpeditionen im Namen eines solchen gerechten Krieges nicht auf. Dies erregte allerdings das Missfallen der Krone und Karl V. entschloss sich 1530, die Versklavung der Indianer generell zu verbieten. Auf Druck der Gesetzesgegner wurde

Indianerversklavung im Rahmen des „gerechten Kriegs"

das Verbot 1534 noch einmal aufgehoben und dann 1542 wieder erneuert. Wer in der Zwischenzeit bereits versklavt worden war, wurde allerdings nicht sofort freigelassen. In den Grenz- und Kriegsgebieten hielt sich die Sklaverei weiter.

repartimientos und *encomiendas*

Für die spanischen Herren sollten freie Menschen arbeiten. 1503 kam es zur Einführung des Systems der *repartimientos* (Indianerzuteilungen). Später nannte man sie *encomiendas* (Empfehlungen). Den Beamten der Krone wurde eine bestimmte Anzahl an indianischen Arbeitern zugeteilt. Diese waren zwar nominell keine Sklaven, faktisch wurde ihre Arbeitskraft aber hemmungslos ausgebeutet und ihnen nur ein Existenzminimum gewährt. Bald häuften sich die Todesfälle so dramatisch, dass man nach neuen Lösungen suchte. Die Indianer starben auf den westindischen Inseln regelrecht aus. Vor allem die fehlende Immunität gegenüber den von den Europäern eingeführten Bakterien- und Virusinfektionen bedingten dieses Massensterben.

Die Kritik des Bartolomé de Las Casas

Diese Entwicklung führte auch zur Kritik am System. Bartolomé de Las Casas (1474–1566) war nur der berühmteste Vertreter einer Gruppe von Dominikanern, die die Krone für eine Revision in der Indianerpolitik gewinnen wollte. Unterstützung bekam Las Casas von Theologen der Universität Salamanca, die gegen die aristotelische Vorstellung zu Felde zogen, es gebe Sklaven von Natur aus. Den Höhepunkt dieser Debatte bildete das Streitgespräch (*Disputation von Valladolid*) von Las Casas mit Juan Ginés de Sepúlveda vor einer kaiserlichen Expertenkommission im Jahr 1550/51. Letzterer war der prominenteste Vertreter einer Inferiorität der Indianer im Sinne des Aristoteles. Die Argumente Sepúlvedas lassen sich mit Horst Pietschmann folgendermaßen zusammenfassen: Der Krieg gegen die Indianer ist gerecht, weil sie Barbaren sind und sie von Natur aus ohne Bildung und Klugheit von vielen barbarischen Lastern besessen sind. Die Barbaren verstoßen zweitens gegen die natürliche Ordnung, u.a. durch Götzendienst, Geisterglaube, Menschenopfer und widernatürliche Sexualpraktiken. Drittens sind alle Menschen durch das Naturgesetz verpflichtet, nach Möglichkeit zu verhindern, dass unschuldige Menschen umgebracht werden, wobei Sepúlveda sich auf die Menschenopfer der Indianer bezieht. Nach natürlichem und göttlichem Recht sei es viertens notwendig, die Menschen zu korrigieren, die auf ihren Untergang zusteuerten, um sie selbst gegen ihren Willen zum Heil zu führen. Die Unterwerfung der Indianer unter die spanische Herrschaft sei also insgesamt zu rechtfertigen (Pietschmann 1994, 94f.). Im Gegensatz dazu waren die Indianer für Las Casas weder unvernünftig noch Barbaren. Trotz Mängeln wie Menschenopfer sei ihre Kultur entwicklungsfähig. Der Disput, der sich über mehrere Sitzungsperioden hinzog, führte zu keiner klaren Entscheidung. Las Casas setzte seine Arbeit an den Geschichtswerken *Historia de las Indias* und *Historia Apologética Sumaria* fort und begründete in kleineren Schriften seine Position zur Sklaverei sowie zur Rechtmäßigkeit der Conquista und der Besiedlung, der *encomienda* und der Restitution unrechtmäßig angeeigneter Güter (Sievernich 1996, 62).

Las Casas über die Versklavung der Indios
Aus: Las Casas, Traktat über die Indiosklaverei, 67.

Alle Indios, die im Westindien des Ozeanischen Meeres von seiner Entdeckung an bis heute zu Sklaven gemacht wurden, sind unrechtmäßig versklavt worden, und die Spanier besitzen die heute noch lebenden zumeist schlechten Gewissens, auch wenn diese Sklaven zu denen gehören, die sie von den Indios haben.

Jenseits dieser Indiodebatte – die Begriffe Indianer und Indios werden synonym verwendet – wurden nun die ersten Schwarzen aus Afrika nach Lateinamerika transportiert. Diese Praxis war nicht von Las Casas eingeführt worden, ein verbreiteter Vorwurf der Aufklärung, sondern bestand lange vor seinem Wirken. Allerdings hatte er dieser Praxis zunächst zugestimmt, wohl zur Entlastung der konstitutionell schwachen Indios. Doch seit Mitte der 1550er Jahre gab er die Unterscheidung zwischen der Versklavung der Indios und der afrikanischen Sklaverei auf und bereute seine anfängliche Ungleichbehandlung in der Sklavenfrage. So entwickelte er sich auch zum einsamen Verteidiger der Afrikaner.

Indiodebatte, Import schwarzer Sklaven

In den nächsten hundert Jahren wurden alle Teile Amerikas zu Kolonien europäischer Mächte. Die Westküste Afrikas war in dieses Wirtschafts- und Verkehrssystem mit einbezogen. Der Atlantik wurde zum europäischen Binnenmeer und zum Tummelplatz europäischer Mächtepolitik. Hier entstand der transatlantische Sklavenhandel als Teil dieses Systems. Diese beiden Kontinente waren nun durch die Europäer schicksalshaft miteinander verbunden.

Der transatlantische Sklavenhandel

Bevor auf diesen Dreieckshandel weiter eingegangen wird, soll jedoch auch noch erwähnt werden, dass die Sklaverei wie in Afrika auch in den amerikanischen Hochkulturen bereits vor der europäischen Expansion bekannt war. Unter den Chronisten Neu-Spaniens nimmt der aus Sevilla stammende Dominikaner Diego Durán (1537?–1588) eine besondere Stellung ein. Er war bereits als Kind nach Mexiko gekommen und pflegte engen Kontakt mit den Einheimischen, deren Sprache er beherrschte. Interessant sind seine Ausführungen über die Sklaverei bei den Azteken. Danach standen die Tlatlacotin bei den Azteken auf der untersten Stufe der Gesellschaftsordnung wie Sklaven. Im Unterschied zu den Negersklaven war man in Mexiko aber nicht als Sklave geboren. Hier gab es Sklaverei als Strafe für bestimmte Vergehen und Schuldknechtschaft, aus der man sich wieder freikaufen konnte. Diese Form der Sklaverei dürften relativ human gewesen sein, zumal die Tlatlacotin nach der Schilderung zur ‚Familie' gehörten. Andererseits gab es auch Sklaven, vor allem Kriegsgefangene, die bei Festen den Göttern als Opfer dargebracht wurden. Durán erläutert in seinem *Libro de los ritos y ceremonias en las fiestas de los dioses y celebración de ellas* die verschiedenen Sklavenarten, die Wege in die Sklaverei und die Möglichkeiten der Freilassung.

Sklaverei in Amerika vor der Expansion

Diego Durán (gest. 1588) über die Sklaven bei den Azteken:
Aus: Schmitt, Dokumente zur Geschichte der europäischen Expansion Bd. 1, 345–351.

Eine andere Art von Sklaven waren die Kriegsgefangenen. Sie dienten nur zu Massenopferungen jenes Indio, der den Götzen verkörpert hatte, dessen Fest man fei-

> erte. Man nannte sie ,die süße Götterspeise'. Über diese brauche ich nicht zu sprechen, sondern über die Sklaven, die man auf den Märkten auf Grund von Straftaten oder aus anderen Gründen verkaufte, die ich weiter unten anführen werde.

2.4 Der transatlantische Sklavenhandel

Neue Form der Sklaverei

Die Entstehung des transatlantischen Sklavenhandels ist nicht ohne die Tradition europäischer, westasiatischer und afrikanischer Formen von Sklaverei zu verstehen. Gleichzeitig entwickelte sich hier eine neue Form von Sklaverei, die sich klar von anderen Formen unfreier Arbeit unterscheiden lässt.

Plantagen

In der Karibik, in Brasilien und im südlichen Nordamerika entstanden etwa seit Mitte des 17. Jahrhunderts Plantagenwirtschaften, die jeweils einem Großgrundbesitzer gehörten. Zur Bewirtschaftung dieser großen Plantagen waren viele Arbeitskräfte notwendig. In keinem Sektor der Plantagenwirtschaft wurden wiederum mehr Sklaven eingesetzt als bei den Zuckerrohrplantagen. Andere Produkte wie Kakao, Tabak, Reis, Indigo, Kaffee und Baumwolle spielten in bestimmten Zeiten und Regionen eine große Rolle. Dominierend war jedoch der Zucker, so dass man die Frage stellen kann, ob es den transatlantischen Sklavenhandel ohne die europäische Nachfrage an Zucker in dieser Form gegeben hätte. Das Plantagensystem in der Neuen Welt war eine konsequente Fortentwicklung dieser Produktionsform aus Asien und Europa (vgl. II.2.1).

Statistiken

Wie viele Menschen sind im Laufe des transatlantischen Sklavenhandels von Afrika in die Neue Welt verschleppt worden? Nach der grundlegenden Arbeit von Philip D. Curtin in den 1960er Jahren transportierten europäische, nordamerikanische und lateinamerikanische Schiffe vom 15. bis zum 19. Jahrhundert etwa 9,5 Millionen Afrikaner in die Neue Welt, weitere 1,5 Millionen etwa starben während der Überfahrt auf der berüchtigten *middle passage*. Nach einer Synthese der Studie Curtins mit späteren Untersuchungen kam Paul E. Lovejoy 1982 zu dem Ergebnis, dass 11 698 000 Menschen aus Afrika als Sklaven exportiert worden sind. Bei einer durchschnittlichen Todesrate von 15–16 Prozent bedeutete das, dass etwa 9,8–9,9 Millionen ihren Zielhafen lebendig erreichten. Insgesamt geht man heute mehrheitlich von einer Gesamtzahl von etwa 11,06 Millionen Menschen aus, die zwischen 1519 und 1867 in die Neue Welt verschleppt wurden.

Die atlantische Überfahrt ist zu einem Symbol des Schreckens der afroamerikanischen Sklaverei geworden. Dies hängt auch mit den Kampagnen der Abolitionisten Ende des 18. Jahrhunderts zusammen, die in der *middle passage* einen medienwirksamen Gegenstand erkannt hatten.

E

Die *middle passage*

Als *middle passage* (Mittelpassage) wird der Seeweg bzw. die Überfahrt der Sklaven von Afrika nach Nordamerika bezeichnet. Sie ist damit Bestandteil des sogenannten Atlantischen Dreieckshandels. „Auf den afrikanischen Pfaden zur Mittelpassage existierten direkte Tauschbeziehungen (zum Teil auch gegen Goldstaub, Elfenbein, Textilien, Nahrungsmittel, Rum/Wein, Waffen oder Tabak). Beim Wechsel in die Anfangsabschnitte der von Europäern kontrollierten Sklavenhandelswege meist ebenfalls. Manchmal schon in Afrika, aber meist erst in Amerika oder gar erst beim Verkauf von Plantagenprodukten in Europa, kam einigermaßen stabil Edelmetall (oder sichere Geld-Währung) als Gegenwert in die Hände der Sklavenhändler. In Europa wurden von Sklaven produzierte Cash-Crops und Kommoditäten (Zucker, Tabak, Kakao, Kaffee, Baumwolle) oder unbearbeitetes Edelmetall gegen Wechsel oder in geprägtes und vom Staat garantiertes Edelmetall oder Banknoten (‚Geld') in einer im atlantischen Wirtschaftssystem anerkannten Währung umgetauscht (Zeuske, 309f.).“ Die Schätzungen der Todesrate der afrikanischen Sklaven auf der Überfahrt gehen auseinander. Insgesamt dürften auf der Mittelpassage über zwei Millionen Afrikaner gestorben sein. Während meist ein Durchschnitt von 15 Prozent angegeben wird, zeigen neuere Studien auf, dass sich die Mortalitätsrate im Laufe der Jahrhunderte zunehmend abgesenkt hat.

Sklaven waren nur gegen hochwertige Waren zu bekommen. Der Wert der Tauschware machte rund zwei Drittel der Gesamtkosten für die Expedition eines Sklavenschiffes aus. Das bedeutete, dass jeder Tote auf der Überfahrt eine Gewinneinbuße verursachte. Starb mehr als ein Drittel der Sklaven, waren die Verluste so hoch, dass sich das Unternehmen nicht mehr finanziell lohnte. Beim Schiffsbau wurde darauf geachtet, einen Kompromiss zwischen verschiedenen Interessen zu finden: Einerseits sollten möglichst wenig Sklaven sterben. Man musste also auf ausreichende Ernährung und Schnelligkeit bei der Überfahrt achten. Andererseits sollten möglichst viele Sklaven transportiert werden. Nachts wurden die Sklaven unter Deck angekettet, um eine Rebellion zu vermeiden. Am Tag wurden sie an Deck gebracht, wo sie sich möglichst lange bewegen sollten. Im Durchschnitt lag die Sterblichkeit auf der *middle passage* im gesamten Zeitraum des transatlantischen Sklavenhandels unter 15 Prozent, wobei die Tendenz im Laufe der Zeit sank. Bis ins späte 17. Jahrhundert geht man von einer durchschnittlichen Todesrate von 20 Prozent aus, bis 1750 fiel sie auf 10 Prozent und Ende des 18. Jahrhunderts auf 8 Prozent. Im 19. Jahrhundert lag sie bei 5 Prozent. Zum Vergleich: Auch auf Auswandererschiffen lag im 18. Jahrhundert die durchschnittliche Sterblichkeit im selben Bereich. Erst ab etwa 1800 machten sich deutliche Unterschiede bemerkbar. Ab da sank die Todesrate für Auswanderer, Soldaten und Sträflinge auf etwa 1 Prozent. Nichtsdestoweniger war auch eine Sterberate von 5–10 Prozent dramatisch. Die Schiffe waren schwimmende Kerker, auf denen Sklaven kontrolliert und bei Aufsässigkeit drakonisch bestraft wurden.

Die direkten Betreiber und Nutznießer dieses Handels waren Europäer. Die Zusammenhänge zwischen Sklavenhandel, Plantagenwirtschaft und dem europäischen Hinterland sind erst in Anfängen erforscht. Aus Amerika wurden von Sklaven produzierte Kolonialwaren eingeführt, die in Europa verarbeitet und vermarket wurden. Dies geschah nicht nur in den großen europäischen Sklavenhandelshäfen wie Lissabon, Nantes und Liverpool, sondern auch in Städten wie Manchester, Bordeaux und Hamburg. Umgekehrt wurden auch europäische Waren nach Afrika und Amerika verkauft. Ein Beispiel hierfür ist Leinen aus Schlesien, das über Westeuropa nach Afrika und Amerika exportiert wurde, wo es vor allem zur Bekleidung der Sklaven diente. Beim Angebot an Tauschwaren für Afrika konkurrierten europäische und asiatische Anbieter, was zu niedrigen Preisen führte, die wie-

Middle passage

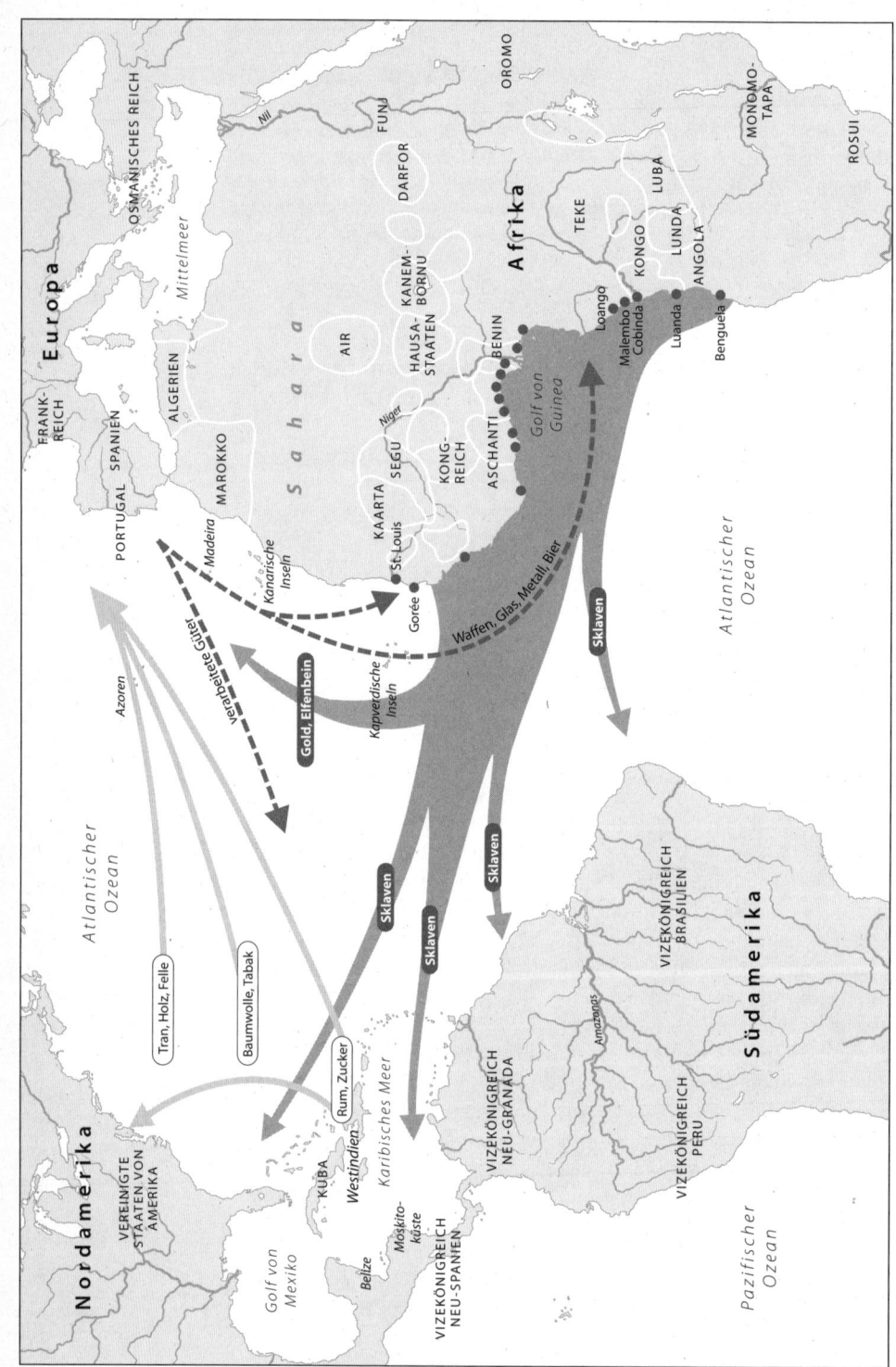

Abb. 4: Der atlantische Dreieckshandel

derum dafür sorgten, dass auch Sklaven zu niederen Preisen zu bekommen waren. Dieser Kreislauf stabilisierte den Komplex aus Sklavenhandel und Plantagenwirtschaft.

Der transatlantische Sklavenhandel und die hauptsächlich schwarzen Sklaven gehören zu den charakteristischen Merkmalen der Frühen Neuzeit. Eine neue Form von Sklaverei entstand. Auf der einen Seite wurden die Entwicklungen der mittelalterlichen Sklaverei in Europa fortgesetzt, in der handwerkliche und landwirtschaftliche Produktion teilweise eine Rolle spielte. In den neuen Kolonien rückte nun der Aspekt der Massenproduktion immer weiter in den Vordergrund. Die neuen Kolonien wurden zum immer unentbehrlicheren Produktionsland für landwirtschaftliche Erzeugnisse für die europäischen Mächte. Dafür wurden Massen an Sklaven benötigt, die zunehmend aus einer einzigen Quelle bezogen wurden: aus Afrika. Sklaverei wurde hier in der Frühen Neuzeit Teil eines Industriesystems. Dies unterscheidet die transatlantische Sklaverei von den Formen der Sklaverei, die weiterhin auch in Europa selbst praktiziert wurde (vgl. II.1).

2.5 Juden und Schwarze

Der transatlantische Sklavenhandel wurde von christlichen Staaten organisiert. Hier spielten muslimische Händler keine Rolle. Um das religiöse Panorama zu erweitern, ist jedoch darauf hinzuweisen, dass auch Juden am transatlantischen Sklavenhandel beteiligt waren, wie zahlreiche jüdische Historiker herausgearbeitet haben. Sie besaßen Sklavenschiffe, investierten in den Handel, hatten selbst in Amerika Sklaven. Salo Wittmayer Baron wies zum Beispiel nach, dass sowohl unter den Krypto-Juden in Mexiko und Jamaica als auch unter den Juden in Curaçao Sklavenbesitzer zu finden sind und dass hier auch vom Sklavenhandel profitiert wurde. Seit ihrer Ansiedelung in der Kolonie Curaçao in den 1650er Jahren setzten Juden Sklavenarbeit ein, und Ende des 17. Jahrhunderts besaß fast jeder Jude in dieser Kolonie ein bis neun Sklaven. Solomon Grayzels Geschichte des jüdischen Volkes zeigte, dass Juden, die sich in den Südstaaten vor dem Bürgerkrieg (1861–1865) niedergelassen hatten, an den sozialen Normen der Gesellschaft orientierten und auch selbst Sklaven hatten. Diese Verflechtung wurde von jüdischer Seite nie geheim gehalten, im Unterschied zum Buchtitel des 1991 erschienenen Buches des *Historical Research Department of the Nation of Islam* mit dem Titel *The Secret Relationship between Blacks and Jews*. Hier wurde behauptet, dass Juden den Sklavenhandel finanziert und dominiert hätten. Dies hat zu einer Debatte über das Ausmaß der jüdischen Beteiligung am transatlantischen Sklavenhandel geführt und nicht nur das: Henry Louis Gates (Harvard) bewertete dieses Buch 1992 als Ausdruck eines neuen Antisemitismus. Jonathan Schorsch (Columbia University) hat demgegenüber 2004 in seinem Buch *Jews and Blacks in the Early Modern World* betont, dass über den wechselseitigen Polemiken nicht die Bedeutung der jüdischen Haltung zur Sklaverei und der jüdische Beitrag zum Sklavenhandel vernachlässigt werden darf. Das Thema hat heute eine große Relevanz für das Verhältnis zwischen Schwarzen und Juden in Amerika.

Jüdische Beteiligung am Sklavenhandel

Es gab zahlreiche jüdische Gemeinden in den britischen Kolonien in Nordamerika sowie auf Jamaica und Barbados. Die beiden letztgenannten waren Plantagenkolonien mit einer großen Anzahl an Sklaven. Im Rahmen des britischen Sklavenhandels spielten nun auch jüdische Kaufleute eine Rolle.

Juden lebten zur selben Zeit auch in den Niederlanden und in den holländischen Kolonien Curaçao, Surinam und St. Eustatius. Die Niederländer lagen jedoch hinter den britischen Sklavenhändlern zurück. So wird geschätzt, dass die Holländer zwischen 1625 und 1803 etwa eine halbe Million Sklaven von Afrika importiert haben, während britische Händler zwischen 1690 und 1807 etwa 2 800 000 Menschen einführten.

Jüdische Händler Es gab also eine Beteiligung jüdischer Händler am transatlantischen Sklavenhandel sowie bei der Haltung schwarzer Sklaven in Amerika, diese darf jedoch auch nicht überschätzt werden. Die eigentlichen Kräfte lagen bei den Briten und den Niederländern.

Jüdische Gemeinden in Europa Um über eine jüdische Beteiligung am Sklavenhandel weiter Auskunft zu bekommen, ist es notwendig, einen Blick auf jüdische Gemeinden in Europa zu werfen. Auch von dieser Seite konnte ein Engagement, zum Beispiel finanzieller Art, erfolgt sein.

Hier ist zwischen jüdischen Gemeinden in katholischen Ländern einerseits und evangelischen Ländern andererseits zu unterscheiden. So lebte eine kleine jüdische Gruppe in Frankreich und war in Bordeaux am Sklavenhandel der überwiegend katholischen Händler beteiligt. Aus Spanien waren Juden 1492 (aus Portugal 1497) vertrieben worden. Dennoch blieben manche Krypro-Juden dort oder siedelten sich in spanischen Kolonien an. Die Situation des heimlich praktizierten Judentums ermöglicht es aber kaum festzustellen, wie viele Krypto-Juden hier lebten und ob von diesen jemand am Sklavenhandel beteiligt war. Leichter ist es, über die Namen jüdische Flüchtlinge aus Spanien und Portugal in den britischen Kolonien zu identifizieren. Insgesamt lebten Juden also unter katholischen Vorzeichen in einer schwierigen Situation, mehr oder weniger geduldet, in spanisch-portugiesischem Kontext von der Inquisition verfolgt und kaum noch identifizierbar. Eine vereinzelte Mitwirkung von Juden am Sklavenhandel kann beispielsweise in Bordeaux gezeigt werden, ohne dieser jedoch eine tragende Rolle zuzuschreiben.

Etwas anders verhält es sich mit jüdischen Gemeinden in den evangelischen Staaten. Nachdem Juden 1290 aus England vertrieben worden waren, wurden sie in den 1650er Jahren dort wieder zugelassen. Die Regierung Oliver Cromwells gab ihnen die Erlaubnis, sich wieder im Land niederzulassen, nachdem ihn eine Abordnung der jüdischen Gemeinde von Amsterdam um diese Erlaubnis gebeten hatte. 1663 lebten etwa 220 von ihnen in London. Manche davon waren Neuchristen, die als Krypto-Juden angeklagt vor der Spanischen Inquisition geflohen waren, andere kamen von den Kanarischen Inseln, Frankreich, Holland oder der deutschen Hafenstadt Hamburg. Nach ihrer ‚Wiederansiedlung‘ (*resettlement*) beteiligten sie sich auch am englischen internationalen Handel.

Im 17. Jahrhundert forderte England den internationalen Handel Hollands heraus. In den 1660er Jahren errichtete es eine Reihe von Festungen entlang der Küste Westafrikas. 1663 wurde eine Armee dorthin geschickt, um die Festungen der Niederländer an dieser Küste zu erobern. Drei Kriege zwischen England und Holland waren die Folge. Gleichzeitig fing England an, in den transatlantischen Sklavenhandel einzusteigen. Zwischen 1673 und 1711 transportierten britische Schiffe schätzungsweise 90000 Sklaven von der Westküste Afrikas in die Karibik. Viele der Sklavenhändler lebten in London. Und auch die neue jüdische Gemeinde fing an, in diesen Handel zu investieren.

Am holländischen Sklavenhandel waren jüdische Händler ebenfalls beteiligt. Als Siedler in den holländischen Kolonien kamen sie auch in den Besitz von Sklaven. Teile des von Portugal kolonialisierten Brasiliens waren 1630 von der Niederländischen Westindien-Kompanie eingenommen worden. Niederländisch-Brasilien zog viele jüdische Siedler an. In den 1640er Jahren lebten dort etwa 1500 Juden. 1645 sank diese Zahl wieder, nachdem die portugiesischen Kolonisten eine Rebellion anführten und 1654 Niederländisch-Brasilien wieder an Portugal verloren ging. Da zwischen 1630 und 1654 einige jüdische Siedler Zuckerplantagen besaßen, waren sie wohl auch Sklavenbesitzer.

Nach 1654 wandten sich viele jüdische Siedler holländischer Herkunft nach Südamerika. Auf der Insel Cayenne, die 1656 oder 1657 von den Holländern erobert worden war, konnte sich eine jüdische Siedlung entfalten, die zu einer eigenen jüdischen Kolonie wurde. Auch hier wurden Sklaven eingesetzt und sogar in Piratenaktionen gefangen. Allerdings eroberte Frankreich die Insel Cayenne bereits 1664 wieder zurück und vertrieb die Juden von dort.

Juden lebten seit 1652 im nahen Surinam. Diese Kolonie gehörte den Briten, wurde aber 1667 mit den Niederländern gegen Neu-Holland ausgetauscht, das die Engländer in New York umbenannten. Mit der Ankunft der Holländer in Surinam verließen einige jüdische Siedler (zehn Familien mit 322 Sklaven) die Kolonie und gingen 1677 nach Jamaica. Sie bevorzugten dort ein Leben unter britischer Flagge. Andere blieben jedoch in Surinam.

Surinam

Eine größere jüdische Gemeinde lebte auf der Insel Curaçao, eine holländische Kolonie seit 1634, und hielt hier zwischen 1654 und 1674 ebenfalls einige Sklaven.

Curaçao

In den frühneuzeitlichen holländischen Kolonien von Brasilien, Surinam und Curaçao machten Juden etwa ein Drittel der ‚Weißen‘ aus, was ein relativ hoher Anteil für die atlantische Welt ist (Schorsch 2004, 7).

Insgesamt kann aber von einer Dominierung des transatlantischen Sklavenhandels durch jüdische Händler und Siedler keine Rede sein. Sie waren weder bei den Siedlern noch bei den Financiers überrepräsentiert. Die sachliche Erforschung dieser geringen Beteiligung ist vor allem deshalb so schwierig, weil der Diskurs viele emotionale Implikationen aufweist. So sperrt sich diese Thematik einerseits gegen die ‚Große Erzählung‘, dass Juden zwischen 70 n. Chr. und 1948 stets unterdrückt wurden, da sie hier nicht auf der Seite der Opfer, sondern der Täter erscheinen. Andererseits wird das Verhältnis zwischen Juden und Schwarzen in Amerika teilweise so geführt, dass diese Frage für neue antisemitische Ressentiments instrumentalisiert wird, wobei hier auch die muslimische Prägung schwarzer Amerikaner eine Rolle zu spielen scheint. So zeigt sich, dass der religiöse Faktor auch auf der Ebene der Forschungsdiskurse über Sklaverei nicht unerheblich ist. Eine vergleichende Betrachtung zur Beteiligung aller drei abrahamitischen Religionen an der Sklaverei kann helfen, einseitige Zuschreibungen zu vermeiden (vgl. III.).

2.6 Muslimische und christliche (Sklaven-)Händler in Südostasien

Seit der Antike waren in Europa Landwege nach Asien bekannt. „Christliche Missionare ebenso wie italienische Kaufleute kamen während des europäischen Mittelalters bis nach China" (Nagel 2011, 9). Der Seeweg wurde um Afrika herum im späten 15. Jahrhundert erschlossen. 1498 erreichte der Portugiese Vasco da Gama das indische Calicut. Etwa hundert Jahre nach den Portugiesen erreichten die westeuropäischen Ostindien-Kompanien die asiatischen Märkte.

Muslimische
Seefahrt auf dem
Indischen Ozean   Die muslimische Seefahrt auf dem Indischen Ozean ist wesentlich älter. Mit dem Aufkommen des Islam an der ostafrikanischen Küste wurde ein neuer, rohstoffreicher Wirtschaftsraum in den Seehandel einbezogen. Die Araber betrachteten die Ostküste Afrikas als zum Indischen Ozean zugehörig. Zahlreiche muslimische Kaufleute ließen sich im 14. Jahrhundert in den Städten Zayla, Mogadischu, Mombasa und Kilwa nieder. Sie heirateten ein und gründeten vor Ort Kontore. Hilfreich war, dass ab dem 13. Jahrhundert Muslime um Kilwa herum ein größeres Herrschaftsgebiet unter ihre Kontrolle gebracht hatten, dessen Einfluss zeitweise bis Sofala reichte. Gleiches gilt für den südostasiatischen Raum. Die Muslime konnten ihre Herrschaft über die indonesische Inselwelt festigen und an das Handelsnetz auf dem Indischen Ozean anbinden. Bis zum 16. Jahrhundert nahm der Großteil der Bevölkerung Indonesiens und der Malaiischen Halbinsel den Islam an. Von dort aus unterhielten Muslime auch rege Handelskontakte nach China. Bis 1350 war der gesamte Indische Ozean (einschließlich Ostafrikas und Südostasiens) ein einheitlicher Handels- und Wirtschaftsraum geworden. Bis zu Beginn des 16. Jahrhunderts verlief der Handelsverkehr hier relativ gleichmäßig und ungestört. Aus der afrikanischen Ostküste wurden „Ambra, Gold, Edelsteine, Elfenbein und natürlich Sklaven" über den Indischen Ozean befördert (Conermann 1998, 151). Als es den Portugiesen in den ersten Jahrzehnten des 16. Jahrhunderts gelang, fast alle wichtigen Handelsstützpunkte des Indischen Ozeans zu besetzen, versuchte der Sultan des Osmanischen Reichs vergeblich, sie mit seinen Flotten zu besiegen. Der Erfolg der Portugiesen sorgte dafür, dass die eingespielten Handelsbeziehungen zwischen Ostafrika und Südostasien für eine gewisse Zeit aus dem Gleichgewicht kamen, bis dieser Handel unter neuen Bedingungen wieder aufgerichtet werden konnte (Conermann 1998, 167).

Sklaverei in Asien   Auch in Asien wurden unabhängig von muslimischen oder christlichen Händlern zahlreiche Menschen versklavt. Bekannt waren Schuldsklaverei, die Verurteilung zur Sklaverei als Strafe und die Versklavung von Menschen bei Beutezügen. Diese Sklaven genossen keine Freiheitsrechte mehr. Meist wurden sie in der Landwirtschaft zur Arbeit eingesetzt. Ein kleiner Teil von ihnen wurde zur Handelsware. So existierten in China Dienstbotenmärkte, auf denen Menschen als Haussklaven gekauft wurden. In überbevölkerten Gegenden wie auf der Insel Bali wurden Menschen ins Ausland verkauft. Eine Rolle spielten auch die erwähnten arabischen Handelsbeziehungen nach Ostafrika, wodurch Sklaven aus Afrika importiert und aus Asien exportiert wurden. Von christlicher Seite kauften zunächst die Portugiesen Sklaven in Asien ein. Doch nachdem sich die nördlichen sieben Provinzen der Niederlande 1581 vom spanischen König in der Union von Utrecht gelöst hatten, liefen diese den Portugiesen bald den Rang ab. Über ihre ostindische Handelskompanie VOC sowie über ihre westindische WIC entriss die Republik der Vereinigten Niederlande den Portugiesen die indischen Stützpunkte und Ceylon, ferner Malakka, Java und die Gewürzinseln (Matthée 1998). Insgesamt stärkten die Ostindien-Kompanien (die VOC war nur eine davon) die weltwirtschaftliche Einbindung vieler Regionen, was die Tendenz zum Sklavenhandel bis ins 19. Jahrhundert hinein förderte. Die Handlungsreisenden aus Europa gingen ein großes Risiko ein. Sie hafteten meist mit ihrem Vermögen und konnten auch in die Schuldsklaverei geraten.

Unter den Ostindien-Kompanien nahm die niederländische VOC eine Vormachtstellung ein. Sie wurde 1602 gegründet und startete mit ihrer Flotte 1603 ihre erste Reise. Es gelang in der Folgezeit, eine Reihe von Stützpunkten im Malaiischen Archipel zu gründen. Neben den Niederlanden unterhielt dort auch Großbritannien zahlreiche Niederlassungen. Der Generalgouverneur der VOC, Pieter Willemszoon Coen, errichtete für die VOC sogar eine Residenz in Batavia, wo auch die Hohe Regierung (das höchste Gremium der VOC in Asien), angesiedelt war. Im Zuge der weiteren niederländischen Expansion wurden die Portugiesen und Briten von ihren Stützpunkten vertrieben. Auf Banda, dessen konsequente Eroberung Coen 1621 einleitete, gingen die Niederländer zudem äußerst brutal gegen die einheimische Bevölkerung vor: 47 bandanesische Führungspersönlichkeiten wurden nach Folter hingerichtet, 800 Bandanesen als Sklaven nach Java verschifft. Nachdem die VOC das fruchtbare Land der Inseln konfisziert hatte, verteilten sie es an niederländische Pächter, die für die Bewirtschaftung Sklaven importierten. Bis in die 1660er Jahre hinein entwickelte sich vor allem der Muskatanbau zu einer Plantagenwirtschaft. Banda war „die erste und lange Zeit einzige rein koloniale Plantagenwirtschaft im Bereich der Ostindien-Kompagnien" (Nagel 2011, 107).

Einen besonderen und für die Ostindien-Kompanie untypischen Fall stellt die Kapkolonie der VOC dar. Sie wurde 1652 als Versorgungshafen gegründet. Alle Schiffe auf der Kaproute rund um Afrika profitierten davon. Zur Versorgung der Schiffe und der Kolonie wurden niederländische Farmer, der Kern der späteren burischen Bevölkerung, angesiedelt. Diese bewirtschafteten ihre neuen Ländereien mit der Arbeit von „Sklaven aus Madagaskar, Indien und dem Malaiischen Archipel" (Nagel 2011, 120).

Im Malaiischen Archipel gab es wie im Mittelmeer Piraterie. Dies war ebenfalls eine Ursache für Menschenraub und Sklaverei. Der Begriff der Piraterie ist auch hier nicht immer präzise. So wurden nicht selten politische Gegner von der VOC zu den Piraten gezählt. Diese sogenannten Piraten waren jedoch häufig Vertreter von Oppositionsbestrebungen, die ihre Aktio-

VOC

nen als Guerilla-Unternehmungen sahen. Piraterie diente somit auch hier – wie im Kontext des Korsarenkrieges im Mittelmeerraum – oft als Fortsetzung von Krieg mit anderen Mitteln.

Batavia   In der niederländischen Kolonialstadt Batavia lebten besonders viele Chinesen. Eine große Mehrheit der Einwohnerschaft waren Sklaven. „Unfreie Lebensformen waren in Südostasien – wie auch im britischen Indien – traditionell verbreitet und beruhten auf verschiedenen Grundlagen wie individueller Verschuldung, strafrechtlicher Verurteilung oder Kriegsgefangenschaft. Der Sklave als reines Handelsgut und damit auch zunehmende Sklavenraubzüge gewannen in den meisten Regionen erst im 18. und 19. Jahrhundert an Bedeutung" (Nagel 2011, 167). Manche Sklaven wurden christianisiert und freigelassen. Daraus entstand eine neue gesellschaftliche Gruppe unter den VOC-Untertanen, die *mardijker.*

2.7 Leben, Kultur und Religion der afroamerikanischen Sklaven

Weiterentwicklung der heterogenen Sklavenkulturen in Amerika   Sklaven wurden ausgebeutet und kontrolliert. Dennoch besaßen sie Möglichkeiten, ihre eigene Kultur in Amerika weiterzuentwickeln. Eine reine Opfergeschichtsschreibung verdeckt den Blick darauf, dass Opfer auch Akteure sein konnten, die trotz ihres entsetzlichen Schicksals eigene kulturelle Ausdrucksformen entwickelten. Hier ist nicht der Ort, um darüber zu diskutieren, wie stark diese Ausdrucksformen von ihrer afrikanischen Herkunft oder von den Bedingungen der Sklaverei geprägt wurden. Der Menschenhandel führte grundsätzlich Sklaven aus sehr unterschiedlichen Kulturen zusammen. Sie waren keine homogene Gruppe. So kamen beispielsweise im 16. Jahrhundert die nach Mexiko und Peru verschifften Sklaven vor allem aus Senegambien und Portugiesisch-Guinea, im 17. Jahrhundert hingegen aus Angola. Die französischen Sklavenhändler rekrutierten im 17. und 18. Jahrhundert ihre Sklaven primär von den Küsten des Golfs von Guinea, die englischen Sklavenhändler wiederum von den Küsten Senegambiens bis Kamerun. Diese unterschiedliche ethnische Herkunft wirkte sich auf die Entwicklung der vielfältigen afroamerikanischen Kultur aus.

Andererseits konnten für die meisten Sklaven drei afrikanische Großkulturen ausgemacht werden, die noch in sieben Unterkulturen eingeteilt werden könnte. Trotz aller Verschiedenheit zeigen sich so auch Gemeinsamkeiten, die sich im Zusammenleben auf den Plantagen umso stärker identitätsstiftend auswirkten. Davon ausgehend entwickelten sich afroamerikanische Vorstellungen und Lebensweisen.

Christianisierung der Sklaven   Die Christianisierung der Sklaven war geprägt von Anreizen und Widerständen. Anfangs hatten die Könige Portugals und Spaniens gefordert, Sklaven beim Verlassen des afrikanischen Bodens zu taufen, um zu verhindern, dass die mit dem Islam in Kontakt gekommenen Afrikaner die Bekehrung der Indios störten. So tauften Portugiesen in Luanda (Angola) Sklaven in großer Zahl. Die Dominikanermissionare in der Neuen Welt geben Zeugnis davon, dass die eingeführten Sklaven in der Regel Christen, weil getauft, waren, allerdings keine Ahnung von diesem Glauben hatten, so dass diese genauso mühsam unterwiesen werden mussten wie Ungetaufte (Deslandres 2010).

Die Mission stieß in Amerika immer wieder auf Hindernisse. So sorgten sich die Siedler, dass Bekehrungen Sklavenbefreiungen und Rebellionen zur Folge haben könnten. Sie hatten Angst um ihre wirtschaftlichen Interessen und ihre Sicherheit. Umso wichtiger war es für die Missionare, die Sklavenhalter zu beruhigen, dass die Taufe nichts am bisherigen Sklavenzustand ändern werde. Manche anglikanischen und puritanischen Missionare forderten von den Neugetauften Gehorsamseide und die Aufgabe des Freiheitsstrebens. Die Seelsorge predigte vor allem Gehorsam, quer durch die christlichen Konfessionen.

Andere Hindernisse waren praktischer Natur. Es fehlte nicht selten an Geistlichen, die oft mit der Betreuung der Siedler ausgelastet waren. Hinzu kamen Sprachbarrieren und begrenzte Zeit für die Katechese der Sklaven, denn die religiöse Unterweisung durfte nach Ansicht der Siedler keineswegs auf Kosten der Produktion gehen.

Schließlich widersetzten sich auch viele Sklaven selbst einer Christianisierung. Viele durchschauten, dass die Missionare sie zu einer Religion bekehren wollten, die die Macht ihrer Herren über sie guthieß. Zudem lebten mehr Sklaven im Konkubinat als in der Ehe, was Konflikte vorprogrammierte.

Die Bedingungen für dauerhafte Partnerschaften waren für Sklaven in der Regel ungünstig. Die meisten nach Amerika verschleppten Sklaven waren Männer. Sklavinnen waren also schon zahlenmäßig weniger vorhanden, und diese konnten auch Partnerinnen von Freien sein. Familiengründungen waren vor diesem Hintergrund erschwert. Die geringe Lebenserwartung setzte ferner den meisten festen Beziehungen ein frühes Ende. Zudem konnte der Herr in die Bindungen und Familien der Sklaven untereinander eingreifen, indem er Sklaven verkaufte. Trotz dieser demographischen Einflüsse und Bedrohungen gab es bei den Sklaven relativ viele Familien, die einen Grundpfeiler ihrer sozialen Welt darstellten. **Partnerschaften unter den Sklaven**

Je größer die Plantage war, desto größer war die Wahrscheinlichkeit, einen Partner auf derselben Plantage zu finden. Wo dies nicht der Fall war, konnten sich Partner nur selten sehen. Sklaven waren entweder in Hütten oder in Baracken untergebracht. Auf dem Land vor allem in Hütten, was dazu führte, dass eine Familie in der Regel eine eigene Hütte bewohnen konnte. In den Baracken lebten Familien in einzelnen Zimmern eingepfercht. In Städten mussten Sklaven nicht selten in Fluren, Verschlägen, Höfen oder Küchen schlafen, was Familien auseinanderriss.

Die Ehe zwischen Sklaven ist ein Aspekt, der traditionell in verschiedenen rechtlichen Kontexten behandelt wurde, sei dies im bürgerlichen Recht oder – wie zum Beispiel im christlichen Fall – auch im kirchlichen Recht. **Sklavenehe**

Im angelsächsischen Nordamerika und der britischen Karibik waren Ehen von Sklaven rechtlich in keiner Weise geschützt. Der Sklavenbesitzer konnte somit sowohl Ehepartner als auch Kinder von ihren Eltern trennen. Erst im 19. Jahrhundert wurde ein Gesetz eingeführt, wonach Kinder bis zum 10. Lebensjahr bei der Mutter bleiben sollten.

Anders sah dies in Lateinamerika aus. Hier verteidigte die katholische Kirche die Pflicht der Sklavenbesitzer, die Sklaven im Glauben zu unterrichten. Danach war sexueller Kontakt nur in der Ehe erlaubt. Daher sollte der

Wunsch der Sklaven nach katholischer Eheschließung unterstützt werden. Allerdings bauten viele katholische Sklavenhalter dann wieder Schranken ein, um Sklaven vom Sakrament der Ehe fernzuhalten. Sie erhoben zum Beispiel Gebühren dafür oder erklärten ihre Glaubenskenntnisse als noch zu gering. So blieb es bei moralischen Appellen, die keinerlei rechtliche Konsequenzen für die Sklavenhalter hatten. Immerhin zeigt sich anhand der Sakramentalität der Ehe nach katholischem Verständnis ein Norm- und Interessenskonflikt in der Behandlung der Sklaven. Die meisten Sklaven im katholischen Lateinamerika waren zwar getauft, was ihnen aber keinen realen Schutz einbrachte. Von einer Humanisierung der Sklaverei durch das Christentum kann keine Rede sein.

Sklavenehen bestanden also in der Regel ohne rechtlichen Schutz. Sie ähnelten den kirchlich oder staatlich geschlossenen Ehen insofern, als sie meist auf Monogamie ausgerichtet waren. Im Unterschied zu Ehen zwischen Freien war die Sklavenehe weniger hierarchisch. Mann und Frau standen sich gleich rechtlos gegenüber, während der euroamerikanische Ehemann im Gegensatz zu seiner Frau bürgerliche Rechte besaß. Zudem existierte keine Trennung zwischen Haushalt und Öffentlichkeit wie in bürgerlichen Ehen. Beide Partner waren in das Arbeitsleben eingebunden.

Bis Ende des 18. Jahrhunderts blieben die Bekehrungserfolge der Missionare bei den Sklaven sehr gering. Darüber hinaus lässt sich schwer einschätzen, welche Rolle Synkretismen im Christsein der wenigen Getauften spielten. Verschiedene Elemente afrikanischer Religionen lebten weiterhin fort.

Religiöse Heterogenität

Insgesamt war Religion durchaus ein zentrales Element im Leben der Sklaven. Dabei trafen die Glaubensvorstellungen und -praktiken der Sklavenhaltergesellschaften mit eigenen religiösen Wurzeln aufeinander. Es darf allerdings nicht vergessen werden, dass in Afrika, wo die Sklaven herkamen, neben dem Christentum der Islam bereits verbreitet war. So kam auch der Islam mit den Sklaven von Afrika nach Amerika, allerdings waren es zahlenmäßig zunächst nicht viele Muslime. Eine größere Anzahl von Muslimen wurde zu Beginn des 19. Jahrhunderts versklavt. Dies stand im Zusammenhang mit der Expansion des Islam in Westafrika und den damit verbundenen Kriegen. Religiöse Heterogenität herrschte also in Afrika ebenso wie in Amerika, wo verschiedene christliche Bekenntnisse mit indianischen Religionen in Kontakt gerieten. Je nach Region kam es also zu anderen Austauschprozessen, die unterschiedliche Formen von Religiosität hervorbrachten. Diese waren aber in jedem Fall unterscheidbar von euroamerikanischen Vorgaben.

Die katholische Lehre sah wie erwähnt vor, Sklaven zu taufen und im Glauben zu unterrichten. Die Missionierung spielt eine entscheidende Rolle bei der Legitimierung der Kolonialherrschaft, und so wurden die meisten der lateinamerikanischen Sklaven wohl auch getauft. Allerdings verstanden sie diese Taufe meist ganz anders als der katholische Priester. Für sie stellte Taufe keine Konversion zum Katholizismus, sondern ein Ritual dar, mit dem sie sich unter den Schutz eines übersinnlichen Wesens begaben, das seine Macht eben durch ihre Versklavung eindrücklich bewiesen hatte. Manche grundlegenden Glaubensvorstellungen hatten christlicher Glaube und afrikanische Religionen auch gemeinsam, wie der Glaube an die Allmacht einer obersten Gottheit, die Existenz eines Jenseits und die Bedeutung ritueller Bräuche und Gebete. Dieser gemeinsame Bereich konnte Übertritte erleichtern.

In ihren Glaubensvorstellungen und -praktiken prägten die Sklaven manche Eigenheiten aus. So wurden Jesus und berühmte Heilige als Afrikaner oder Afroamerikaner dargestellt und einige lateinamerikanische Sklaven auch ohne kirchliche Erlaubnis als Heilige verehrt. Zu den Bräuchen, die in den katholischen Kolonien fortlebten, zählte die Marienverehrung, die viele Möglichkeiten für Synkretismen mit afrikanischen Gottheiten bot. Die Verwendung geweihter Gegenstände wie Statuen, Bilder, Kerzen, Weihrauch, Weihwasser, Rosenkränze und Reliquien im Katholizismus kam der afrikanischen Frömmigkeit durchaus entgegen. Ein besonders wichtiges Bindeglied zwischen Kirche und Sklaven waren Laienbruderschaften. Diese verfolgten in der Regel karitative und liturgische Aufgaben. Auch Sklaven schlossen sich zu Laienbruderschaften zusammen, wobei sich hier bestimmte Ethnien fanden. Manchmal nannten sich die Leiter dieser Bruderschaften ‚König' oder ‚Königin'. Diese Bruderschaften gaben den Sklaven und Sklavinnen die Möglichkeit, bei religiösen Festen in prachtvollen Umzügen aufzutreten. Hier wurde ein Freiraum gewährt, in dem Praktiken der Kirche aufgegriffen und weiterentwickelt werden konnten.

In der protestantischen und anglikanischen Welt gab es hingegen keine einheitliche Linie im Hinblick auf Mission. In der britischen und dänischen Karibik und in den evangelischen Gebieten Nordamerikas wurde diese bis Mitte des 18. Jahrhunderts eher kritisch bis ablehnend betrachtet. Dies änderte sich dann in der zweiten Hälfte des 18. Jahrhunderts. Gerade in den USA wurde die Bindung der Sklaven an das Christentum seitdem von Generation zu Generation stärker. Einflussreich wurden hier baptistische und methodistische Kirchen, die den Sklaven die Entwicklung eines eigenständigen Christentums ermöglichten. Im späten 18. Jahrhundert gingen Afroamerikaner dazu über, eigene Religionsgemeinschaften bzw. Kirchen zu bilden. Dies war auch eine Reaktion auf Diskriminierungen in den bestehenden Kirchen. Zu Beginn des 19. Jahrhunderts wurden manche Herren zusammen mit ihren Sklaven von einer Art Erweckungsbewegung ergriffen. Man ging gemeinsam zum Gottesdienst und sang dieselben Lieder etc. Andere Herren sahen in dieser Entwicklung eine Gefährdung der Sklaverei und distanzierten sich davon. Letztlich schufen die Sklaven in den USA ein evangelisches Christentum, das in dieser Form allein dort existierte und sich deutlich von der euroamerikanischen Tradition unterschied.

Wie die Katholiken akzeptierte auch die Mehrheit der protestantischen Geistlichen und Philanthropen die Sklaverei als solche. Kritik kam nur von wenigen Außenseitern wie den Quäkern, die der Sklaverei Mitte des 17. Jahrhunderts als Erste den Kampf ansagten (vgl. IV.2).

III. Sklaverei und Religion

Verhältnis der drei
abrahamitischen
Religionen zum
Sklavenhandel

Im Folgenden sollen für die drei abrahamitischen Religionen einige religionstypische Zuordnungen im Verhältnis zur Sklaverei aufgezeigt werden. Die drei Kapitel zu Judentum, Christentum und Islam sind allerdings nicht völlig gleichwertig aufgebaut. Das Christentum ist etwas knapper gehalten, da sich hierzu schon einige Informationen in den beiden ersten Kapiteln finden. Eine andere Ungleichheit ist zudem der unterschiedlichen Herangehensweise der einzelnen Religionsgemeinschaften an dieses Thema geschuldet. Es genügt theologiegeschichtlich nicht, nur die Hauptaussagen der Offenbarungsschriften (Hebräische Bibel, Christliche Bibel, Koran) zu vergleichen. Zwar gilt für alle drei Religionen, dass sie in ihren Positionen zur Sklaverei stets auch (nicht nur!) auf diese Offenbarungsschriften zurückgreifen. Aber die Hermeneutik, mit der dieser Rückgriff geschieht, stellt sich nicht nur diachron, sondern auch synchron unterschiedlich dar. Nimmt man die verschiedenen Konfessionen bzw. Schulrichtungen hinzu, gilt dies sogar innerhalb der drei Religionen. Zur Frage nach der Hermeneutik gehört auch die Frage, welche weiteren Autoritäten mit welchem Stellenwert in die theologischen Reflexionen einbezogen werden. So gibt es zum Beispiel im Judentum mündliche Überlieferungen, die wiederum in der autoritativen Sammlung der Mischna schriftlich fixiert wurden. Auch Lehrbücher wie der Talmud sind hier relevante Quellen zum jüdischen Rechtsverständnis. Im frühneuzeitlichen Christentum werden neben der Bibel auch die Kirchenväter als Autoritäten rezipiert, allerdings nicht alle gleichermaßen. Im Islam sind die mündlichen Überlieferungen des Propheten Muhammad (Hadithe) zu berücksichtigen, da diese auch für die Koranhermeneutik mehr oder weniger stark gewichtet werden konnten.

Rechtstraditionen

Da Sklaverei auf der Ebene des Rechts eine große Rolle spielte, ist ferner zu fragen, welche Rechtstraditionen hierfür zu betrachten sind. Im islamischen religiösen Fächerkanon war traditionell die Rechtswissenschaft (*al-fiqh*) die Leitdisziplin. Dementsprechend nimmt ihre Darstellung hier einen etwas größeren Raum ein. Für Christentum und Judentum sind Einflüsse des antiken römischen Rechts stärker zu berücksichtigen. Freilich wäre für alle drei Religionen zu fragen, inwiefern die eigene Tradition von der antiken römischen Tradition beeinflusst wurde oder eine Reaktion darauf darstellte. Auch die unterschiedlichen Entstehungszeiten der drei Religionen sind zu berücksichtigen. Das Christentum rezipierte das Judentum, der Islam Judentum und Christentum. Was dies für das Thema Sklaverei bedeutet, bleibt noch näher zu untersuchen. Neben den interreligiösen Beziehungen auf der Ebene der Traditionen und Texte sind schließlich die politischen und gesellschaftlichen Rahmenbedingungen in der Frühen Neuzeit für die zeitgenössische Praxis von Sklaverei zu beachten. Insofern gehören alle drei Teile dieses Buches zusammen und es wird versucht, die Praxis mit den theologischen und rechtlichen Grundlagen in Beziehung zu setzen. Dies gilt insbesondere für eine vergleichende Perspektive auf rassistische Begründungsversuche der Sklaverei.

Diese wenigen Bemerkungen mögen genügen, um die Komplexität eines religionsgeschichtlichen Vergleichs zu verdeutlichen. Die knappen Ausführungen in diesem Studienbuch möchten einige religionstypische Grundlinien aufzeigen und damit zu weiteren Fragen und Forschungen in vergleichender Perspektive anregen.

1. Judentum

1.1 Theologische Grundlagen

Sklaverei war in der ganzen Antike ein weitverbreitetes Phänomen. Die Tora setzt sie als Gegebenheit des Lebens ganz selbstverständlich voraus. Allerdings findet sich in ihr bereits ein innerer Widerspruch der Sklaverei: Der Sklave soll als Eigentum einerseits wie eine ‚Sache' behandelt werden, während er doch gleichzeitig ‚Mensch' ist. Die Tora löst diesen Widerspruch nicht auf. Sie lehnt Sklaverei nicht als etwas grundsätzlich Böses ab, sondern betrachtet sie vielmehr als Institution, die eine Humanisierung benötigte. So betont sie die Menschlichkeit des Sklaven und der Sklavin. Diese werden als Personen angesehen, die bestimmte Rechte besitzen und Anspruch auf Würde haben. Dies zeigt sich zum Beispiel im Dekalog: Nach Dtn 5,14 sollen Sklave und Sklavin am Schabbat ruhen. Begründet wird dies mit einem Verweis auf den Exodus. Nach Dtn 5,21 werden Sklave und Sklavin in das Begehrensverbot einbezogen, wo es heißt: „… du sollst nicht nach der Frau deines Nächsten verlangen, und du sollst nicht das Haus deines Nächsten begehren, nicht sein Feld, seinen Sklaven oder seine Sklavin, sein Rind oder seinen Esel, nichts, was deinem Nächsten gehört." Hier wird allerdings auch deutlich, dass Sklaven zum Besitz gerechnet, zwischen Feld und Vieh aufgezählt werden. Sie sind Person und Sache zugleich.

Tora

In der Hebräischen Bibel ist in verschiedenen rechtlichen Kontexten vom Sklaven- und Gefangenenloskauf die Rede. Zu erwähnen ist hier zum Beispiel Ex 21,1–11, ein Text, in dem Bestimmungen über Sklaverei und Leibeigenschaft zu finden sind. Die Tora zielt hierbei auf eine Abmilderung der Sklaverei, nicht auf ihre Abschaffung. Die mit dieser Rechtsvorschrift beginnende Gesetzessammlung des Bundesbuches gehört zum Buch Exodus, das wiederum darauf abzielt, an die Befreiung der Israeliten aus der Sklaverei in Ägypten und den damit verbundenen Eintritt in den Dienst für Gott zu erinnern. Theologisch wird die Sklaverei hier also im Kontext der göttlichen Erlösung der israelitischen Sklaven von der Knechtschaft in Ägypten thematisiert, wobei diese Exodus-Tradition später im Pesachritual aufgegriffen und erinnert wurde.

Rechtliche Kontexte

Eine besondere Schwierigkeit in der Bibelinterpretation bereitet die Begrifflichkeit. So kann in der hebräischen Terminologie schwer zwischen ‚Diener' und ‚Sklave' unterschieden werden. Das hebräische Wort *eved* kann beides meinen, es kann den niedrigsten Sklaven ebenso bezeichnen wie den Diener des Königs oder sogar seinen Offizier. Zudem kann das

Keine terminologische Eindeutigkeit

77

Wort auch metaphorisch gebraucht werden, zum Beispiel als ‚Knecht Gottes' (*eved adonai*). Es ist auch nicht klar, ob *shifha* als weibliches Äquivalent von Sklave oder Diener zu verstehen ist. Es scheint eine ähnliche Doppeldeutigkeit zu haben. Erich Zenger vermutet zum Beispiel bei seiner Kommentierung von Ps 123, „dass das in V 2c verwendete Nomen *shifha* nicht die (Leib-)Magd, sondern die Sklavin bezeichnet, die innerhalb der Haus- und Familiengemeinschaft die niedrigste soziale Stufe einnimmt, keine Rechte hat und zum materiellen Besitz gezählt wird" (Zenger/Hossfeld 2008, 470). Ferner gibt es noch das Wort *amáh*, das man wohl mit ‚Leibmagd' übersetzen könnte. Im Dekalog wird nur *amáh* und nicht *shifha* verwendet.

Der Besitz von Sklaven war nach dem jüdischen Gesetz nicht verboten. Die Versklavung von Nachbarvölkern Israels wurde in Lev 25,44–46 legitimiert. Diese Bestimmung wurde dann auf alle Nicht-Juden ausgedehnt. Diese Bibelstelle liefert eine Art Definition von ‚Sklave'. Ihr zufolge können Sklaven gekauft werden. Sie sind Eigentum ihres Herrn und können als solches vererbt werden.

Die Sklaven aus fremden Völkern
nach Levitikus 25,44–46 (Einheitsübersetzung)

(44) Die Sklaven und Sklavinnen, die euch gehören sollen, kauft von den Völkern, die rings um euch wohnen; von ihnen könnt ihr Sklaven und Sklavinnen erwerben. (45) Auch von den Kindern der Halbbürger, die bei euch leben, aus ihren Sippen, die mit euch leben, von den Kindern, die sie in eurem Land gezeugt haben, könnt ihr Sklaven erwerben. Sie sollen euer Eigentum sein, (46) und ihr dürft sie euren Söhnen und Töchtern vererben, damit diese sie als dauerndes Eigentum besitzen; ihr sollt sie als Sklaven haben. Aber was eure Brüder, die Israeliten, angeht, so soll keiner über den andern mit Gewalt herrschen.

In den nachfolgenden Versen Lev 25,47–49 wird die Pflicht des Loskaufs von Sklaven israelitischer Herkunft im Zusammenhang mit dem Jubeljahr, dem sog. Erlass- oder Befreiungsjahr, das alle 50 Jahre ausgerufen werden sollte, erwähnt.

Das Loskaufrecht israelitischer Sklaven bei Fremden
nach Levitikus 25,47–49 (Einheitsübersetzung)

(47) Wenn ein Fremder oder ein Halbbürger bei dir zu Vermögen kommt, aber dein Bruder von ihm wirtschaftlich abhängig wird und sich ihm oder einem Nachkommen aus der Familie eines Fremden verkauft, (48) dann soll es, wenn er sich verkauft hat, für ihn ein Loskaufrecht geben: Einer seiner Brüder soll ihn auslösen. (49) Auslösen sollen ihn sein Onkel, der Sohn seines Onkels oder sonst ein Verwandter aus seiner Sippe. Falls seine eigenen Mittel ausreichen, kann er sich selbst loskaufen.

Dieses Loskaufrecht bezieht sich auf Israeliten, die sich aus Armutsgründen an nicht-israelitische Herren (*gerim*) verkauft haben. Der Preis für diesen Loskauf richtet sich nach den noch verbleibenden Jahren bis zum Jubeljahr (Lev 25,50–52). Was hier nicht erwähnt wird, sind die Sklaven der israelitischen Herren. Handelte es sich hierbei wiederum um einen nicht-israelitischen Sklaven, so wurde dieser als permanentes Eigentum angesehen, während der israelitische Sklave im Idealfall als Diener gelten konnte, der im Jubeljahr (Lev 25,40) oder im siebten Jahr seines Dienstes (Ex 21,2–3; Dtn 15,12) automatisch freigelassen werden sollte. Diese Bestimmungen stehen durchaus im Widerspruch zueinander, denn es ist freilich ein Unterschied, ob der Sklave im Jubeljahr oder nach sechs Jahren freigelassen werden soll. Solche Abweichungen sind wohl als Ergebnisse sozialer und wirtschaftlicher Veränderungen zu interpretieren.

Was jedoch grundsätzlich deutlich wird: Die große Konfliktlinie verläuft zwischen Sklaverei und Israelitentum. Beides erscheint theologisch unvereinbar. Gott hat die Israeliten aus Ägypten befreit. Sie dürfen keinem anderen Herrn dienen. Insofern kann man die biblischen Regelungen bezüglich der israelitischen Schuldsklaven mit Heszer „als Kompromiss zwischen dem theologischen Ideal der uneingeschränkten Gottesdienerschaft und der realen Armut und Versklavung im eigenen Land ansehen" (Heszer 2014). Konfliktlinie Sklaverei – Israelitentum

Aus diesen wenigen Richtlinien wird bereits ersichtlich, dass es nicht um eine Verurteilung der Sklaverei an sich ging. Sklaverei wurde bei den jüdischen Gelehrten seit der Spätantike nur dann als aufzuhebendes Unrecht betrachtet, wenn die eigene ethnische Gruppe betroffen war. Die Einstellungen zu Sklaverei und Loskauf, wie sie in den antiken jüdischen Texten zum Ausdruck gebracht wurden, lassen sich zum einen auf die biblischen Traditionen, zum anderen aber auch auf die Einflüsse und Erfahrungen unter der römischen Fremdherrschaft zurückführen. Manche theologische Idealvorstellung musste im Kontext des römischen Imperialismus neu interpretiert und an die Lebenswelt angepasst werden. Die Auseinandersetzung mit diesem Thema in der Spätantike dürfte ferner mit der Konkurrenzsituation zum frühen Christentum in Verbindung zu bringen sein und wäre auch in dieser Hinsicht vergleichend näher zu untersuchen. Die jüdische Auslegungstradition von der Spätantike bis zur Frühen Neuzeit ist also daraufhin zu befragen, ob die jeweiligen Gelehrten ihre Ansichten in einer Situation politischer Unabhängigkeit oder unter Fremdherrschaft formuliert haben. Für die Frühe Neuzeit wären hierbei besonders die politischen Rahmenbedingungen im muslimischen und im christlichen Kontext zu unterscheiden. Keine Verurteilung der Sklaverei an sich

Für die Spätantike liegen mit den Arbeiten von Catherine Hezser bereits einige Ergebnisse zur theologischen jüdischen Debatte über Sklaverei und Loskauf vor. In den ersten Jahrhunderten, nach den jüdischen Niederlagen in den Aufständen gegen Rom, rückte das Phänomen der Kriegsgefangenschaft in den Blick der Rabbinen. Versklavung war wiederum eine häufige Folge der Kriegsgefangenschaft. Die rabbinische Literatur brachte den Loskauf häufig mit der Sorge um die Bewahrung des jüdischen Glaubens in Verbindung. So störte es die Rabbinen, dass jüdische Gefangene und Sklaven ihre Religion nicht weiter ausüben konnten. Solange jüdische Kriegsgefangene versklavt waren, wurden sie von den Rabbinen nicht als vollwertige Juden angesehen. Die Freilassung eröffnete zwar die Möglichkeit einer Reintegration in die Religionsgemeinschaft, aber ein gewisser Makel blieb dennoch bestehen (Hezser 2005, 109f.). Erörtert wurden auch die Frage Theologisch-jüdische Sklavereidebatte in der Spätantike nach dem rechtlichen und moralischen Status des Losgekauften, das Problem der Zahlung überhöhter Preise sowie die Kriterien, nach denen eine Auswahl der Loszukaufenden erfolgen sollte.

Mischna   In den Texten der **Mischna** wird im Unterschied zur Tora nur selten auf die Unterscheidung zwischen israelitischen und nicht-israelitischen Sklaven abgehoben. Dies scheint hier also nicht die wichtigste Kategorie im Verständnis der Sklaverei zu sein. Nach McCraken Flesher enthält die Mischna vielmehr zwei Leitgedanken zur Sklaverei. Der Schwerpunkt liegt in der Unterscheidung von Freien und Sklaven, die sich in 123 Passagen findet. Die Unterscheidung zwischen hebräischen und kanaanitischen Sklaven, die die biblische Tradition fortführt, erscheint hingegen nur in sechs Passagen (vgl. McCraken Flesher 1988, 35f.). Für die Rabbinen der Mischna besaß Sklaverei einen Homogenisierungseffekt, das heißt, sie ließ Unterschiede in Herkunft, Ethnie, Kultur und Religion verschwinden. Diese Schwerpunktverschiebung ist im Kontext der Haussklaverei im Römischen Reich zu verstehen. Jüdische Sklaven konnten in heidnischen oder christlichen Haushalten ihre Religion nicht mehr ausüben. Oft wurden sie zur Konversion gedrängt. Umgekehrt wurden nicht-jüdische Sklaven in die jüdische Lebensart ihrer jüdischen Besitzer integriert. Auch in religiöser Hinsicht, also in Bezug auf die Religionsausübung, wurde somit die Unterscheidung zwischen dem Status als Freier und Sklave entscheidend.

Q

> **Mischna**
> Aus: Maier, Judentum von A bis Z, 290.
>
> Um ca. 200 n. Chr. entschloss sich der Patriarch Jehuda ha-Nasî', die verbindlich geltenden mündlichen Überlieferungen zu sichten und in einer autoritativen Sammlung schriftlich zu fixieren. Dabei bildete die hillelitische Schultradition die Basis, aber auch Sammlungen aus den Schulen des R. Meir und R. Akiba sind verwertet worden. Anders als in den Midraschim wurde der Stoff in eine grobe Sachordnung gebracht, unterteilt in sedär (Ordnung), massäkät (Traktat), päräq (Abschnitt, Kapitel) und Einzelregelungen (mišnah, mišnajôt); das Ganze nannte man ebenfalls Mišnah (Wiederholung, Lehre/Lernen). Mit dieser Mischna wurde im Judentum erstmals versucht, Regelungen für alle Lebensbereiche in einem Werk zusammenzufassen. Es war diese enzyklopädische Leistung, die der Mischna auch in Babylonien und schließlich überall die Autorität als ‚Mündlicher Torah' eingebracht und in ihren Inhalten auch zu praktischer Geltung verholfen hat. Die Mischna ist als ‚Mündliche Torah' zur Hauptgrundlage aller späteren Entwicklungen des jüdischen Rechts geworden, zunächst als Basis für die Gemara des Talmud. Ihre ursprüngliche Fassung ist freilich nicht überliefert, denn die Mischnatexte der palästinensischen und babylonischen Schulen differieren. Gedruckt wurde die Mischna erstmals in Neapel 1492.

Gemara   Um der Frage nachzugehen, wie Sklaverei im jüdischen Recht behandelt wurde, wäre eine diesbezügliche nähere Untersuchung der Mischna notwendig. Doch auch diese Quelle allein reicht für die weitere Entwicklungsgeschichte nicht aus. Auf der Mischna fußten Sammlungen von rabbinischen Schulen (Gemara), die zwischen dem 3. und 6. Jh. entstanden sind. Die ganze schriftlich überlieferte Lehre aus Bibel, Mischna und Gemara wurde wiederum in Lehrbüchern zusammengefasst, die man Talmud nennt.

Da sich zwei große Schulen mit ihren Sammlungen gegen die anderen durchsetzten, entstanden aus ihnen ein palästinischer Talmud und ein babylonischer Talmud. Infolge der arabischen Eroberungswelle setzte sich der babylonische Talmud sehr rasch auch im Westen durch und wurde zum Talmud schlechthin. Als solcher wurde er von christlicher Seite häufig angegriffen. Ab 1553 kam es im Kirchenstaat auch wieder (wie schon im Mittelalter) zu Talmudverbrennungen. „Späte Handschriften und fast alle Drucke im christlichen Bereich weisen daher bis zur Moderne herauf Zensurstellen auf, weil christliche Zensoren nach antichristlichen Aussagen suchten, solche auch zu finden glaubten, und jüdische Drucker derartige Passagen oft von vorneherein ausließen" (Maier 2001, 397).

Methodisch betrachtet ist der Talmud Bibelauslegung. Ob man im Hinblick auf die Sklaverei hier von einer weiteren Humanisierung der Sklaverei sprechen kann, ist unklar. So versuchte zum Beispiel bereits die Bibel, die Sklaven vor Tötung und Misshandlungen ihres Herrn zu schützen: „Wenn einer seinen Sklaven oder seine Sklavin mit dem Stock so schlägt, dass er unter seiner Hand stirbt, dann muss der Sklave gerächt werden" (Ex 21,20). Hier bleibt freilich Diskussionsspielraum, ob die Strafe dafür derjenigen für die Tötung eines freien Mannes entspricht. Doch dass die Vorstellung eines Sklaven und einer Sklavin als Person im Hintergrund steht, zeigen die Ausführungen gegen Misshandlungen wenige Verse später: „Wenn einer seinem Sklaven oder seiner Sklavin ein Auge ausschlägt, soll er ihn für das ausgeschlagene Auge freilassen. Wenn er seinem Sklaven oder seiner Sklavin einen Zahn ausschlägt, soll er ihn für den ausgeschlagenen Zahn freilassen" (Ex 21,26f.). Im Talmud wird hierzu berichtet, dass es „Meinungsverschiedenheiten zwischen Rabban Schimon ben Gamliel und unseren Meistern" gebe. So wird im Allgemeinen gelehrt, dass der Herr seinen Sklaven für einen ausgerissenen Zahn freilassen muss, während Rabban Schimon dies einschränkt, indem er bestimmt, nur wenn der Herr ihm absichtlich den Zahn herausgerissen habe (vgl. B.T. Baba kamma 26b). Insgesamt bleibt die biblische Auslegung nach dem Talmud im Hinblick auf Sklaverei weiter zu untersuchen. Dabei wäre für die Frühe Neuzeit zu berücksichtigen, inwiefern sich der Einfluss der christlichen Zensur auf das im Talmud erhaltene jüdische Verständnis von Sklaverei auswirkte.

Talmud

Während das jüdische Verständnis von Sklaverei in der Spätantike durch Catherine Hezser relativ gut erforscht ist, fehlen bislang vergleichbare Untersuchungen für die Frühe Neuzeit, um einerseits Entwicklungen und andererseits die Bandbreite an Positionen ausloten und diese in einen sozial- und wirtschaftsgeschichtlichen Kontext einordnen zu können. Im Moment geht die Forschung davon aus, dass sich die Positionen seit dem Mittelalter nicht mehr nennenswert verändert haben, was zu überprüfen wäre.

1.2 Jüdische Positionen in der Frühen Neuzeit: Eine Spurensuche

Konversion

Bereits einige mittelalterliche jüdische Bibelkommentare bezogen sich auf das Schicksal der Kanaaniter, die auf der einen Seite zur Sklaverei verflucht worden waren, während auf der anderen Seite befohlen worden war, dass

Freiheit als Kriterium des Judenstatus

81

keiner von ihnen am Leben gelassen werden sollte (Dtn 20,16). Die Lösung wurde in der Vorschrift des Josua gefunden, wonach die Gibeoniter Holzfäller und Wasserträger werden sollten (Jos 9,23; 27). Diese Lösung findet sich auch im Talmud (B.T. Yevamot 79a). Was dies für die nachbiblische Gesellschaft bedeutete, blieb aber unklar. So wurde darüber diskutiert, was mit einem Sklaven passierte, der zum Judentum konvertierte. War dieser dann ein jüdischer Sklave? In der Regel wurde dies verneint. Er war zwar nach seiner Religion kein Heide mehr, aber immer noch nach seiner Nation. Erst wenn der Sklave die Freiheit erlangt hatte, konnte er den vollen Status eines Juden erlangen.

Eine andere Frage war, ob ein Sklave, der sich weigerte, sich zum Judentum zu bekehren, dauerhaft in Unfreiheit gehalten werden durfte. Darüber gingen nach dem Talmud die Ansichten des Rabbi Ismael sowie des Rabbi Elieser einerseits und die des Rabbi Akiba sowie des Rabbi Josua andererseits schroff auseinander. Die Ersteren hielten dies auf Grundlage der Bibel (vgl. Ex 22,44) für erlaubt, die anderen beiden nicht. Die Frage nach nichtjüdischen Sklaven in einem jüdischen Haushalt hatte auch ganz praktische Konsequenzen. So war ein solcher Sklave für bestimmte Dienstleistungen nicht mehr zu gebrauchen. Von ihm berührte Speisen durften unter Umständen nicht mehr gegessen werden.

Die Annahme des Judentums führte nicht zu einem Recht auf Freilassung. Immerhin durfte der jüdische Sklave (ebenso die Sklavin) nicht mehr an einen nicht-jüdischen Herrn verkauft werden.

Loskauf

Gebot des Gefangenenloskaufs

In den jüdischen Verhältnissen des 11. und 12. Jahrhunderts bekam das talmudische Gebot des Gefangenenloskaufs als *mitsvah rabbah* höchste Relevanz. Dieses Gebot erhielt im Gesetzbuch ‚Schulchan Aruch' des Moses Maimonides (1135/1138–1204) eine herausragende Stellung. Danach wurde es sogar möglich, Mittel, die für den Synagogenbau vorgesehen waren, hierfür zu verwenden. Der hohe Praxisbezug jenes normativen Textes dokumentiert die Aktualität des Gefangenenloskaufs zu dieser Zeit im Mittelmeerraum. Aus den Geniza-Briefen lässt sich der Loskauf als zentraler Bestandteil des jüdischen Handels- und Wirtschaftssystems rekonstruieren.

Gefangenenloskauf in der Frühen Neuzeit

Auch in der Frühen Neuzeit blieb die Forderung der Juden nach dem Loskauf von Gefangenen (*mitsvah rabbah*) und die damit zum Ausdruck gebrachte weltweite Solidarität sehr bedeutsam. So richteten jüdische Gemeinschaften in der Diaspora entsprechende Geldfonds ein, die durch zusätzliche Spendenaktionen aufgestockt werden konnten, um die vor allem durch Piraterie, Krieg oder Schulden in Gefangenschaft geratenen Juden freizukaufen. Eine in Jerusalem entstandene Briefsammlung aus den Jahren 1625–1670 gewährt detailreiche Einblicke insbesondere in die finanziellen Aspekte der Abwicklung eines Loskaufs und die anschließende Rückzahlung des Loskaufspreises an die jeweiligen Stifter (vgl. Rozen 2014).

Das Bild des Schwarzen

Im jüdischen Diskurs des 18. Jahrhunderts spielte der Topos der kuschitischen Ehefrau des Mose eine große Rolle. Diese Figur bot vielen Rabbinern eine Möglichkeit, Bilder von Schwarzen zu entwickeln, die stark geschlechterspezifisch ausgerichtet und erotisch aufgeladen waren.

Im biblischen Israel war Kusch das Land ganz im Süden der Erde, wo die Einwohner militärisch mächtig waren. Nach Goldenberg gab es keine negativen Empfindungen gegenüber Schwarzen in der Bibel. Die Hautfarbe spielt in der Beschreibung der biblischen Kuschiten keine Rolle (Goldenberg 2003, 195). Das ist der auffälligste Befund zum biblischen Bild des schwarzen Afrikaners: Die Hautfarbe spielte keine Rolle.

Das Land Kusch

In der postbiblischen Zeit wirkte diese Darstellung weiter. In der rabbinischen Literatur ist die Vorstellung der Kuschiten als Krieger von Bedeutung. Die Kuschiten wurden nicht abgewertet, was auch die exegetische Behandlung der Hochzeit des Mose mit einer kuschitischen Frau zeigt. Eine rassistische Aufladung dieser Figur ist wohl als Reaktion auf einen zunehmenden Rassismus im Zusammenhang mit der Sklaverei in der Neuen Welt zu werten. In der Frühen Neuzeit nahmen Juden zunehmend Teil an diesem System, indem sie sich auch am transatlantischen Sklavenhandel und an der Plantagenwirtschaft beteiligten (vgl. II.2.5). Nun wurden in ihrer Literatur Hautfarbe und Ethnizität zunehmend gleichgesetzt. Auch sie übernahmen im Kontext des transatlantischen Sklavenhandels die Anti-Schwarzen-Einstellungen (Goldenberg 2003, 200).

Die überkulturelle Genealogie der Verfluchung Hams war auch bei den Juden der Frühen Neuzeit bekannt, spielte aber eine geringe Rolle. Sie taucht eher in abstrakten rabbinischen Diskursen als in den gesellschaftlichen Realitäten der Zeit auf. In der Regel wurde Ham im Judentum vom 15. bis ins 17. Jahrhundert nicht als Schwarzer betrachtet. Dies kam nur sehr selten in der Frühen Neuzeit vor. Manche Schriftausleger bezogen sich auf frühere Midraschim, nach denen Ham Sex mit seinem Vater Noah hatte oder er seinen Vater Noah kastriert hatte. Der letzte Akt hätte verhindert, dass Noah noch einen vierten Sohn bekam (zuerst vorgeschlagen in B.T. Sanhedrin 70a). Manche Exegeten meinten, dass die Verfluchung Noahs zur Sklaverei sowohl auf Kanaan als auch auf Ham fiel. Generell legten die meisten jüdischen Exegeten diese Geschichte aber gar nicht im Hinblick auf Sklaverei aus, weder für Kanaan noch für Ham, auch wenn sie viel Negatives über Ham berichteten. Eliezer Ashkenasi (1513–1586) schrieb zum Beispiel explizit, dass Ham nicht verflucht wurde und dass somit seine drei Nachkommen Kusch, Phut und Ägypten nicht versklavt werden sollten. Im Unterschied zu Kanaan hätten diese drei Söhne gute Züge (vgl. Schorsch 2004, 140). Die meisten jüdischen Kommentatoren stimmten allerdings darin überein, dass Ham einen bösen Charakter hatte, der sich auf seine Nachfahren vererbt habe. Er galt als hypersexuell. Doch wurde dies nicht mit Schwarzen in Verbindung gebracht.

Die Verfluchung Hams

Falls die Verfluchung Hams die Versklavung der Schwarzen rechtfertigen sollte, so ist doch auffällig, dass jüdische Gelehrte diese Geschichte kaum dafür nutzen. Aaron ben David Cohen von Ragusa (gest. 1656), ein Rabbi und berühmter Kaufmann, schrieb sogar explizit gegen diese Vorstellung an. Wir wissen allerdings zu wenig über seine Motivation. Dies ist leider bei vielen jüdischen Schriftstellern zu diesem Thema der Fall. Insgesamt wird die Verfluchung Hams bei jüdischen Autoren ganz im Rahmen exegetischer Betrachtungen zu Gen 9 oder 10 erwähnt. Christliche Autoren hingegen beschäftigen sich mit dieser Geschichte mehr in Ethnographie, Geographie oder Reiseberichten und weniger in biblischen Kommentaren (vgl. Schorsch 2004, 159).

1.3 Politische Rahmenbedingungen

Juden unter christlicher Herrschaft

In der christlichen Gesetzgebung der Spätantike und des Mittelalters wurde Juden verboten, christliche Sklaven zu besitzen. Viele Herrscher verboten ihnen auch, mit Sklaven zu handeln. Es sollte auf jeden Fall verhindert werden, dass christliche Sklaven zum Judentum konvertierten. So waren Juden unter christlicher Herrschaft gehalten, sich heidnische Sklaven oder Sklaven einer feindlichen Religion, vor allem Muslime, zu halten, de jure und de facto. Sowohl im muslimischen als auch im christlichen mittelalterlichen Spanien gab es jüdische Sklavenbesitzer. Im 15. Jahrhundert stellte der Besitz von schwarzen afrikanischen Sklaven, die meist über Portugal bezogen wurden, das geringste Problem für sie dar, da diese noch keine Christen waren. Im spanischen Valencia lässt sich für diese Zeit ein Markt mit nicht getauften Sklaven nachweisen. 1490 wurde den Juden durch einen königlichen Erlass verboten, weibliche oder männliche Mauren aus Guinea zu besitzen, was zeigt, dass dies bisher vorkam. Auch ist der Sklavenbesitz der nach 1492 zum Christentum konvertierten Juden (*conversos*) wohl nicht zu unterschätzen. Als Christen durften sie ihre Sklaven behalten, während die jüdischen Flüchtlingen, die 1492 nicht konvertieren wollten, auch Sklaven ins Exil mitnahmen. Einzelne Beispiele zeigen auch, dass Juden im 15. Jahrhundert von den portugiesischen afrikanischen Stützpunkten aus mit ,weißen Mauren' gehandelt haben. Insgesamt blieb die jüdische Beteiligung am Sklavenhandel unter christlicher Herrschaft aber sehr gering.

In der Frühen Neuzeit änderten sich manche Rahmenbedingungen. Im 16. Jahrhundert luden einige christliche Herrscher jüdische Händler in ihre Territorien ein, zum Beispiel 1550 der französische König Heinrich II., 1551 Cosimo I. Medici von der Toskana, 1572 Emanuel Filibert Herzog von Savoyen. Dabei wurde den Juden stets zugesagt, sie seien mit ihren Ehefrauen, Kindern, Familien, Dienern und Sklaven willkommen. Auch Ferdinand I., Großherzog der Toskana, versicherte 1593 jüdischen Händlern, die er in Pisa und Livorno ansiedeln wollte, dass sie Sklaven besitzen dürften. Allerdings durften das weiterhin keine christlichen Sklaven sein.

In protestantischen Ländern wurde es Juden ebenfalls immer wieder verboten, christliche Sklaven zu besitzen oder auch nur christliche Diener zu haben. Allerdings wurde dieses Verbot häufig ignoriert, was zahlreiche Beschwerden diesbezüglich zeigen – und zwar sowohl in Europa als auch in den holländischen und britischen Kolonien. Hier waren Juden auch im Sklavenhandel aktiv.

Da Juden in den christlichen Ländern Europas wiederholt selbst einem Verfolgungsdruck und großen Beschränkungen ausgesetzt waren, blieb der Sklavenbesitz bei ihnen insgesamt minimal. Erst mit einer relativen religiösen Toleranz in protestantischen Staaten wie den Niederlanden und England konnten Juden eine Rolle in der Sklavenwirtschaft der westlichen europäischen protestantischen Nationen spielen, wobei auch diese Rolle nicht zu überschätzen ist (vgl. II.2.5).

Juden (und Christen) unter muslimischer Herrschaft

Unter muslimischer Herrschaft fielen Juden wie auch Christen bei der Sklavenhaltung unter die Gesetzgebung für **Dhimmis** (Schutzbefohlene). In der muslimischen Welt wurde für sie der Besitz von Nicht-Muslimen Ende des 17. Jahrhunderts legalisiert. Juden und Christen waren auch im hochentwickelten Sklavenhandel des Osmanischen Reiches aktiv.

Dhimmis

In Ägypten erlaubten muslimische Rechtsgelehrte Juden und Christen sehr früh, Sklaven jeder Religion außer dem Islam zu kaufen und zu besitzen. Im 14. Jahrhundert erfuhr diese Regelung immer neue Einschränkungen, bis Sklaven von Juden nur noch selbst Juden sein durften. Es wurde Dhimmis verboten, heidnische Sklaven zu jagen, vor allem aus Äthiopien oder Schwarze südlich der Sahara. Zwischen 1587 und 1591 verbot ein Gesetz den Dhimmis, überhaupt irgendwelche Sklaven zu besitzen. 1736 wurde Juden und Christen unter Todesstrafe verboten, schwarze Haussklavinnen zu besitzen. Diese Verbote zeigen allerdings auch, dass die Gesetze immer wieder umgangen wurden.

> **Dhimmis/Schutzbefohlene**
>
> „Der Status des Nichtmuslims beinhaltete das Verbot, Wehrdienst zu leisten oder Waffen zu tragen, sowie – in Abhängigkeit von dem jeweiligen Kalifen – eine besondere Kleiderordnung und keinen Zugang zu öffentlichen Ämtern. Die Kopfsteuer wurde nur nichtmuslimischen Männern ab einem bestimmten Vermögen auferlegt, nicht jedoch Kindern und Frauen. Arme sowie körperlich Behinderte waren ebenfalls davon befreit. In diesen Fällen hatte der Staat die Pflicht, Nichtmuslimen zu helfen und sie zu unterstützen. Zudem wurde von Priestern und kirchlichen Amtsträgern keine Kopfsteuer erhoben." Besondere Relevanz hatte dieses System im Osmanischen Reich, „dessen Bevölkerung beinahe zur Hälfte aus Nichtmuslimen bestand". Aus: Paçaci, Kopfsteuer, 419f.

2. Christentum

Das Christentum ist wie das Judentum und der Islam eine ‚Erlösungsreligion'. Das Heilshandeln Jesu Christi wurde dabei seit den ersten Jahrhunderten mit dem Bild des ‚Sklavenloskaufs' ausgedrückt, wonach der Christ mit dem Blut Christi losgekauft wurde. So verwundert es nicht, dass auch im Christentum der Loskauf im Sinne von Gefangenen- und Sklavenbefreiung eine hohe Bedeutung hatte. Davon zeugen die Tätigkeiten bestimmter

Bruderschaften und Loskauforden. Obwohl der Loskauf als verdienstvoll galt, war damit keineswegs eine grundsätzliche Kritik an der Sklaverei verbunden, die gar ihre Abschaffung gefordert hätte. Eine biblisch begründete Spiritualisierung der Sklaverei stützte im Gegenteil eine kirchliche Legitimierung, die sich wie ein roter Faden bis in das 19. Jahrhundert verfolgen lässt. Auch wenn kleine Minderheiten wie im 17. Jahrhundert die Quäker zeigten, dass das Christentum das Potential zur Sklavenbefreiung beinhaltete, so blieb diese Institution doch bis ins 19. Jahrhundert von den kirchlichen Autoritäten weitgehend akzeptiert.

2.1 Biblische Grundlagen

Das Alte Testament kannte legitime Formen von Sklaverei (vgl. III.1). Im Neuen Testament wird häufig metaphorisch von Sklaverei im Sinne eines absoluten Abhängigkeitsverhältnisses gesprochen. So können Christen Sklaven Gottes oder Sklaven Christi genannt werden. Oder man konnte Sklave aller möglichen Begierden und Leidenschaften sein (vgl. Tit 3,3). Darüber hinaus gibt es einige Stellen, die sich mit Sklaverei als Sozialform auseinandersetzen. Auch in diesen wird Sklaverei nicht grundsätzlich kritisiert, sondern vielmehr vorausgesetzt. Allerdings wird das christliche Zusammenleben gerade in der Umkehrung der äußeren Herrschaftsverhältnisse bestimmt, wie es in Mk 10,44 heißt: „(…) und wer bei euch der Erste sein will, soll der Sklave aller sein." Die Gesinnung (dienen, Sklave sein) findet ihr Vorbild in der untersten sozialen Schicht (Sklaven), was diese indirekt aufwertete. Doch zielte dies nicht auf eine Veränderung der sozialen Ordnung ab. So heißt es in 1 Kor 7,20f.: „Jeder soll in dem Stand bleiben, in dem ihn der Ruf Gottes getroffen hat. Wenn du als Sklave berufen wurdest, soll dich das nicht weiter bedrücken; auch wenn du frei werden kannst, lebe lieber als Sklave weiter." Freilich sollte nicht nur der Sklave seinem Herrn ein guter Sklave sein, das heißt gehorsam sein, sondern auch umgekehrt der Herr seinen Sklaven gut behandeln (vgl. Eph 6,5–9).

Philemonbrief Dass Freilassungen von Sklaven im Hinblick auf ihre Mitarbeit in den Gemeinden vorkommen konnten, zeigt der Philemonbrief. Hintergrund des Briefes ist folgender: Der Sklave Onesimus ist von seinem Herrn Philemon geflohen und durch Paulus Glied der Gemeinde Christi geworden. Es ist als selbstverständliches Interesse seines Herrn Philemon vorauszusetzen, dass er seinen Sklaven wiederhaben will. Dass sich Onesimus durch seine Flucht ins Unrecht gesetzt hat, wird von Paulus durchaus gesehen und in Anschlag gebracht. Das zeigt sich daran, dass er Onesimus zu seinem Herrn zurückschickt (V. 12) und dass er auf eventuelle Ansprüche Philemons auf Schadensersatz eingeht (V. 18.19a). Gesprochen wird aber von diesem Besitzverhältnis nur noch als von einem inzwischen überwundenen Stadium der Vergangenheit: Philemon erhält Onesimus „nicht mehr wie einen Sklaven" zurück, sondern „als einen geliebten Bruder" (V. 16). Diese Geschwisterschaft „im Herrn" sprengt die Herr-Sklave-Relation. Nach der Interpretation von Wengst betrifft sie für Paulus alle Bereiche des Zusammenlebens (Wengst 2005, 102–114). Aber Paulus macht auch deutlich, dass er Onesimus gern bei sich behalten würde. Indirekt spricht er damit die Bitte aus, den Sklaven Onesimus für die Mitarbeit bei ihm freizulassen.

Auch hier zeigt sich ein großes Humanisierungsanliegen. Dass solche Stellen aber leider faktisch nicht zu einer flächendeckenden Humanisierung der Sklaverei beigetragen haben, beweisen die vielen Gräuel, die Sklaven im Laufe der Geschichte von ihren christlichen Herren immer wieder erdulden mussten.

2.2 Die Lehre vom gerechten Krieg (*bellum iustum*)

Eine der wichtigsten Rekrutierungsquellen für Sklaven war seit der Antike der Krieg. Schon Aristoteles unterschied zwischen einem Sklaven der Natur nach und einem Sklaven dem (positiven) Gesetz nach. In der *Politik* heißt es dazu: „Das betreffende Gesetz besteht nämlich in der allgemeinen Übereinkunft, dass die im Kriege Überwundenen Eigentum der Sieger seien" (Aristoteles, Politik, Erstes Buch 6, 1255a, 1.a., nach der Übersetzung von Franz Susemihl, Reinbek 1994, 54). Er rechtfertigt dieses Gesetz bzw. Kriegsrecht, weil man zunächst einmal annehmen könne, dass· der Sieger dem Besiegten grundsätzlich an Tugend überlegen sei. Die Herrschaft des Überlegenen sei somit gerecht. Allerdings sei das Kriegsgesetz nicht in allen Fällen gerecht: „Denn die Ursache des Krieges kann ja möglicherweise eine ungerechte gewesen sein, und den, der ganz unverdientermaßen der Sklaverei anheimfällt, wird man doch wohl nicht als einen Sklaven bezeichnen wollen" (ebd., Erstes Buch 6, 1255a, 2.b., zitiert nach ebd., 55). Angesichts der unterlegenen Barbaren könne die Versklavung der Kriegsgefangenen durchaus mit einer Sklaverei von Natur aus im obengenannten Sinne (Unterlegenheit bei den Tugenden) gerechtfertigt werden, bei den Bewohnern der griechischen Polis hingegen nicht. Damit wird sowohl der Zusammenhang dieser beiden Formen von Sklaverei deutlich wie auch deren Unterschied. Was bei Aristoteles die griechische Polis, sind in der römischen Antike das Imperium und später dessen Erben. So übernahm zum Beispiel der Kirchenvater Ambrosius den heidnisch-römischen Sendungsauftrag Roms über die ungezügelten Barbarenvölker in sein Denken und hielt insofern die Versklavung der Kriegsgefangenen bei den Römern für eine natur- und gottgewollte Einrichtung. Der Kirchenvater Augustinus (354–430) stellte vor diesem Hintergrund grundsätzliche Reflexionen über die Kriterien eines gerechten Krieges an. So sei Krieg an sich nicht böse, sondern zähle zu den von Gott angeordneten und zugelassenen Dingen. Wenn Gott einen Krieg anordnet, ist er gerecht. Solche Beispiele kenne man aus dem Alten Testament. Eine Reflexion über Kriterien für einen gerechten Krieg müsse jedoch dann einsetzen, wenn der Krieg in den Bereich der Verantwortung des Menschen fällt. Die theoretische Grundlage für die Lehre vom gerechten Krieg in der Frühen Neuzeit war auf katholischer Seite seit dem Mittelalter die des Thomas von Aquin.

Nach Thomas sind für einen gerechten Krieg drei Voraussetzungen zu erfüllen:

1. Die Vollmacht des Fürsten, auf dessen Befehl hin der Krieg zu führen ist (Krieg ist keine Privatsache). Es ist Aufgabe der Fürsten, die öffentliche Ordnung gegen Feinde von außen zu schützen.

Krieg als Rekrutierungsquelle

Thomas von Aquin

2. Ein gerechter Grund muss vorliegen. Die Gegner müssen den Krieg wegen einer Schuld verdienen.

3. Die Kriegsführenden müssen die rechte Absicht haben, nämlich das Gute zu mehren und das Böse zu meiden.

Kirchenrecht Gefangene, die im Zuge eines gerechten Krieges gemacht wurden, durften nach Ansicht der Theologen, aber vor allem auch der Kanonisten versklavt werden. Nach Thomas Rüfner fiel die Zunahme der Sklaverei im 12. Jahrhundert zeitlich mit der Wiederentdeckung des römischen Rechts und der Ausbildung einer auf dem Studium des justinianischen Gesetzeswerkes aufbauenden Rechtswissenschaft zusammen. Im justinianischen Corpus hatte das Sklavereirecht einen prominenten Rang eingenommen. Wenn sich die universitär ausgebildeten Notare vom römischen Recht inspirieren ließen, dann kann man ferner vermuten, dass aus der Praxis Fragen zum Sklavenrecht an die gelehrten Juristen herangetragen wurden. Die Ausführungen des Rechtsgelehrten Bartolus von Saxoferrato (1313/14–1357) aus dem 14. Jahrhundert zeigen, dass es in der Rechtsnachfolge der römischen Kirche zum römischen Imperium zu einer Legitimierung der Versklavung kriegsgefangener Nichtchristen kam, während die Versklavung unter Christen verurteilt wurde. Diese Praxis bildete sich im Mittelmeerraum gewohnheitsrechtlich sowohl bei Christen wie bei den Muslimen aus. Juden konnten nach diesem Grundsatz von beiden Seiten versklavt werden und wurden dann gemäß ihrem Untertanenverhältnis behandelt. So konnten zum Beispiel Juden unter muslimischer Herrschaft von Christen im Korsarenkrieg versklavt werden.

2.3 Die Indiodebatte und die Schule von Salamanca

Die um 1218 von König Alfons IX. gegründete Universität von Salamanca erreichte ihren größten Ruhm im 16. Jahrhundert. Hier wurden maßgebliche Grundlagen für die Entwicklung der Menschenrechte sowie des Völkerrechts gelegt. Die politische Theologie, wie sie hier entwickelt wurde, entfaltete im Laufe der Frühen Neuzeit ihre Wirkung auf politische Handlungsträger – auch über die Konfessionsgrenzen hinweg.

Schule von Salamanca Unter der Schule von Salamanca versteht man in der Regel drei Generationen von Gelehrten, die in Methode, Sprache und Themenschwerpunkten eine in sich geschlossene Denkströmung repräsentieren. Ihre Anfänge nahm sie mit Francisco de Vitoria (um 1482–1546) und Domingo de Soto (um 1494–1560) zu Beginn des 16. Jahrhunderts, reichte über Melchior Cano (um 1509–1560) und Bartolomé de Las Casas (1484–1566) bis zu Francisco Suárez (1548–1617) an der Schwelle zum 17. Jahrhundert. Nach Justenhoven gehörten die Dominikaner Vitoria, Soto, Cano und der Jesuit Luis de Molina (um 1535–1600) „zweifelsohne zu den wirkmächtigsten Theologen des Goldenen Zeitalters Spaniens in der Epoche vor Francisco Suárez. Auf der Grundlage der Summa Theologica II-II, q.40 (De bello) des Thomas von Aquin setzen sie sich mit den friedensethischen Herausforderungen ihrer Zeit auseinander, der Eroberung Amerikas und den Türkenkriegen" (Justenhoven 2006, 9). Auch der Kanonist Diego de Covarrubias y Leiva (1512–1577) ist zu dieser Schule von Salamanca hinzuzuzählen.

Für die Theologen der Schule von Salamanca war Sklaverei infolge von Kriegsgefangenschaft eine selbstverständliche Realität. In ihren Traktaten ging es darum, dieses Recht der Versklavung im Kontext der Kriegslegitimationen einzuhegen. Dabei wurde von mehreren auf das Gewohnheitsrecht hingewiesen, dass Christen keine Christen versklaven würden. Blieb noch zu klären, ob alle ‚Heiden' versklavt werden dürften oder nicht. Diese Frage war durch die ‚Indiodebatte' virulent geworden. Die Argumentation für eine Versklavung der Indios bewegte sich einmal auf der konventionellen Ebene der Frage, inwiefern der Krieg der Conquista in den überseeischen Gebieten legitim sei oder nicht. Darüber hinaus wurde aber auch die aristotelische Position eines Sklaven von Natur aus im Hinblick auf die Indios diskutiert. Diese Debatte, die sogar die Vernunftlosigkeit der Indios in Erwägung zog, war jedoch nicht auf die europäischen Verhältnisse bzw. auf den Umgang mit den Muslimen übertragbar. Den Muslimen, die ein Staatswesen herausgebildet hatten, sprach man die Vernunft nicht ab. Solche Erwägungen schienen hier auch nicht notwendig, da es konsensfähig war, dass der Krieg gegen diese ‚Glaubensfeinde' gerecht war. Die Indiodebatte ist für die christliche Praxis im Umgang mit der Versklavung von ‚Heiden' insofern interessant, als sie sich vor der Hintergrundfolie der Versklavung der ‚Ungläubigen' im Mittelmeerraum heraus entwickelte, sich aber gleichzeitig deutlich von ihr abhob. Die Indios waren nicht mit den Muslimen zu vergleichen.

Indiodebatte

2.4 Die permanente Sklaverei der Schwarzen

Eine der zentralen Bibelstellen zur Rechtfertigung der Versklavung von schwarzen Afrikanern in der Frühen Neuzeit war Genesis 9, 18–29. Noah hatte drei Söhne: Sem, Ham und Jafet. Ham war der Vater Kanaans. Als Noah einmal betrunken war, lag er entblößt in seinem Zelt. Ham sah diese Blöße und erzählte davon draußen seinen Brüdern. Sem und Jafet nahmen einen Überwurf, mit dem sie in diskreter Weise (sie gingen rückwärts, um die Blöße nicht zu sehen) den Vater zudeckten. Nur Ham hatte also die Blöße gesehen. Als Noah aufwachte, sagte er: „Verflucht sei Kanaan. Der niedrigste Knecht sei er seinen Brüdern. Und weiter sagte er: Gepriesen sei der Herr, der Gott Sems, Kanaan aber sei sein Knecht" (Gen 9, 25–26). Obwohl Kanaan und nicht Ham verflucht wurde, galt dieser Text Jahrhunderte später als Grundlage einer Ideologie der Verfluchung Hams. Und obgleich hier weder von Afrikanern noch gar von Rassen die Rede ist, wurde dieser Text zur theologischen Verteidigung der afrikanischen Sklaverei und rassistischen Diskriminierung herangezogen. So war im 18. Jahrhundert die Vorstellung populär, dass Ham der Gründungsvater Afrikas sei. Deshalb sei Afrika von Gott zur Sklaverei verurteilt worden. Wie war das möglich?

Die Verfluchung Hams

Der Mythos einer Verfluchung Hams wurde in Rückgriff auf Gen 9 kreiert. Dennoch führt keine direkte Linie von der Bibel zu dieser Auslegung. Verknüpfungen wurden hergestellt, weil zeitgenössische Einstellungen und Praktiken ihre Legitimation suchten. Dafür wurden sperrige Textstellen eliminiert, marginalisiert und andere angereichert. Oft hatte der Ausleger dieser Stelle eine ganz andere Intention mit seiner Interpretation als das, was später davon wirkmächtig wurde. Es bleibt weiter zu untersuchen,

Mythos

inwiefern zeitgenössische Praktiken mit Hilfe der Bibel legitimiert, kritisiert und bewältigt wurden.

Rezeptions-
geschichte
von Gen 9

Die Rezeptionsgeschichte von Gen 9 gehört zum einen zur biblischen Legitimation von Sklaverei an sich, wie sie in der Spätantike entwickelt wurde. Dabei ist sie zusammen mit anderen Bibelstellen zu betrachten. Vorstellungen von Rasse oder Hautfarbe spielten in diesem Zusammenhang kaum eine Rolle. Im Zuge der Entstehung des transatlantischen Sklavenhandels und der grausamen schwarzen Sklaverei bekam diese Bibelstelle zum anderen noch eine besondere Bedeutung für den Sklavereidiskurs. Mit dem einsetzenden Rassismus erreichte die christliche Sklavereigeschichte einen traurigen Höhepunkt. Das christliche Menschenbild war pervertiert worden, indem man den schwarzen Sklaven wie ein Tier behandelte.

Die Idee eines Fluchs hebelte die Vorstellung, dass alle Menschen von Natur aus gleich sind, aus. Deswegen war sie so wirkmächtig. Der Fluch machte aus den Afrikanern quasi Sklaven von Natur aus. Doch wie kam es zu der Identifikation Hams mit Afrika?

In seine Erzählung über die Entdeckung und Eroberung von Guinea band der Portugiese Gomes Eanes de Zurara (um 1410–1474) die Verfluchung Hams (Chams) ein. Er beschrieb dabei die ersten schwarzen Sklaven, die der junge Adelige Antão Conçalves erbeutete. Sie wurden als Lösegeld für einen muslimischen Adeligen, den die Portugiesen vorher gefangen genommen hatten, nach Portugal gebracht.

Die Verfluchung Hams nach Gomes Eanes de Zurara
Eanes da Zurara, zitiert nach: Schorsch, 147.

Und hier muss man festhalten, dass diese Schwarzen, obwohl sie Mauren waren wie die anderen, nichtsdestoweniger Sklaven (servos) von diesen waren nach einem alten Brauch, der, wie ich glaube, von der Verfluchung kommt, die Noah nach der Flut gegen seinen Sohn Ham ausstieß. Dabei verfluchte er ihn, dass seine Nachkommen allen anderen Völkern dieser Welt untertan sein sollten. Seit Ham waren diese Nachkommen Schwarze. Dabei folge ich dem, was Erzbischof D. Rodrigo von Toledo und auch Josephus [Flavius] in seinem Buch über die Juden in der Antike geschrieben haben sowie auf Walter [Gualtero], der mit anderen Autoren von der Generation nach Noah nach dem Ausstieg aus der Arche sprach.

Zurara hat wohl richtig erkannt, dass diese Schwarzen in den islamisierten afrikanischen Ländern versklavt worden waren. Für ihn waren schwarze Sklaven keine Muslime, sondern Heiden, wie er an späterer Stelle schrieb. Er berief sich vermutlich auf Rodrigo Jiménez de Rada (1170–1247). Dieser hatte in seiner *Breviarium historie catholice* vage von einer Verfluchung Hams durch Noah gesprochen. Es ist möglich, dass Zurara als Erster die Nachfahren Hams mit Schwarzen in Verbindung gebracht hat.

In der Frühen Neuzeit finden sich immer wieder dieselben Muster wie in der Erzählung Zuraras. So rechtfertigte Francisco López de Gómara die Versklavung der amerikanischen Ureinwohner um 1555, indem er Augustinus und Johannes Chrysostomos für die Idee zitierte, dass Sklaverei eine Strafe für Sünde sei. Er befand, dass die Sünde Hams gegen seinen Vater weniger schlimm war als diejenige der Indios gegen Gott. Aber die Nachfahren Hams, die Schwarzen, seien dennoch zur Sklaverei verflucht worden (Schorsch 2004, 148, Anm. 73).

Antonio Possevino (ca. 1533–1611), ein Jesuit aus Mantua, wiederholte, dass die Nachfahren Hams sowohl zur Sklaverei als auch zur Schwarzheit verflucht worden seien. Der Franziskaner Juan de Torquemada, der seine *Monarquia indiana* vor 1612 beendete, sah in der Verfluchung Hams die Erklärung für die Anfänge der Sklaverei. Er berief sich dabei auf Augustinus, Johannes Chrysostomos und Paulus (Röm 5), Gen 9 und Lev 25. Er brachte diese Geschichte auch mit der Versklavung allgemein und der Hautfarbe der Indios und der Schwarzen in Zusammenhang. Insgesamt lässt sich festhalten, dass die Verfluchung Hams von christlichen Autoren nicht nur zur Rechtfertigung schwarzer Sklaverei, sondern auch für die Versklavung der Indios benutzt wurde.

Aber die christlichen Autoren beriefen sich nicht allein auf die Verfluchung Hams, um die Versklavung der Schwarzen zu rechtfertigen. Der Jesuit Alonso de Sandoval (1576–1652), der in Cartagena de las Indias lebte und predigte, lehnte in seinem berühmten Werk *De instauranda Aethiopum salute* von 1647 die Interpretation der Verfluchung Hams zum Beispiel ab. Stattdessen erklärte er die Sklaverei der Schwarzen – die er ‚Äthiopier‘ nennt – aus der Erzählung von Kain im Buch Genesis. So habe Kain seinem Vater Adam nicht den gebührenden Respekt erwiesen und damit gegen das Gebot der Elternliebe verstoßen. Daraufhin habe er seine persönliche Freiheit verloren. Er und seine Kinder wurden Sklaven. Obwohl Kain aus einem weißen Elternhaus stammte, war er doch mit dunkler Hautfarbe gekennzeichnet worden. Deshalb seien alle Schwarzen als Sklaven geboren, weil Gott die Söhne der schlechten Eltern dunkel ‚anmale‘ und insofern kennzeichne. Soweit die krude Interpretation Sandovals, die zeigt, dass der Geschichtsmythos der Verfluchung Hams nicht überinterpretiert werden darf. Auch andere Mythen wurden aus der Bibel abgeleitet.

Im frühen 17. Jahrhundert griffen Prälaten der Universität Leiden die Tradition auf, die Erdteile mit Söhnen Noahs zu identifizieren. Ein Orientalist, (zeitweise) Jesuit und Student der Kabbalah, Guillaume Postel (1510–1581), behauptete, man könne Asien ‚Siamia‘, Afrika ‚Chamia‘ und Europa ‚Japetia‘ nennen. 1607 schrieb Gregorio Garcia, man sage für gewöhnlich, dass Sem Asien regiert, Cham Ägypten und Afrika und Japhet Europa (vgl. Schorsch 2004, 144). Ein neues Bedürfnis war entstanden, die Einwohner der drei Erdteile streng zu unterscheiden.

Im 17. Jahrhundert wurde die Geschichte der Verfluchung Hams allgemein populärer, da nun die Erfindung einer permanenten Versklavung der Sklaven gerechtfertigt werden musste. Seit dem 16. Jahrhundert hatte diese Permanenz der Versklavung zunehmend nach Erklärung verlangt. Im 17. Jahrhundert fand die Vorstellung der permanenten Sklaverei auch Eingang in koloniale Gesetze, was deren Rechtfertigung umso schwieriger machte. Die übliche Rechtfertigung der Versklavung über die Theorie des gerechten Krieges reichte hierfür nicht mehr aus.

3. Islam

3.1 Sklaverei im Koran

Sklaverei als
Gegebenheit

Wie das Judentum und das Christentum fand auch der Islam Sklaverei bereits vor. Als Muhammad um 600 n. Chr. in Mekka zu wirken begann, war dort Sklaverei eine selbstverständliche Institution. Die dort lebenden Sklaven stammten vor allem aus Abessinien und Ostafrika. Seltener waren weiße Sklaven und arabische Sklaven. Sehr verbreitet war es, sich Sklavinnen als Konkubinen zu halten. Die Kinder dieser Sklavinnen blieben unfrei. Auch vor der Etablierung des Islam in der Gesellschaft war es üblich, dass Kriegsgefangene aus den Stammeskriegen der Araber versklavt wurden. Razzien mit Menschenraub waren ebenso bekannt wie die Freilassung eines Sklaven nach der Zahlung eines Lösegelds.

Muhammad

Wie der Prophet Muhammad gegenüber Sklaverei eingestellt war, zeigen zunächst einige Episoden aus seinem Leben. So wurde der dem Propheten Muhammad durch seine erste Ehefrau Chadidscha bint Chuwailid als Ehegeschenk überlassene Sklave Zayd ibn Harithah, der als einziger Gefährte des Propheten Muhammad im Koran Sure 33 Vers 37 explizit mit Namen erwähnt wird, nach der Geschenkübergabe befreit und alsbald mit einer Cousine verheiratet. Auch veranlasste Muhammad einige reiche Anhänger, Sklaven freizulassen oder auch Sklaven von anderen freizukaufen. Den Gepflogenheiten (*Sunna*) des Propheten folgend haben die Gefährdeten sich stets bemüht, Sklaven freizukaufen. Dieses Verhalten entspricht auch dem Koran, nach dem das Freilassen von Sklaven als gottgefälliges Werk angesehen wird: „Die Frömmigkeit besteht nicht darin, dass ihr euch (beim Gebet) mit dem Gesicht nach Osten oder Westen wendet. Sie besteht vielmehr darin, dass man an Allah, den jüngsten Tag, die Engel, die Schrift und die Propheten glaubt und sein Geld – mag es einem noch so lieb sein – den Verwandten, den Waisen, den Armen, dem, der unterwegs ist, den Bettlern und für (den Loskauf von) Sklaven hergibt, das Gebet (salaat) verrichtet und die Almosensteuer (zakaat) bezahlt. Und (Frömmigkeit zeigen) diejenigen, die, wenn sie eine Verpflichtung eingegangen haben, sie erfüllen, und die in Not und Ungemach und in Kriegszeiten geduldig sind. Sie (allein) sind wahrhaftig und gottesfürchtig" (Koran 2,177 nach der Übersetzung von Rudi Paret).

Muhammad sprach sich aber nicht eindeutig für eine Abschaffung der Sklaverei aus, die ein fester Bestandteil der kulturellen Lebenswelt der arabischen Stammesgesellschaft war. Ein Beispiel, das den Konflikt zwischen religiösem Anspruch und äußeren Einflüssen verdeutlicht: Nach der Unterwerfung des jüdischen Stammes der Banu Qurayza wurden die Männer getötet und die Frauen und Kinder versklavt. Wie kam es dazu? Muhammad ließ das zum Islam konvertierte jüdische Oberhaupt aus Medina, Sa'd ibn Muadh, einbestellen, der auf der Grundlage von Dtn 20,13–14 die Hinrichtung der Männer wegen Verrats und Vertragsbruches angeordnet hatte. Da Muhammad das Urteil und Recht der anderen Religion akzeptierte, nahm er das Urteil an (Lings 2000, 315 ff.). Er selbst heiratete zwei Sklavinnen, die er in diesem Kontext freiließ: Safiyya, die nach der Unterwerfung der Juden von Chaibar in seinen Besitz gelangt war, und Mariya, eine koptische Sklavin, die ihm geschenkt worden war.

Im Koran wird in fast 40 Versen auf die Sklaverei eingegangen. Danach wird Sklaverei grundsätzlich als in Übereinstimmung mit der göttlichen Ordnung betrachtet. Sie muss daher nicht abgeschafft werden. Aber der Sklave soll von seinem Herrn gut behandelt werden. So soll man Sklavinnen zum Beispiel nicht zur Prostitution einsetzen. Auch das Heiraten zwischen Freien und Sklaven ist erlaubt. Die Freilassung von Sklaven ist ein gottgefälliges Werk (siehe Koran 9,60; 4,92; 58,3; 24,33; 2,177; 90,13).

Koran

3.2 Sklaverei im islamischen Recht

Sklaverei ist auch ein Bestandteil des klassischen islamischen Rechts. Dabei dürfen islamisches Recht und Scharia nicht gleichgesetzt werden. Scharia, was häufig fälschlicherweise mit ‚islamisches Recht' übersetzt wird, bedeutet wörtlich ‚Weg zur Quelle' oder ‚Weg zum Glauben'. Also ist die Scharia der Weg, wie der Muslim gläubig zu sein hat und diesem Glauben entsprechend sein Leben ausrichten soll. Dieser Weg beinhaltet sowohl die religiöse Praxis (*ibadat*) als auch die zwischenmenschlichen Handlungen (*muamalat*). Daher ist mit der Scharia die Gesamtheit der islamischen Normenlehre einschließlich der Methoden für deren Auffindung und Interpretation zu verstehen, mit denen dieser Weg bestritten werden kann (Nassery 2014). Die Entwicklung des islamischen Rechts ist eng mit der Entfaltung der islamischen Herrschaft seit dem frühen 7. Jahrhundert verbunden. Während in der Frühzeit vor allem auf der Grundlage der ‚Vernunft' (*ra'y*) eigenständig Recht gefunden wurde, nahm im 8. Jahrhundert das Bedürfnis nach gesicherten Normengrundlagen zu. Im 9. und 10. Jahrhundert bildeten bestehende Gelehrtenzirkel (*halaqa*) verschiedene Rechtsschulen (*madhahib*) aus, von denen vier im sunnitischen (Hanafiten, Malikiten, Schafiiten und Hanbaliten) und drei im schiitischen Spektrum (Zwölfer-Schia/Jafari, Siebener-Schia/Imaili und Fünfer-Schia/Zaidi) bis heute bestehen. Drei der vier Hauptschulen des sunnitischen Islam entstanden in frühen lokalen Schulen: die hanafitische aus der Schule von Kufa, die malikitische und die schafiitische aus der von Medina und Fustat (Kairo). Die Bezeichnung der einzelnen Rechtsschulen basiert dabei auf den Namen des jeweiligen ‚Schulgründers': Abu Hanifa (gest. 767) für die Hanafiten, Malik ibn Anas (gest. 795) für die Malikiten, Muhammad ibn Idris asch-Schafti'i (gest. 820) für die Schafiiten und Ahmad ibn Hanbal (gest. 855) für die Hanbaliten. Ihre rechtlichen Stellungnahmen werden unter die Autorität der großen Meister der Schule gestellt. (Lohlker 2008, 63 f.). Geographisch lässt sich resümieren, dass die hanafitische Rechtsschule überwiegend in der heutigen Türkei, Zentralasien und Indien zu finden ist, die malikitische Rechtsschule in Nord- und Westafrika, die schafiitische in Ostafrika und Südostasien und die hanbalitische auf der arabischen Halbinsel.

Islamisches Recht
und Scharia

Das islamische Recht ist ein höchst komplexes System von Normen und Regeln. Das Auffinden und Interpretieren der Normen (*usul al-fiqh* = Wurzeln der Normenlehre) ist der Schlüssel zum Verständnis des islamischen Rechts. Hierbei unterscheiden sich sunnitische und schiitische Schulen hinsichtlich des methodischen Umgangs mit den Rechtsquellen erheblich voneinander. *Fiqh*, was sinngemäß mit ,Erkenntnis', ,Verstehen' oder ,Einsicht' wiedergegeben werden kann, bezeichnet die islamische Rechtswissenschaft. Diese umfasst die Gesamtheit aller aus dem Koran und den Sunna sich ergebenden bzw. abgeleiteten Normen. Wichtig ist anzumerken, dass die Scharia nicht mit *fiqh* gleichzusetzen ist und ebensowenig „das" islamische Recht als solches existiert, sondern es vielmehr eine Vielfalt von historisch und geographisch spezifischen Entwicklungen gab und unterschiedliche Auslegungen der Rechtsquellen durch die Rechtsgelehrten (*fuqaha*) die Regel darstellten (Nassery 2014). Innerhalb der Rechtsschulen herrscht jeweils ein großer Meinungspluralismus. Einigkeit herrscht allerdings bei den Primärquellen des Rechts, und zwar dem Koran und der Sunna des Propheten Muhammad (Rohe 2013, 13–16). Der Koran, der nach herrschender islamischer Lehre als das Wort Gottes angesehen wird, enthält von den 6235 Versen der 114 Suren lediglich 286 Verse, die einen rechtlichen Inhalt aufweisen (Kamali 2008, 17). Der Begriff *Sunna* bezeichnet die Summe aller Überlieferungen (*ahadith*) des Propheten Muhammad. Davon erfasst sind die Aussprüche, Handlungen und Unterlassungen Muhammads, die wiederum unter anderem im klassischen Kanon der Hadith-Sammlungen kodifiziert wurden. Maßgebliche Kodifikationen stammen von Al-Buchari und Muslim (Nassery 2014). Seit der frühen Abbasidenzeit, also seit Ende des 8. Jahrhunderts, wurde in Rechtstexten immer häufiger Bezug auf die Hadithe zur Begründung von Rechtsauffassungen genommen (Lohlker 2008, 65).

Hadith-Sammlungen   Da Aussagen im Koran durchaus in Spannung zu Aussagen in den Hadithen stehen können, gehört es zu den grundlegenden Fragen der Koranhermeneutik – und damit auch der islamischen Rechtstheorie –, welcher Stellenwert den Hadithen in der Normenfindung eingeräumt wird. Dies zeigt sich auch am Thema der Sklaverei. Der Koran schweigt sowohl zum Thema der Aufrechterhaltung der Sklaverei als auch hinsichtlich der Abschaffung der Sklaverei. Vielmehr finden sich explizite moralische Ermahnungen an die Sklavenbesitzer, ihre Macht nicht zu missbrauchen und die Sklaven und Sklavinnen gut zu behandeln. Die Befreiung von Sklaven erscheint im Hinblick auf das Seelenheil allerdings als verdienstvoll. Diese Haltung kann nun unter Einbeziehung von *ahadith* (Plural von Hadith), in denen konkrete Versuche zur Abschaffung der Sklaverei belegbar sind, so interpretiert werden, dass der Koran zur Zeit des Propheten Muhammad eine grausame Praxis der Sklaverei vorfand, die zunächst moralisch verbessert werden sollte, um den Boden für ihre zukünftige völlige Abschaffung zu bereiten. Dies sei letztlich das Ziel (Adis Duderija 2013). So argumentiert heute zum Beispiel ein Netzwerk von muslimischen Theologen und Theologinnen in Amerika, das sich im Internet rege austauscht und jüngst Beiträge zu diesem Thema im *Journal of Women of the Middle East and the Islamic World* publiziert. Dieser Diskurs findet wiederum vor dem traurigen Hintergrund statt, dass es in manchen muslimischen Ländern immer noch Formen sexueller Ausbeutung von Frauen durch das Konkubinat gibt, wobei sich dies dadurch legitimiert, dass das Konkubinat mit Sklavinnen nach klassischem Recht erlaubt ist. Die Frage der Legitimität von Sklaverei ist somit ein aktuelles Thema feministischer islamischer Theologie.

Nach dem klassischen islamischen Recht wird davon ausgegangen, dass alle Menschen grundsätzlich frei sind (Lewis 1990, 6). Dennoch ist Sklaverei als Ausnahmesituation in bestimmten Kontexten möglich. Die Institution der Sklaverei (*riqq*) ist dabei rechtlich folgendermaßen geordnet:

Der Sklave (*abd, mamluk, gulam, mawla, khadim, bandah, fatah*) und die Sklavin (*amah, gariya, fata*) werden rechtlich sowohl als Person wie als Sache behandelt. Es handelt sich um eine Person, die Eigentum eines anderen ist und unter seiner Verfügungsgewalt steht. Als Person hat der Sklave eine Sprache, eine Religion und kann sich fortpflanzen. Auch müssen seine Bedürfnisse als Person berücksichtigt werden, und der Sklave hat sogar einen Anspruch auf Nahrung, Kleidung, Wohnung und Pflege im Krankheitsfall. Er muss von seinem Herrn versorgt werden. Mit Erlaubnis seines Herrn kann er heiraten und Geschäfte durchführen. Behandelt sein Herr ihn nicht gut, kann der Besitzer unter Umständen zum Verkauf des Sklaven gezwungen werden. Als Sache unterliegt er wiederum dem Eigentumsrecht. Der Sklave selbst kann zwar kein Eigentum erwerben, aber dieses verwalten. Was ihm gehört, gehört seinem Herrn. Hier gehen die Rechtsschulen in den Details allerdings auseinander. So räumen die Malikiten dem Sklaven das Recht ein, Ersparnisse zu bilden, während ihm andere Rechtsschulen dies nur begrenzt oder gar nicht erlauben. Dass der Sklave auch als Person betrachtet wird, zeigen zudem die religiösen Bestimmungen. Grundsätzlich haben Freie und Sklaven dieselben religiösen Pflichten. Allerdings werden dem Sklaven aus pragmatischen Gründen gewisse Erleichterungen gewährt. So ist er von Wallfahrt, Jhihad und Freitagsgebet befreit. Da er selbst nichts besitzt, muss auch der Herr für ihn Almosen geben. Von höheren religiösen Ämtern ist er ausgeschlossen. Im Hinblick auf das Strafrecht gelten für den Sklaven besondere Bestimmungen. So genießt er meist nur einen minderen Schutz. Allerdings gilt für ihn oft auch nur das halbe Strafmaß, als wäre er keine voll eigenverantwortliche Person. Bei religiösen Vergehen wie Apostasie hingegen erwartet ihn das volle Strafmaß.

Für den Nahen und Mittleren Osten in der Frühen Neuzeit spielte das Rechtssystem des Osmanischen Reichs eine große Rolle. Am Ende des 16. Jahrhunderts wurde im Amt des Qadi die administrative und juristische Macht vereinigt. Nur er durfte Fälle anhören und Entscheidungen fällen. Grundlage der Rechtsprechung war hierbei die ‚Scharia'. Das schariatische Wissen wurde von Gelehrten (*ulama*) in Regeln (*fiqh*) formuliert. Die Qadis formulierten auf dieser Grundlage dann Urteile. Innerhalb dieses Rahmens wurde für die Untertanen des Osmanischen Reiches eine gewisse Rechtssicherheit erreicht. Neben den Regeln des *fiqh* gab es noch osmanische *qanuns*, das heißt Sammlungen von Edikten und Dekreten des Sultans (Lohlker 2012, 95–98). Zwar wurde ein sultanisches *qanun* theoretisch nur dann rechtskräftig, wenn ein Rechtsgutachten (*fatwa*) seine Übereinstimmung mit der Scharia bestätigte, aber in der Praxis zeigten sich auch unübersehbare Widersprüche (Krämer 2005, 207).

Osmanisches Reich

3.3 Rechtliche Vorschriften

Konversion

Viele Kriegsgefangene versuchten, sich durch Konversion zum Islam der Sklaverei zu entziehen. Schließlich darf ein Muslim nicht von einem Muslim versklavt werden. Diesem Ausweg wurde allerdings bald ein Riegel vorgeschoben mit der Bestimmung, eine Konversion nach dem Krieg bewahre nicht vor der Sklaverei. Nur wer also schon vor dem Jhihad konvertiert war, konnte dieses Recht (als Muslim nicht versklavt zu werden) geltend machen. Allerdings gab es auch hier eine Einschränkung. Wer vorher bereits ein Sklave gewesen war – unabhängig von seiner Religion – sollte es auch nach dem Krieg bleiben. Diese Regelung konnte im Extremfall zu paradoxen Situationen führen: Nehmen wir an, der Sklave eines nichtmuslimischen afrikanischen Herrn konvertiert vor dem Jhihad zum Islam, sein Herr aber nicht. Der Herr konvertiert erst als Besiegter zum Islam. Der Status des freien Herrn sinkt nach dem Jhihad zu dem eines Sklaven herab. Der konvertierte Sklave aber wird nun freigelassen. Plötzlich konnten Herren zu Sklaven werden und umgekehrt.

Ein besonderes Problem stellte sich bei Kriegen, die gegen muslimische abweichende Glaubensrichtungen geführt wurden, zum Beispiel zwischen Sunniten und Schiiten. Sind Häretiker wie ‚Ungläubige‘ zu behandeln oder nicht? Von der Entscheidung dieser Frage hing es dann ab, ob die Versklavung der Kriegsgefangenen als erlaubt betrachtet wurde.

Die Religion ist für den rechtlichen Status also in vielerlei Hinsicht ein entscheidender Faktor. Bereits bei der Frage der Versklavung ist dies im Hinblick auf die Kriegsgefangenen deutlich geworden. Hier ist allerdings noch auf eine Besonderheit im islamischen Recht hinzuweisen: Für jüdische und christliche Untertanen galten besondere Bestimmungen.

Der Koran gibt keine eindeutigen Hinweise auf das Verhältnis zwischen Muslimen und Nichtmuslimen. Muslime sollen mit Muslimen solidarisch sein. Monotheistische Nichtmuslime sollen so behandelt werden, wie sie dies gegenüber Muslimen tun. Manchmal werden Polytheisten und monotheistische Schriftbesitzer unter dem Begriff ‚Ungläubige‘ (*kuffar*) zusammengefasst, so dass der entsprechende Kontext der jeweiligen Verse im Koran stets gewürdigt werden muss. Die Eroberungen der muslimischen Herrscher dienten in erster Linie der Ausbreitung des Islam. In Sure 2,111 heißt es, man solle keinen Zwang in der Religion ausüben. Die Zwangsbekehrung der eroberten Bevölkerung war somit nicht erlaubt.

Dementsprechend machte man der unterworfenen Bevölkerung ein vertragliches Angebot, das Schutz gewähren sollte. Die Unterworfenen wurden dabei zu Schutzbefohlenen (*dhimmi*) im islamischen Herrschaftsbereich. Sie genossen einen Schutz für Leib, Leben und Besitz und konnten in gewissen Grenzen ihre Religion ausüben. Als Gegenleistung hatten sie besondere Abgaben zu leisten, vor allem die sogenannte Kopfsteuer (*gizya*).

Zu Beginn der islamischen Eroberungen galt dies für alle Nichtmuslime. Dann begannen die Juristen zwischen Polytheisten (Heiden, Götzendienern) und den monotheistischen Schriftbesitzern zu unterscheiden. Die erste Gruppe besaß keine Offenbarungsschrift und verehrte mehrere Gott-

Unterscheidung in poly- und monotheistische Nichtmuslime

heiten. Ihnen blieb nach Ansicht einiger Juristen die Wahl zwischen Bekehrung, Versklavung und Tod. Schließlich schützte auch die nachträgliche Bekehrung nicht mehr vor der Versklavung. Zur zweiten Gruppe gehörten die Christen und die Juden. Umstritten blieb der Status der Zoroastrier, die in Sure 22,17 als Magier (*majus*) zusammen mit den Schriftbesitzern genannt werden. Diese Gruppe genoss den Rechtsschutz der *dhimma*. Deshalb konnte im Umgang mit Christen und Juden nach einem Krieg zweierlei eintreten: Sie konnten als Dhimmis unter muslimischer Herrschaft leben. Dann waren sie zwar Bürger zweiter Klasse, aber Freie. Wenn ein Gefangener erst einmal ein Dhimmi geworden war, galt er als frei. Der Dhimmi konnte auch nicht zur Konversion gezwungen werden. Er konnte allerdings im Einzelfall gezwungen werden, seinen konvertierten Sklaven freizulassen. Christen und Juden sollten keine muslimischen Sklaven besitzen. Aber nicht alle Christen und Juden kamen in den Genuss einer Schutzbestimmung, und so gab es auch unter Christen und Juden Kriegsgefangene, die versklavt wurden.

Entscheidend für den Status des Gefangenen war die Religion seines Herkunftslandes. Wenn ein Christ oder ein Jude bereits Untertan eines muslimischen Herrschers war, dann wurde er wie ein muslimischer Untertan (Dhimmi) behandelt. Er hatte also Rechte und Pflichten eines Dhimmis, wurde jedoch nicht versklavt. Wenn er hingegen Untertan eines christlichen Herrschers war, dann konnte er als ‚Ungläubiger‘ versklavt werden, wobei die Details unter den Juristen allerdings umstritten waren. So wurde unter den Bedingungen des Jhihad der Begriff ‚Sklave‘ oft gleichbedeutend mit ‚Ungläubiger‘. Dies ist im Hinblick auf den Korsarenkrieg im Mittelmeerraum besonders wichtig. Christliche Händler und Seeleute, die muslimischen Korsaren in die Hände fielen, konnten problemlos versklavt werden, wenn sie aus christlichen Herkunftsländern kamen.

Religion als entscheidender Faktor für den Gefangenenstatus

Ehe, Konkubinat und Familie

Neben der Versklavung von Gefangenen spielte die Frage nach dem Rechtsstatus von Kindern von Sklavinnen eine wichtige Rolle im islamischen Recht. In der Regel sind Kinder von Sklavinnen ebenfalls unfrei und gehören dem Besitzer der Mutter. Bis zum 7. Lebensjahr darf das Kind jedoch nicht von der Mutter getrennt werden. Wenn der Herr allerdings das Kind als seines anerkennt, wird es frei.

Rechtsstatus von Kindern und Sklavinnen

Bedeutsam sind die Regelungen zur Ehe, da Sklavinnen vor allem Konkubinen ihrer Herren waren. Ein freier Muslim darf nach überwiegender Auffassung der Rechtsgelehrten vier Ehefrauen haben, soweit dieser die entsprechenden Voraussetzungen erfüllen kann. Die Zahl der Konkubinen ist jedoch unbeschränkt. Da viele Ehen kulturell üblich arrangiert wurden, suchten sich viele Muslime ihre Konkubinen nach ihrer Neigung aus. So kam auch hier immer wieder der Wunsch auf, die Konkubine zu heiraten. Ein Herr kann aber seine Sklavin nur heiraten, wenn er sie vorher freilässt. Möglich ist auch die Ehe zwischen zwei Sklaven mit Zustimmung der Herren. Ein männlicher Sklave könnte sogar zwei Frauen heiraten, also halb so viel wie ein freier Muslim.

Sklavinnen als Konkubinen

Die Regelungen zu Ehe, Konkubinat und Erbfolge betreffen zum einen die Frage der Versklavung von Kindern (von Sklavinnen) und zum anderen die Frage der Freilassung. Die Kinder von Sklavinnen waren eine wichtige Quelle für Sklaven. Ferner ist anzumerken, dass der für die vorislamische Zeit gewöhnliche Selbstverkauf, der Kinderverkauf, die Versklavung aufgrund von Schulden, Versklavung auf Grundlage des Strafrechts, Versklavung durch Entführung etc. mit der Etablierung des Islam abgeschafft wurden.

Freilassung

Auch die Freilassung von Sklaven war rechtlich geregelt. Diese wird vor dem Hintergrund des Korans grundsätzlich empfohlen. Bei bestimmten Vergehen wie fahrlässiger Tötung und Eidbruch kann die Freilassung eigener Sklaven sogar vorgeschrieben werden. Wenn der Herr seinen Sklaven schlecht behandelt, kann er zur Freilassung verurteilt werden. Diese Bestimmungen zeigen, dass dem Sklaven ein Personencharakter zugesprochen wird. Ein wichtiger Moment für die Frage nach Freilassung ist, wenn der Herr stirbt. Normalerweise wird der Sklave wie Besitz weitervererbt. Aber wenn der Herr vor seinem Tode gesagt hat, er lässt ihn frei, dann soll er freigelassen werden. Eindeutiger ist dies freilich bei der schriftlichen Festlegung in einem Testament.

Formen der Freilassung

Grundsätzlich gab es zwei Formen der Freilassung: Die erste Form ist die Freilassung auf den Todesfall. Hier kann sich der Sklave auf eine Zusage auf Freilassung nach dem Tod des Herrn beziehen. Ob dieser Fall jedoch eintritt, hängt auch von den Vermögensverhältnissen des Herrn ab. Hinterlässt er so viele Schulden, dass der Sklave zur Tilgung dieser Schulden verkauft werden muss, ist die Regelung hinfällig. Die zweite Form ist die des Freikaufvertrags zwischen Herrn und Sklaven. Diese Form wird auch im Koran empfohlen. In diesem Vertrag wird festgelegt, wie viel Geld der Sklave für seine Freilassung zahlen muss. Um dieses Geld zu erwerben, wird ihm Geschäftsfähigkeit verliehen. Sobald er die Summe zusammen hat, kann er sich selbst freikaufen. Es wird aber als gute Tat betrachtet, dem Sklaven beim letzten Rest der Summe entgegenzukommen. So kann hierfür Geld aus der Almosenkasse verwendet werden, oder der Herr lässt ihm eine gewisse Summe nach. Allerdings gilt auch hier: Die Freilassung ist ein einseitiger Akt des Herrn, auf den der Sklave keinen Anspruch hat. In der Regel bleibt er als Freigelassener mit seinen Nachkommen in einem Klientelverhältnis zu seinem Herrn.

3.4 Der Jhihad als *bellum iustum*?

Auch im Islam legitimierte sich die Versklavung von Kriegsgefangenen über die Frage, ob diese in einem rechtmäßigen Krieg erbeutet wurden. Wie bei der Lehre vom *bellum iustum* (vgl. III.2.2) braucht der rechtmäßige Krieg einen gerechten Kriegsgrund. Nach dem Koran ist der Nichtmuslim wegen seines Unglaubens schuldhaft im Unrecht. So heißt es in Koran 7, 171/72: „Als dein Herr aus den Rücken der Kinder Adams ihre Nachkommenschaft zog und wider sich selber zu Zeugen nahm und sprach: ‚Bin ich nicht euer Herr?', sprachen sie: ‚Jawohl, wir bezeugen es'. (Dies taten Wir,) damit sie nicht am Tage der Auferstehung sprächen: ‚Wir waren dessen achtlos', oder sprächen: ‚Siehe, unsere Väter gaben Allah Gefährten zuvor, und wir sind ihre Nachkommenschaft. Willst du uns etwa verfolgen ob dem, was Nichtiges Tuende taten?'" Die Muʿtaziliten, eine wichtige Gruppe in der rationalistischen Strömung der muslimischen Theologie, interpretierten dies so, dass der Mensch kraft seiner Vernunft bei ausreichendem Nachdenken auch ohne Offenbarung die Grundwahrheiten des Islam finden und befolgen müsse. Das heißt, die Ablehnung der Einladung zum Islam konnte als gerechter Kriegsgrund gelten (Gräf 1963, 96). Bei Ibn Malik wird die Versklavung von Ungläubigen als Strafe für ihre Weigerung gedeutet, die Einladung zum Islam anzunehmen (vgl. Ibn Malik, Sarh-al-Manar, Istanbul 1306 [Kommentar zum Usul-Werk des Nasafi], 331).

Die islamischen Rechtsgelehrten erörterten auch den Fall, wenn ein Muslim nur wegen des Beutemachens in den Krieg zog. Dann sei er nach mehrheitlicher Auffassung kein rechter Glaubenskämpfer (*mugahid*), sondern ein Heuchler (Fiqh, 412/3; IHud, 130; IQud, VIII, 349, Z. 3.; nach Gräf 1963, 99). Dies stimmt wiederum überein mit dem Gedanken des dritten Prinzips für einen gerechten Krieg, der rechten Intention.

Bleibt noch zu klären, ob auch das zweite Prinzip des *bellum iustum*, dass ein gerechter Krieg unter einer rechtmäßigen Obrigkeit geführt werden müsse, in der islamischen Lehre vom Krieg eine Rolle spielte.

Von grundlegender Bedeutung für das klassisch-islamische Völkerrechtsverständnis ist die Einteilung der Welt in ein Haus des Islam (Dar al-Islam) und ein Haus des Krieges (Dar al-Harb). Ersteres bezieht sich auf alle Gebiete unter islamischer Herrschaft, letzteres auf alle Länder außerhalb des islamischen Herrschaftsbereichs. Zwischen diesen beiden herrschte nach klassisch-islamischem Recht gewöhnlich der Kriegszustand. Für einen bestimmten Zeitraum konnte dieser Kriegszustand durch einen Waffenstillstand, eine sogenannte *hudna*, ausgesetzt werden. Dies war zum Beispiel die Situation nach dem Waffenstillstand von 1581 oder die der diversen Friedensverträge zwischen der muslimischen und der christlichen Welt in der Frühen Neuzeit (vgl. I.). Insofern lag diesen Friedensabschlüssen die Vorstellung eines permanenten Krieges zugrunde. Es obliegt der rechtmäßigen Obrigkeit, sowohl für die militärische Expansion des Dar al-Islam zu sorgen, als auch Waffenstillstände mit dem Feind zu schließen. Insofern setzt auch im Islam der gerechte Krieg eine legitime Obrigkeit voraus.

Da ein rechtmäßiger Krieg im Islam als Jhihad gelten kann, lässt sich insgesamt festhalten, dass die Idee des kriegerischen Jhihad von denselben Kriterien gekennzeichnet ist wie die Lehre vom *bellum iustum* im Christentum.

Freilich würde eine völlige Parallelisierung darüber hinwegtäuschen, dass der Begriff Jhihad noch wesentlich weiter ist als der des *bellum iustum*. Im Grunde bedeutet das Wort Jhihad ‚Anstrengung', ‚Einsatz' und bezeichnet den bedingungslosen Einsatz für die Sache Gottes. So werden in Koran 9,24 und 9,81 diejenigen getadelt, die sich weigern, ihr Vermögen und ihre Person auf dem Wege Gottes, das heißt um Gottes Willen, einzusetzen. Wie dieser Einsatz aussehen sollte, blieb offen. Im Koran bezieht er sich meist auf den Kampf gegen heidnische Bewohner Mekkas. Später wurden Eroberungskriege (*futûh*) und alljährliche Raub- und Beuteexpeditionen an der Grenze oder Sklavenjagden als Einsatz für die Sache Gottes aufgefasst (Halm 2011, 88f.).

Der Jhihad konnte (musste aber nicht) den bewaffneten Einsatz gegen die Feinde Gottes einschließen. In diesem Sinne diente der kriegerische Jhihad als Beweis des Glaubens. Kriegsgefangene im Rahmen eines Jhihad gegen ‚Ungläubige' (also Nicht-Muslime) durften versklavt werden – während Gefangene in Kriegen zwischen Muslimen, die ja per definitionem keine wirklichen Kriege sind (im Dar al-Islam herrscht eigentlich Frieden), nicht versklavt werden durften. Der Grund dieser Bestimmung liegt darin, dass ein freier Muslim nicht von einem Muslim versklavt werden soll. Aber auch, wenn ein Krieg gegen ‚Ungläubige' geführt wurde, war die Versklavung der Kriegsgefangenen kein zwangsläufiger Vorgang. Stattdessen konnten Gefangene ebenso getötet, ausgetauscht, losgekauft oder laufengelassen werden. All dies entspricht auch den Normen in der christlichen Welt. Auch hier galt nach dem Gewohnheitsrecht, dass Christen keine Christen versklaven sollten. Auch hier durften Gefangene getötet statt versklavt werden. Es herrschten reziproke Rahmenbedingungen für die Beziehungs- und Konfliktgeschichte zwischen den christlichen und muslimischen Staaten in der Frühen Neuzeit. Es ist durchaus möglich, dass diese reziproke Praxis auch auf die jeweiligen Diskurse und Rechtsvorstellungen Einfluss genommen hat.

3.5 Afrika zwischen Annahme des Islam und Sklaverei

Die Regelung, dass die Religion des Herkunftslandes entscheidend war, galt grundsätzlich zwar auch im Hinblick auf afrikanische Sklaven. Doch kam es immer wieder vor, dass Afrikaner versklavt und als Sklaven gehandelt wurden, die aus islamischen Ländern stammten. Theoretisch wurde das Problem gelöst, als man zu Beginn des 17. Jahrhunderts zwischen folgenden Ländern unterschied: Auf der einen Seite standen Länder, die zum Islam gekommen waren, wie Bornu, Kano, Mali, Songhai, Gobir, Katsina und Gao. Gefangene aus diesen Ländern durften nicht versklavt werden. Auf der anderen Seite standen Länder wie Mossi, Gurma, Bobo, Busa, Dogon und Yoruba, die unter der Bedrohung des Jhihad standen. Gefangene aus diesen Ländern durften versklavt werden. Die Zuordnung von Gefangenen war allerdings nicht immer eindeutig, so dass es in der Praxis eine große Grauzone gab. Der Status der Eingeborenen aus anderen angrenzenden Gebieten blieb unklar. Ein weiteres Problem lag in der Frage, wer die Beweislast für die Herkunft erbringen musste. Die Sklavenhändler besaßen einen großen Spielraum, um diese Einschränkungen zu umgehen.

Konversion und Freiheit

Konversion ist ein vielschichtiges Problem. Sie sollte einerseits nicht zwanghaft erfolgen, andererseits gab es neben religiösen auch zahlreiche materielle Interessen, die die Entscheidung zur Konversion beeinflussten. Nehemia Levtzion geht davon aus, dass die Annahme des Islam in afrikanischen Gesellschaften, ausgehend vom Sudan, nur sehr oberflächlich ausfiel. Sie sei einem politischen und merkantilen Opportunismus geschuldet gewesen, so dass eher eine kulturelle Assimilation in Kleidung und Sprache stattfand als ein echtes religiöses Bekenntnis. Die Ausbreitung des Islam sei vor allem eine Folge der weitreichenden Handelsbeziehungen zwischen den afrikanischen Kleinkönigreichen und der arabischen Welt gewesen. Der Sklavenhandel habe in diesem Rahmen seinen Beitrag dazu geleistet. Überspitzt könnte man sagen: Je intensiver der Handel, desto intensiver die Annahme des Islam im Sinne einer Arabisierung.

Konversion machte nicht per se frei, aber sie erhöhte die Aussicht auf Freiheit. Die Eingliederung von Nichtarabern funktionierte in der Regel über Klientelbeziehung, bei der ein muslimischer Herr und ein Konvertit eine dauerhafte Bindung eingingen. Im Arabischen werden beide mit dem Begriff *maula* (Plural *mawali*) bezeichnet. Konversion geschah auf diese Weise an der Hand eines Muslims, der seinen Klienten in die muslimische Gesellschaft einführte. Rechtlich und religiös waren die Konvertiten vollwertige Mitglieder der muslimischen Gesellschaft. Meist waren die zum Islam übergetretenen Mawali nicht-arabische Kriegsgefangene, die nach ihrer Konversion freigelassen wurden. Viele arabische Muslime verachteten die Mawali, da sie ihnen vorwarfen, ihre Freiheit mit der Konversion erkauft zu haben. Diese Verachtung wirkte sich auch auf ihre Nachfahren aus. Der Aufstieg der Mawali ließ sich aber nicht aufhalten. Sowohl in der Verwaltung als auch im Militär wurden sie zunehmend unentbehrlich.

3.6 Rassistische Begründungsversuche

Ein letzter Aspekt im Verhältnis von Islam und Sklaverei ist die Frage nach rassistischen Begründungsversuchen. Dies liegt dem Islam im Grunde so fern wie dem Christentum. Muslime teilten die Menschen in Gläubige und Ungläubige ein, die potentielle Gläubige waren. Sie mögen sich gegenüber ihren europäischen Nachbarn im Norden überlegen gefühlt haben, waren aber weitgehend frei von Vorurteilen in Bezug auf die Hautfarbe ihrer südlichen dunkleren Nachbarn. Nach der Ideologie des Jhihad sollten nur ‚Ungläubige' versklavt werden. Es ist also keine Frage der Hautfarbe, ob Menschen versklavt werden können. Vom Propheten Muhammad sind Sätze überliefert wie: „Weder hat Weiß einen Vorrang über Schwarz, noch Schwarz über Weiß, außer durch Frömmigkeit (zitiert nach Hunswick 2003, 2)." War die islamische Welt also völlig frei von rassistischen Vorurteilen?

Wie in die christliche Welt sickerten auch in die muslimische rassistische Wahrnehmungsmuster und Vorurteile ein. Als die Araber im 7./8. Jahrhundert den Islam in ihren Eroberungskriegen verbreiteten, wurden die eroberten Menschen als Klienten adoptiert und in einen arabischen Stamm integriert. Diese Klienten waren die erwähnten Mawali. Diese nahmen arabische Bräuche, die arabische Kultur und Sprache an. Im Grunde waren alle Gläubigen gleich. Aber in der Praxis wurden Mawali oft verachtet. Dieses Problem betraf auch viele schwarze Afrikaner, die im Zuge der islamischen Expansion in Nord- und Ostafrika zu Mawali geworden waren oder von diesen abstammten. Die muslimischen Eroberer und Sklavenbesitzer formten zudem eine herrschende Gruppe in der islamischen Gesellschaft, die der Integration der Mawali Grenzen setzte. Hier spielten unter anderem Vorstellungen aus der populären Literatur eine Rolle, wonach der Schwarze mit feindlichen Stereotypen belegt wurde: als Dämon in Märchen, als Wilder in Reiseberichten oder Abenteuergeschichten, oder einfach als fauler, dummer, teuflisch riechender und wollüstiger Sklave. Dieser Befund aus der Literatur wird durch die Kunst unterstützt. So taucht der Schwarze in der arabischen, persischen und türkischen Malerei häufig als mythologische Figur des Bösen auf, manchmal als Primitiver oder als Eunuch in einem Haushalt. Niemals wird ihm ein bedeutender Beitrag für die islamische Kultur zugeschrieben (vgl. Lewis 1990). Woher kamen diese Abwertungen?

Schon vor dem Auftreten des Islam lebten viele Schwarze in der arabischen Gesellschaft, die meisten wohl als Sklaven. Manche afrikanische Frau bekam Kinder von arabischen Vätern. Diese Kinder wurden zwar arabisiert, doch viele hatten den Eindruck, ihre Hautfarbe stünde ihnen im Weg. So kam es, dass viele von ihnen selbst zu Künstlern wurden und ihre schwarze Hautfarbe in Gedichten thematisierten. Bei Hunswick finden sich eine Reihe von Beispielen solcher schwarzer Dichter vor dem Islam, die ihre Nachteile kompensierend mit Stolz über ihre Hautfarbe schrieben und die Geschichte der schwarzen Menschen in ein glanzvolles Licht rücken wollten.

Als sich dann der Islam in Afrika ausbreitete, bezeichneten die Araber die Einwohner des Sudan als ‚Schwarze'. Im 8. Jahrhundert wurde zudem die Legende von der Verfluchung Hams von mehreren muslimischen Schriftstellern verwendet, um zu zeigen, dass die Schwarzen (*al-sudan*) die Nachkommen Hams seien und dass diese mit Ham dazu bestimmt seien, den Brüdern Hams (Shem und Japhet) und ihren Nachkommen (Arabern, Europäern und Zentralasiaten) zu dienen. Sie beriefen sich dabei auf das Buch Genesis, obwohl hier eigentlich nicht gesagt wird, dass Ham schwarz wurde. Aber im Denken der Araber wurden Schwarz und Sklaverei zunehmend enger miteinander assoziiert.

Ibn Khaldun, Theorie der sieben Klimazonen

Im 14. Jahrhundert kritisierte der Historiker Ibn Khaldun, dass die Hautfarbe der Schwarzen mit der Geschichte der Verfluchung Hams begründet wurde. Stattdessen brachte er eine ‚wissenschaftliche' Theorie der sieben Klimazonen ins Spiel. In der Mitte stand die Zone vier mit dem moderatesten Klima, dies war die Mittelmeerzone. Sowohl nach Norden als auch nach Süden hin gab es drei weitere Klimazonen. Auf den Einfluss des immer extremer werdenden Klimas seien die Hautfarben der Bewohner zurückzuführen. Die Europäer im Norden seien ‚ungebacken' oder ‚halb gebacken'. Die Afrikaner im Süden seien hingegen ‚verbrannt'. So entstand eine Lehre über Hautfarben, in die der syrische Schriftsteller und Geograph Al-Dimashqi noch im selben Jahrhundert bestehende Vorurteile einflocht. So würde sich mit der Hitze auch ein ‚animalischer Geist' ausdehnen. Insgesamt zeigt dies, dass manche Araber extrem helle oder dunkle Hautfarben als Abweichung von der Norm begriffen und dies auf Klimazonen zurückführten. Ibn Khaldun hatte allerdings zwei Probleme bei dieser Theorie: Erstens wusste er aus persönlicher Erfahrung und historischen Nachforschungen, dass seine Theorie eines Barbarismus der Schwarzen dem nicht standhielt. So besaß er viele Informationen über das Königreich Mali. Auf seiner Pilgerreise Anfang des 14. Jahrhunderts hatte er Männer getroffen, die im engen Kontakt mit dem Herrscher von Mali, Mansa Musa, standen. Und was er von diesem Land erfuhr, passte nicht zum Bild von Barbarei. Zweitens lag die arabische Halbinsel, die Heimat der Araber, teilweise in Zone 1 und teilweise in Zone 2. Deshalb blieb ihm nichts anderes übrig, als die Klimatheorie zu modifizieren.

So stellte er fest, dass die arabische Halbinsel von drei Seiten mit Wasser umgeben ist. Dieser Umstand reduziere die Trockenheit der Luft und wirke sich vorteilhaft auf die Menschen aus, die sonst unter der trockenen Hitze leiden würden. Doch auch dem ersten Einwand war zu begegnen. Er musste erklären, warum auch die Leute der Sahel-Zone in Westafrika (von ihnen allein hatte er Kenntnis) zivilisierte Menschen waren. Dies tat er, indem er die Religion ins Spiel brachte. So konnten die Schwarzen der Barbarei entkommen, wenn sie den Islam, das Christentum oder das Judentum als Religion annahmen. Als Beispiel werden die Äthiopier und Europäer genannt, die Christen waren, oder Menschen aus Mali, Senegal und der Mittleren Niger-Zone, die Muslime geworden waren. Glaube wird so letztlich zum Berührungspunkt mit zivilisierter Humanität. Er kann sogar die Barbarei überwinden. Ein Glaubensbruder sollte dementsprechend nicht mehr als minderwertig betrachtet werden. Eine besondere Wahrnehmung galt den Äthiopiern, die in der Mehrzahl keine Muslime waren. In der zeitgenössischen Literatur wird auch von Sudan (also vom schwarzen Afrika) gesprochen, in der Regel aber das Gebiet des heutigen Äthiopiens gemeint. Ein anderer Ausdruck ist Abessinien. Der Grund für seine Wertschätzung war, dass Äthiopien ein Zufluchtsland für Muslime gewesen war, als sie zur Zeit des Propheten verfolgt wurden. Auch hatte der König von Äthiopien damals den Islam angenommen. Der Prophet Muhammad pries ihn.

Im islamischen Mittelalter zeigten viele Schriftsteller eine Sensibilität im Hinblick auf die Hautfarben. Neben Autoren, die negative Stereotype über Schwarze verbreiteten, gab es auch Autoren, die die Überlegenheit der Schwarzen über die Weißen herausstellten (z. B. al-Jahiz im 9. Jh. oder Ibn al-Jawzi im 12. Jh.). Dabei fällt auf, dass die Meinung über schwarze Frauen tendenziell höher ist als die über schwarze Männer. Das hing wohl damit zusammen, dass mehr schwarze Sklavinnen von der Sahara in den Norden gebracht und dort zu Konkubinen arabischer Männer wurden. Sultan Ahmad al-Mansur von Marokko (Herrscher 1578–1608) war sogar der Sohn einer solchen schwarzen Konkubine. Solche Fälle dürfen aber nicht darüber hinwegtäuschen, dass Schwarze in Marokko meistens als Sklaven betrachtet wurden. Sultan Ahmad al-Mansur selbst schuf sich eine schwarze Sklavenarmee, nachdem er Songhai erobert hatte. Dies war kein Einzelfall. Viele Tausende Schwarze wurden von Marokko aus gejagt oder gefangen und als Soldaten für Herrscher ausgebildet. Anschließend wurden schwarze Frauen importiert und Ehen zwischen ihnen und diesen Soldaten arrangiert, um eine bleibende schwarze Armee aus Sklaven zu schaffen. Herrscher wie Mulay Ismael waren davon überzeugt, dass schwarze Afrikaner grundsätzlich nicht frei sein konnten. Er nahm auch keine Rücksicht darauf, ob die Schwarzen Muslime waren oder nicht. Die Ansicht, dass schwarze Hautfarbe eine Person als Sklave kennzeichnet, ist in Marokko bis ins 19. Jahrhundert anzutreffen. Es gab also verschiedene Wahrnehmungen der Schwarzen durch die Araber im Laufe der Jahrhunderte. Bei manchen Gelehrten kam es auch vor, dass die äußere Erscheinung der Afrikaner zu Vorstellungen von natürlicher Minderwertigkeit und Sklaverei führte, wie dies auch in Europa und Amerika geschah.

4. Die Verfluchung Hams in interreligiöser Perspektive

Die Hebräische Bibel ist sowohl für Juden als auch für Christen (Altes oder Erstes Testament) und Muslime bedeutsam. In allen drei Religionen wurde die Hebräische Bibel immer wieder ausgelegt. In diesem Zusammenhang ist es bemerkenswert, dass es einige gemeinsame Auslegungstraditionen gab. Gerade die Geschichte der Verfluchung Hams als Legitimation für die ewige Knechtschaft der Schwarzen findet sich in allen drei Auslegungstraditionen – wenngleich auch jeweils nicht als einzige Lesart. Wie kam es aber, dass gerade diese Lesart, die den Text eindeutig sehr eigenwillig interpretiert, sich in allen drei Religionen finden lässt? Eine Möglichkeit der Erklärung wäre eine Rezeptionsgeschichte, wonach die einen die Exegese der anderen übernommen hätten – ohne dass von vornherein klar wäre, wo diese Interpretation zuerst vorgenommen wurde. Eine transkulturelle Geschichte des Austauschs verschiedener Exegesetraditionen wäre möglich, die zu einem gemeinsamen Pool an Ideen und Vorstellungen führte. Statt einer linearen Rezeptionskette wären also auch interaktive Auslegungsstränge denkbar. Im Fall der Verfluchung Hams lässt sich zeigen, dass die Vorstellung des schwarzen Sklaven nicht aus dem Text selbst zu entnehmen ist, sondern sekundär in den Text eingetragen wurde. Das bedeutet, dass die Vorstellung vom Schwarzen als ‚geborenem Sklaven‘ jene Exegese begünstigte. Dementsprechend ist danach zu fragen, wann und unter welchen Umständen nicht-schwarze Juden, Christen oder Muslime auf Schwarze als Sklaven blickten und wie diese Perspektive dann jeweils in die biblische Exegese einfloss. Nicht die ursprüngliche Bibelexegese brachte diese Idee hervor, sondern diese Vorstellung erzeugte umgekehrt die eigenwillige Exegesetradition. Das wiederum bedeutet, in allen drei Religionen gab es den Versuch, diese rassistische Praxis zu legitimieren – mehr oder weniger verbreitet.

Betrachten wir also zunächst die Praxis. Schon in der Spätantike gab es einen Handel mit Sklaven mit Arabien und dem Nahen Osten. Darunter waren auch schwarze Sklaven. Das war das Schicksal vieler nichteinheimischer Völker. So kam es außerdem zu einer Assoziation von Schwarzen mit Sklaven. Indem diese Assoziation im Nahen Osten zunahm, änderte sich auch die Interpretation von Noahs Verfluchung zur Sklaverei. Der zweite Faktor war die Etymologie des Wortes ‚Ham‘, das von ‚dunkel‘, ‚braun‘, ‚schwarz‘ abgeleitet wurde. Diese Einflüsse lassen sich nach Goldenberg für die jüdische Exegese bereits in den ersten Jahrhunderten zeigen. Der zweite exegetische Wandel führte die schwarze Hautfarbe in die Geschichte ein. Dies lässt sich erstmals im 4. Jahrhundert in der Schrift ‚Schatzhöhle‘ des syrischen Christen Ephraem sehen, da hier Kanaan als Vorfahre der schwarzen Menschen interpretiert wurde. Als die Muslime im 7. Jahrhundert Nordafrika eroberten, nahm diese Verbindung von schwarzer Hautfarbe und Sklaverei noch zu. Nun zeigt sie sich auch in islamischen Texten. Von nun an findet sich die Auslegung der Verfluchung Hams in allen drei Religionen im Nahen Osten. Sie wird nach und nach populärer, da immer mehr Schwarze versklavt werden – eine Entwicklung, die lange vor dem transatlantischen Sklavenhandel einsetzte. Im Zuge dieses Sklavenhandels vor allem entlang der ostafrikanischen Küste wurde die Hautfarbe sprachlich auch als ethnischer Marker verwendet, um sich von den ‚anderen' abzugrenzen. Diese ethnische Unterscheidung bedeutet jedoch nicht, dass die Schwarzen als Untermenschen gesehen worden wären. Sie gehörten lediglich zu den dunkelhäutigen Menschen. So wird *kushi* in der rabbinischen Literatur als Begriff für die Hautfarbe ohne ethnische Implikationen verwendet. Schwarze Afrikaner konnten damit ebenso gemeint sein wie andere. Der schwarze Afrikaner war lediglich der dunkelste in einer Bandbreite an dunkelhäutigen Menschen (vgl. Goldenberg 2003, 197f.).

In der christlichen Exegese von Gen 9 spielte im 16. Jahrhundert das Motiv einer Verfluchung Hams keine Rolle. Die meisten hebräischen Bibeln dieser Zeit waren abhängig von der 2. Auflage der rabbinischen Bibel aus dem Jahr 1525, die Daniel Bomberg in Venedig veröffentlicht hatte. Im hebräischen Text ist nicht von Knecht, sondern von Sklave die Rede. Im lateinischen Westen war die Vulgata die am weitesten verbreitete Bibelfassung. Danach hieß es in Gen 9,25: „Maledictus Chanaan, servus servorum erit fratribus suis." So findet sich die Textstelle auch etwa in der Gutenbergbibel von 1452/53 und im Textus Biblia von 1488. Ohne hier auf die einzelnen Übersetzungen in die Landessprachen einzugehen, bleibt festzuhalten, dass stets Kanaan und nicht Ham verflucht wurde.

Dennoch wurde im Laufe des Rezeptionsprozesses in der Frühen Neuzeit Kanaan immer stärker aus dem Text eliminiert. Dieser Mythos der Verfluchung Hams wurde exegetisch dann im 18. Jahrhundert auch auf der Textbasis legitimiert, als Thomas Newton (1704–1782), Bischof von Bristol, 1754 den ersten Band seiner *Dissertations on the Prophecies* herausgab. Er verglich alte Textvorlagen und argumentierte - heute nicht mehr überzeugend – dafür, Gen 9 so zu lesen, dass Noah direkt Ham und seine Nachfahren zur Sklaverei verfluchte. Dies käme dem ursprünglichsten Text am nächsten.

Für das Nachzeichnen einer Rezeptionsgeschichte reicht der Bibeltext allein nicht aus. Auch andere Texte müssen in Betracht gezogen werden, um Aussagen über Reichweite und Wirkung einer Auslegung treffen zu können. Theologische Traktate, Predigten, Lexika, historische Darstellungen oder auch Kunstwerke trugen auf ihre Weise zur Rezeption bei. Dabei ist methodisch grundsätzlich zwischen der Intention eines Kommentators und der Wirkung eines Kommentars zu unterscheiden. Zudem ist Rezeptionsgeschichte keine lineare Entwicklungsgeschichte, sondern beinhaltet unterschiedliche Auslegungen, die auch gegenläufig sein können.

Dies zeigt sich beispielsweise bei der Rezeption von Gen 9, denn die Verbindung von Ham und Sklaverei war keineswegs einheitlich. Als gegenläufige Auslegungslinie ist anzuführen, dass einige königliche Genealogien im

16. Jahrhundert Ham als Vorfahren im Stammbaum führten. Ham war also nicht nur Sklave, sondern auch König.

Auch in biblischen Kommentaren des 17. Jahrhunderts war die Verbindung von Afrika, Hams Verfluchung und Sklaverei noch relativ selten. Wegweisend für diese Verbindung wurde die Abhandlung von George Best (1555–1584) über Martin Frobishers Reisen nach Nordamerika im Jahr 1578. Für seine positive Beschreibung der Eskimos dienten die Afrikaner als dunkle Negativfolie. Best schrieb als Werber für Entdeckungsreisen im elisabethanischen England gegen die Ängste von der Art an, man könne im heißen Klima eine schwarze Haut bekommen. Dass die Afrikaner schwarz seien, komme nicht vom Klima, sondern vom Fluch Noahs. Vom verfluchten Ham zu den schwarzen afrikanischen Sklaven war es nur ein kleiner Schritt, doch erst im 18. Jahrhundert war die Fluchmatrix fertig. Im 19. Jahrhundert funktionierte die Geschichte Hams als Mythos in den Südstaaten vor dem Bürgerkrieg. Sie rahmte das Ethos eines Lebens auf der Plantage mit einer heiligen Geschichte ein.

Kulturgeschichtlicher Einfluss auf die Exegese

IV. Ausblick: Die Kriminalisierung der Sklaverei
1. Der Niedergang der europäischen Galeerenflotten

Während das 17. Jahrhundert eine Hochphase der Korsarentätigkeiten darstellte, gingen diese im 18. Jahrhundert allmählich zurück. Der spanische Erbfolgekrieg (1700–1714) veränderte die alte Rivalität zwischen Spanien und Frankreich, in deren Zuge auch die Galeerenflotten jeweils auf 30 bis 40 Galeeren hochgerüstet worden waren. Der Tod des kinderlosen spanischen Habsburgers, König Karl II. von Spanien, löste einen Krieg um die Nachfolge aus, an dessen Ende ein Bourbone den Thron Spaniens bestieg. Dieser Krieg hatte die französischen Staatsfinanzen stark belastet, was den Unterhalt der Galeeren erschwerte. Zudem erschienen diese nun nicht mehr notwendig. Nach 1711 lief kaum noch eine französische Galeere aus. Dass das Korps der Galeeren noch über den Tod Ludwigs XIV. (1715) hinaus bestand, lag vor allem an der Ernennung von Jean-Philippe von Orléans, einem unehelichen Sohn des Königs, zum General der Galeeren. Als dieser jedoch 1748 starb, wurde das Korps der Galeeren innerhalb von drei Monaten völlig aufgelöst und mit der königlichen Marine vereint (Zysberg 1987, 322–346). Die letzten elf Galeeren wurden von Marseille nach Toulon gebracht und waren bereits 1762 nicht mehr seetüchtig. Sie dienten vor allem als schwimmende Gefängnisse (Bagnos) und wurden zunehmend durch ausrangierte Segelschiffe ersetzt. Die Strafanstalt Galeere verschwand also nicht ganz, sondern lebte als Bagno (frz. *bagne*) für Strafgefangene fort. So wurden nun auch in den Häfen von Brest (1752–1858) und Rochefort (1767–1852) Bagnes für Strafgefangene errichtet. Das Bagne von Toulon wurde erst 1873 geschlossen, obwohl 19 Jahre vorher ein Gesetz erlassen worden war, alle Forçats in die Kolonien auszuweisen. In Übersee lebte das Bagne als Strafanstalt mit schwerer Zwangsarbeit bis in die 1940er Jahre weiter. Das letzte Bagne in Französisch-Guyana wurde erst 1946 geschlossen (Bertonèche 2000; Cornuel 2003).

18. Jh.: Dezimierung der Galeerenflotten; Fortbestehen der Bagnos

Bis zur Mitte des 18. Jahrhunderts setzte also ein starker Rückgang der Galeerenflotten ein. Zu einer weitgehenden Abschaffung der Sklaverei kam es unter der Herrschaft von Franz I. (ehemaliger Herzog von Lothringen und Gemahl der habsburgerischen Kaiserin Maria Theresia) mit der Auflösung der Flotte der Stefansritter 1750 (vgl. II.1.1.2). Dem war ein Friedensschluss mit dem Osmanischen Reich vorausgegangen. Nur noch wenige Sklaven blieben in der zweiten Hälfte des 18. Jahrhunderts in der Toskana übrig. Was waren die Hintergründe dieser Abschaffung?

Als Franz I. 1765 starb, folgte ihm auf dem Thron des Großherzogtums sein Sohn, der spätere römisch-deutsche Kaiser Leopold II., der als toskanischer Großherzog (1765–1790) den Namen Peter Leopold führte. Dieser residierte dauerhaft in der Toskana und führte im Sinne seines Bruders (Kaiser Joseph II.) eine Reihe von Reformen durch. In diesem Kontext wurde auch wieder neu über die Einstellung zur Sklaverei und die Frage nachge-

Reformen Leopolds II.

dacht, ob der Krieg mit den Barbareskenstaaten gerecht sei. Der Kanzler Francesco Pierallini verfasste dazu 1767 die kurze Schrift *Sentimento sopra la questione se uno schiavo possa nel tempo della schiavitù rubare legittimamente al suo nemico vincitore* (ediert bei Piazza 1983, 193–198). Darin wird von einem gewissen Pietro aus Korsika berichtet, der in seiner Zeit als Sklave in Tunis vom Schatz des Dey die Summe von 6000 Zechinen geraubt hat, um mit einem Teil dieser Summe seinen Loskauf zu erreichen. Dies gelang ihm tatsächlich, so dass er nach Korsika zurückkehrte. Der Dey von Tunis forderte nun die Summe des Raubs zurück. Dieser Fall war Anlass zur Frage, ob der Sklave gegenüber dem siegreichen Feind, dem er in die Hände gefallen war, das Recht hatte, mit allen Mitteln seine Flucht zu versuchen, auch wenn er damit das Eigentum oder sogar das Leben des Siegers antastete.

Francesco Pierallini   Zur Beantwortung dieser Frage wurden nun folgende Argumente vorgetragen: Der Krieg der Barbareskenstaaten gegen christliche Länder sei mit Sicherheit kein gerechter Krieg, sondern eine wahre Tyrannei. Man könne auch nicht sagen, ihr Krieg sei als Rache für die schrecklichen Kreuzzüge gegen die Christen zu verstehen, weil diese im 11. Jahrhundert begonnen hatten und der Krieg der Barbareskenstaaten bereits vorher angefangen habe, und zwar gleich mit dem Gesetzgeber (,Maometto') Muhammad zu Beginn des 7. Jahrhunderts. Folglich führten die Muslime bereits seitdem Krieg gegen die katholischen Mächte sowie gegen die einfachen Christen. Das Wesen ihrer Religion liege darin, alle anderen Religionen mit Waffengewalt zu zwingen, den Islam anzunehmen, oder darin, im Geist der Welteroberung ohne Sinn und Ziel, mit Feuer und Schwert, das ganze Menschengeschlecht zu erobern, das nicht türkischer Abstammung (,razza') sei. Dies sei natürlich schwer zu verurteilen. Wenn jeder Fürst, jede Nation solche Eroberungskriege führen würde, käme es zur totalen Ausrottung des Menschengeschlechts. Vor diesem Hintergrund habe der Korse Pietro das Recht gehabt, seinen Raub zu begehen. Falls umgekehrt ein türkischer Sklave in Korsika so etwas gemacht hätte wie Pietro, dann bräuchte man nicht glauben, dass der Tunesier auch nur einen kleinen Teil der Summe zurückerstattet hätte. Und deshalb müsse man dem Tunesier auch nichts geben – nach der Regel des Tallion (Auge um Auge, Zahn um Zahn).

Die Argumentation blieb also in den klassischen Bahnen. Ob Versklavung als legitim galt, entschied sich an der Frage, ob der Krieg legitim, das heißt ,gerecht' war (vgl. III.2.2). Eine grundsätzliche Kritik an der Institution der Sklaverei wurde nicht laut. Insofern hatte man es in der Toskana auch weniger mit einer gesetzlichen Abschaffung von Sklaverei zu tun, sondern vielmehr mit wirtschaftlichen Reformmaßnahmen, die vor dem aktuellen politischen Hintergrund verantwortet werden mussten.

Dieser politische Hintergrund bestand aus dem komplexen Verhältnis zwischen der Toskana und den nordafrikanischen Barbareskenstaaten. Das Bündnis zwischen den Habsburgern und dem Osmanischen Reich, das 1747 geschlossen wurde, bestimmte seit 1752 die erste Periode der politischen Aktivitäten Pierallinis in der Verwaltung der Stadt und des Hafens Livorno. In den Beziehungen mit der Levante und mit Afrika war die Toskana sowohl von ökonomischen Bedürfnissen wie von der internationalen

Politik geleitet. Mit dem Untergang der Medici waren die wirtschaftlichen Verhältnisse der Toskana prekär geworden. Deshalb wurde große Sorgfalt auf den Aufbau einer Handelsflotte verwendet. Besonderes Augenmerk galt dem freien Hafen und der Stadt Livorno, die um 1750 45 000 Einwohner zählte, circa ein Zwanzigstel des Großherzogtums. Der Reichtum dieser Stadt beruhte vor allem auf der Freiheit, der Immunität und den Privilegien der Kaufleute verbunden mit politischer Neutralität. Pierallini war um 1758 mit Reflexionen über die Bedürfnisse der Geschäftsbesitzer beschäftigt. Dabei benannte er die Probleme Livornos – denn der Wohlstand dieser Stadt war die Basis für eine glückliche Toskana: Das Königreich Neapel hingegen brachte erstens seine Waren direkt in die nördlichen Länder, ohne von Livorno abzuhängen, und zweitens wurden die neuen freien Häfen Civitavecchia, Ancona und Nizza durch mehr Freiheiten attraktiver. Deshalb solle man, so der Vorschlag Pierallinis, zu den guten alten Zeiten zurückkehren und die Handelsfreiheiten der Kaufleute stärken.

Die Friedensvereinbarungen mit der Hohen Pforte und dem Magreb (1747–1749) waren nur ein Aspekt der Annäherungen der Toskana an die österreichische Kanzlei. Ein anderer war die Reform der Stefansflotte beziehungsweise die Neutralität der Küstenregion. Nachdem Livorno das Verkehrsmonopol durch die komplexen kaiserlichen Angelegenheiten verloren hatte, musste es versuchen, seine Wirtschaft in das neue Verkehrssystem zu integrieren und als Konsequenz auch in den Frieden einstimmen. Als Erbe des Hauses Lothringen trat die Toskana in den habsburgischen Commonwealth ein. Nach der Befreiung von Ungarn und Kroatien, Banat, Nordserbien und der Kleinen Walachei mit dem Vertrag von Karlowitz (1699) und Passarowitz (1718) konnte das Habsburgerreich seine Vorherrschaft über den Balkan behaupten. So streifte es die Verpflichtung in der Folge von der Schlacht von Lepanto (1571) ab, gegen die Türken bis zur Wiedereroberung Konstantinopels zu kämpfen. Stattdessen wurde das Osmanische Reich nun ein privilegierter Gesprächspartner für Österreich, wie einst für Venedig.

Im Kontext dieser Orientpolitik Österreichs kamen auch die Handels- und Schifffahrtsvereinbarungen mit den Barbareskenstaaten zustande. Diese schlugen sich zuerst in der Folge des Friedens von Passarowitz 1718 nieder. Zwischen 1725 und 1727 wurden dann über die Vermittlung der Hohen Pforte Konventionen mit den Regentschaften in Tunis, Tripolis und Algier abgeschlossen. Diese wollten damit ebenfalls ihre Position in der internationalen Gemeinschaft stärken. Es brachte ihnen aber auch so viele wirtschaftliche Vorteile, dass diese langsam den Verzicht auf die Korsarentätigkeit, die defizitären Strukturen der Agrarwirtschaft und den Wegfall des Lösegelds der Sklaven kompensieren konnten.

Die Freundschaftspolitik gegenüber den Türken überwog die Feindschaft des Krieges von 1737 – und den Verlust der Provinzen Serbien und Rumänien. Mit dem Frieden von Belgrad (1739) trat das Osmanische Reich in das System der europäischen Staaten ein. Das Jahr 1747 bezeichnet für das Osmanische Reich den Anfang einer langen Friedenszeit, die 1768 mit dem europäischen Konflikt über Polen allerdings wieder zu Ende ging.

Vorschub leisteten dem Rückgang der Sklaverei in Europa einerseits die politische Großwetterlage, die das Osmanische Reich in das europäische

Ende der
Türkenkriege

Staatenbündnis integrierte, sowie andererseits die wirtschaftlichen Entwicklungen. Völlig zu Ende ging die Kapertätigkeit im Mittelmeer allerdings nicht. Im August 1772 erbeutete zum Beispiel eine toskanische Kriegsflotte auf einer Kaperfahrt im Mittelmeer ein tunesisches Schiff, das unter dem Kommando des griechischen Renegaten Ibrahim Rodopolis stand. Das gekaperte Schiff wurde nach Livorno gebracht, die Mannschaft in das Lazarett des San Rocco eingesperrt. Die Gefangenen wurden der *Fabricca del Lazzaretto Nuovo* zugeteilt, aber die Leute protestierten und verweigerten die Zwangsarbeit. Die Nachricht dieses Protestes erreichte Tunis und Florenz. Im Februar 1773 informierte das Kriegssekretariat die Regierung in Livorno darüber. Darin wird empfohlen, diese türkischen Sklaven nach dem Kriegsrecht zu bestrafen. Dies verdeutlicht, dass man die Sklaven weiterhin als Kriegsgefangene einstufte.

Eine Unterscheidung zwischen Kriegsgefangenen und Strafgefangenen wurde in Livorno nun unter anderem dadurch vorgenommen, dass man den muslimischen Sklaven das Fußeisen wegnahm – im Unterschied zu den Strafgefangen. Diese Bestimmung ging auf ein Motuproprio des Großherzogs vom 10. April 1773 zurück. Diese Regelung galt bis zur französischen Revolution und auch noch danach.

Motuproprio des Großherzogs vom 10. April 1773 über türkische Sklaven und Strafgefangene
ASL, Governo civile 13, c. 230 r-v, zitiert nach Piazza, 99, Übersetzung Priesching.

1. dass die türkischen Sklaven ohne Eisen im Bagno gehalten werden, 2. dass sie im Bagno und außerhalb ein Gewand tragen von anderer Farbe als die Strafgefangenen, 3. (…), 4. dass der Lohn, den sie im Zuge ihrer Mühsal bekommen, sich immer um zwei Quattrini [Münzen] höher ausfällt als bei den Strafgefangenen (…), 5. dass im Bagno der Alten Festung von Livorno für kranke Sklaven ein eigener Raum bestimmt wird im Hospital der Strafgefangenen (…)

Auch auf muslimischer Seite wurde die Korsarentätigkeit bis ins 19. Jahrhundert hinein fortgesetzt. In der Zeit zwischen der Französischen Revolution von 1789 und dem Ende der Herrschaft Napoleons 1815 konnten die Barbareskenkorsaren ihre Aktivitäten sogar wieder ausweiten, was wiederum zu einer verstärkten christlichen Präsenz von Korsaren im Mittelmeer führte (Bono 2009, 99f).

Französische Revolution   Am Ende dieser Epoche hielt die Französische Revolution die Welt in Atem. In Genua wurde die Galeerensklaverei in diesem Kontext 1797 abgeschafft. Mit der Ägyptenexpedition Napoleons 1798 fiel Malta in französische Hände, was zur Befreiung der dortigen Sklaven führte.

Nach 1815 übernahmen vor allem englische und amerikanische Schiffe die Verteidigung der Küsten vor den Korsaren der Barbareskenstaaten. Es folgten separate Friedensschlüsse und Freilassungen christlicher Sklaven. Der Kirchenstaat schloss erst 1826 mit den Regentschaften von Tripolis und Tunis Frieden, während er mit Algier Beziehungen einleitete, die jedoch immer wieder von Piratenüberfällen belastet wurden. Als Frankreich 1830 Algier angriff, sagte der Kirchenstaat seine Unterstützung zu. Die Eroberung

Algiers sollte das Ende des Korsarenkrieges bringen. In der Pariser „Erklärung betreffend das europäische Seerecht in Kriegszeiten" aus dem Jahr 1856 heißt es im ersten Punkt: „Die Kaperei ist und bleibt abgeschafft." War bis dahin die Beute des durch Kaperbrief autorisierten Korsaren legitim (im Unterschied zu der des Piraten), so wurde mit dieser Erklärung der damit unter anderem möglichen Erbeutung von Menschen juristisch der Boden entzogen.

2. Die Abolitionsbewegung

Sklaverei ist ein globalgeschichtliches Phänomen. Sie war bis in die Frühe Neuzeit hinein eine grundsätzlich unangefochtene Institution trotz einzelner kritischer Stimmen, die ihre Geschichte stets begleiteten. Es waren zunächst Außenseiter, in den Augen der Großkirchen Häretiker, die das Potential der christlichen Botschaft für eine Abschaffung der Sklaverei auf die politische Agenda setzten: die Quäker. So prangerte George Fox in seinem berühmten Brief von 1657 die Sklaverei an. Aber auch die Geschichte der Quäker besteht nicht nur aus dem Kampf gegen die Sklaverei. Nachdem sich die ‚Gesellschaft der Freunde' in Amerika niedergelassen hatte und dort nicht länger verfolgt wurde, ging ihr leidenschaftliches Engagement in weiten Teilen wieder zurück. Die meisten von ihnen besaßen bald selbst Sklaven (darunter William Penn) und handelten mit ihnen. Auf der anderen Seite gab es weiterhin einzelne Abolitionisten unter den Quäkern (wie George Keith, John Hepburn und Benjamin Lay). Eine deutsche Gruppe unterzeichnete 1688 eine Petition gegen Sklaverei und verurteilte darin den Sklavenhandel als Sünde. Aber solche Proteste blieben meist ohne Gehör. Innerhalb der Quäker gab es also in der Sklavenfrage durchaus Spannungen.

Die Quäker

Gern überschätzt wird der Beitrag der Aufklärung zur Abschaffung der Sklaverei. Mit Robin Blackburn ist festzuhalten: „Die Aufklärung war nicht so feindlich gegenüber der Sklaverei wie mal gedacht (…). Als dann religiöse Begründungen die Sklaverei aushöhlten und absurd erscheinen ließen, wurde die Pseudowissenschaft rassistischer Anthropologie befestigt (…). Selbst so ausgezeichnete Intellektuelle wie David Hume, Immanuel Kant und Georg Hegel benutzten gelegentlich rassistische Klischees zur Abwertung der Afrikaner" (Blackburn 1998, 590). Der berühmte französische Philosoph und Staatstheoretiker der Aufklärung, Graf Montesquieu, diskutierte zum Beispiel in seinem Werk *Vom Geist der Gesetze* die These, dass Sklaverei gegen die Natur verstoße, da alle Menschen von Natur aus gleich seien. Allerdings nahm er von diesem Grundsatz der Aufklärung die Schwarzen aus.

Aufklärung

Charles Montesquieu (1689–1755) über das Recht der Europäer zur Versklavung der Schwarzen
Aus: Montesquieu, Vom Geist der Gesetze XV,7, 336.

Q

> Wenn ich unser Recht zur Versklavung der Neger zu begründen hätte, dann wür-
> de ich folgendes sagen: (…) Der Zucker würde zu teuer sein, wenn man die Pflan-
> zungen, die ihn erzeugen, nicht von Sklaven bearbeiten ließe. Die Menschen, um
> die es sich dabei handelt, sind schwarz vom Kopf bis zu den Füßen und haben
> eine so platte Nase, dass es fast unmöglich ist, sie zu beklagen. Man kann sich
> nicht vorstellen, dass Gott, der doch ein allweises Wesen ist, eine Seele, und gar
> noch eine gute Seele, in einen ganz schwarzen Körper gelegt habe. Es ist so natür-
> lich zu glauben, dass gerade die Farbe das Wesen der Menschheit ausmache.

Auf der anderen Seite lehrte zum Beispiel Rousseau, dass alle Menschen
gleich und frei geboren seien und dies auch absolut unveräußerlich sei. Der
Begriff Sklaverei erschien in der französischen Aufklärung als Metapher für
Unterdrückung und Knechtschaft schlechthin. Sie knüpfte hier also auch
am metaphorischen Gebrauch der Theologen an. Mit diesem Schlagwort
wurden zunächst europäische Formen illegitimer Herrschaft und persönlicher Unfreiheit bekämpft, bevor in den 1770er Jahren auch die Lebensum-
stände der Schwarzen in den Kolonien in das Blickfeld des europäischen
Publikums gerieten (Stollberg-Rilinger 2006, 273)

Die Entwicklung der Sklavenbefreiung für Europa, Amerika und die Karibik lässt sich mit Meissner, Mücke und Weber (2008) idealtypisch in einem
Fünfphasenmodell zusammenfassen:

1. Die Inkubationsphase: Seit dem ausgehenden 17. Jahrhundert nahm die
   Kritik an der Sklaverei quantitativ und qualitativ deutlich zu. Allerdings
   konnte der Pro-Sklaverei-Konsens in dieser Phase noch nicht nachhaltig
   und auf breiter Front in Frage gestellt werden.
2. Die Aufbruchsphase: Nun erfasste die Kritik an der Sklaverei immer größere Teile der Bevölkerung. Sie wurde zum ersten Mal handlungsleitend, indem einige Sklavenhalter ihre Sklaven entließen, manche Gerichte zugunsten von Sklaven entschieden, Teile der Öffentlichkeit politische Maßnahmen gegen Sklaverei und Sklavenhandel forderten oder Unterstüt-
   zungsorganisationen gründeten. Damit sollte einzelnen Sklaven geholfen
   werden.
3. Die Umbruchphase: In dieser Phase wurde das Abolitionsparadigma von
   einer Minderheitenmeinung zu einer vorherrschenden Denkweise. Diese
   Phase verlief in einzelnen Gesellschaften sehr ungleichzeitig. Sklave-
   reigegner und -befürworter standen sich unversöhnlich gegenüber. Es
   kam zu ersten konkreten Gesetzesinitiativen, die eine graduelle Abschaffung der Sklaverei und des Sklavenhandels vorsahen.
4. Die Abolitionsphase: Nun herrschte das Abolitionsparadigma vor. Die
   meisten waren davon überzeugt, dass dieses System beendet werden
   musste. Nicht mehr das Pro oder Contra der Sklaverei wurde diskutiert,
   sondern die Durchführung ihrer Abschaffung. Dabei sollten ökonomi-
   sche, soziale und politische Krisen möglichst vermieden werden. Ein großes Problem war die Kompensation der Eigentumsrechte der Sklavenhalter. Diese Phase kann nochmals in vier Unterabschnitte gegliedert werden:

a) Lediglich der Sklavenhandel wurde verboten und dies zunehmend durchgesetzt. Damit wurde der transatlantische Sklavenhandel und die erste Nachschubquelle lahmgelegt.

b) Sklaverei wurde verschärft reglementiert. Gewaltexzesse gegen Sklaven wurden unter Strafe gestellt. Sklave bekamen im wachsenden Maße Rechte gegenüber ihren Herren.

c) Auch die zweite Nachschubquelle der Sklaverei wurde trockengelegt, indem Gesetze die Kinder von Sklavinnen zu Freien erklärten.

d) Sklaverei wurde endgültig abgeschafft. Die Abolitionsphase endete im Westen mit dem Amerikanischen Bürgerkrieg (1861–1865) und dem Verbot der Sklaverei auf Kuba (1886) und in Brasilien (1888). Im subsaharischen Afrika zog sich diese Entwicklung je nach Region bis ins 20. Jahrhundert hin.

5. Die Postemanzipationsphase: Es gelang kaum, den neuen Rechtsstatus in eine verbesserte soziale Lage der Ex-Sklaven zu verwandeln. Verelendung und Ausgrenzung traten vielfach an die Stelle der Sklaverei. Die Abolitionsbewegungen zerfielen meist nach der formalen Abschaffung der Sklaverei, obwohl sich nun die Fragen des Übergangs in dramatischer Weise stellten. Diese letzte Phase war von den zahlreichen Varianten dieses Übergangs geprägt.

In der westlichen Hemisphäre schienen Sklavenhandel und Sklaverei bis 1888 also zu verschwinden. Allerdings führte diese Kriminalisierung der Sklaverei nicht wirklich zu ihrer Abschaffung. Neue Formen von Sklaverei entstanden, wie zum Beispiel Zwangsarbeit in diversen Lagern. Und alte Formen wie Menschenraub lebten im kriminellen Milieu fort. Nach wie vor gibt es einen Menschenhandel, vor allem mit Frauen, Mädchen und Kindern, nicht selten im Kontext von Zwangsprostitution. Der Kampf gegen Sklaverei ist heute noch keineswegs vorbei.

3. Sklaverei – und kein Ende?

Im Jahr 2008 feierte die westliche Welt den 200. Jahrestag der Abolition des transatlantischen Sklavenhandels sowie den 150. Jahrestag der zweiten Aufhebung der Sklaverei im französischen Kolonialreich (1848). Im Jahr 2011 war der 125. Jahrestag der Abolition der Sklaverei auf Kuba (1886) und 2013 der Abschaffung der Sklaverei in Brasilien (1888). Die Zeit der Sklaverei scheint vorbei zu sein.

Auf der anderen Seite leben auch heute noch weltweit viele Menschen in Sklaverei. Wie der Newsletter von Radio Vatikan am 17. Oktober 2013 meldete, hat die Walk Free Foundation aus Australien 2013 erstmals einen Bericht über moderne Sklaverei weltweit vorgelegt, in dem Daten aus über 160 Ländern erhoben wurden. Danach gibt es global knapp dreißig Millionen Sklaven – vor allem in Westafrika und Südasien. In Indien lebt nach Einschätzung der Studie fast die Hälfte der Sklaven weltweit, das sind vierzehn Millionen Menschen. Dort werden die Einwohner ganzer Dörfer im Norden

Fortbestehen der Sklaverei

zur Herstellung von Lehmziegeln oder zur Arbeit in Höhlen gezwungen, Kinder müssen Teppiche knüpfen. An zweiter Stelle steht China mit 2,9 Millionen Sklaven. Den höchsten Prozentsatz von Sklaven an der Gesamtbevölkerung hat hingegen, mit vier Prozent, das afrikanische Mauretanien: Dort gibt es noch ein erbliches Sklavenwesen, obwohl die Sklaverei seit 1980 als offiziell abgeschafft gelten soll.

Vielfältiges Erscheinungsbild der Sklaverei

Die Formen der Sklaverei waren und sind vielfältig. Die Frage, was als Sklaverei anerkannt wird, ist im Hinblick auf den Umgang mit bestimmten Phänomenen entscheidend. So setzen sich Menschenrechtsorganisationen zum Beispiel dafür ein, dass Zwangsprostitution rechtlich als Sklaverei und somit als Menschenrechtsverletzung behandelt wird. Hiervon sind auch die demokratischen Staaten Europas betroffen, wo die bestehenden Rechtsvorschriften teilweise unzulänglich umgesetzt werden. Der Kampf gegen Sklaverei ist auch heute nicht vorbei.

Auch wenn heute Sklaverei weltweit verboten ist, treten Formen von Sklaverei mehr oder weniger offen weiterhin auf. Vor allem wirtschaftliche Interessen stehen hinter sklavereiartigen Ausbeutungen von Menschen. Die abrahamitischen Religionen hatten der Sklaverei in der Frühen Neuzeit wenig entgegenzusetzen, wenngleich sich nach heutiger theologischer Auffassung in allen Religionen gute Argumente für eine Verurteilung der Sklaverei finden lassen.

In diesem Studienbuch wurde der religiöse Faktor in der Sklavereigeschichte stark gewichtet. Religion ist auch heute noch ein gesellschaftlich und politisch relevanter Faktor – auch wenn sich eine säkulare europäische Gesellschaft oftmals damit schwertut, dies in einem globalen Zusammenhang zu begreifen. Die Säkularisierungsschübe der letzten Jahrhunderte gehören eher zu einem europäischen Sonderweg als zur Menschheitsgeschichte. Auch diese eurozentrische Perspektive verstellt leicht den Blick auf die Bedeutung von Religion. Die Kraft religiöser Überzeugungen zeigt sich weltweit im Alltag, meist unbemerkt und fern ab von Fanatismen, die es im Übrigen auch im säkularen Gewand gibt.

Es ist nicht leicht, über Religion zu sprechen – auch nicht in der Geschichtswissenschaft. Während manche Historiker die Bedeutung von Religion in der Frühen Neuzeit grundsätzlich unterschätzen, gibt es andere, die Religion besonders gern dann thematisieren, wenn sie einen Schuldigen suchen. In einer theologischen Perspektive wird man sich der Aufarbeitung des eigenen Versagens in der Tat stellen müssen. Für die Zukunft heißt das auch, die friedensstiftenden und die Menschenwürde schützenden Gehalte der Glaubenslehren in allen gesellschaftlichen Kontexten, in denen sie heute mehr denn je gebraucht werden, zu verkünden und damit den Menschenrechten zu mehr Geltung zu verhelfen.

Literaturhinweise

Quellensammlungen

Kirchen- und Theologiegeschichte in Quellen VI: Außereuropäische Christentumsgeschichte (Asien, Afrika, Lateinamerika) 1450–1990, Neukirchen-Vluyn 2004.

Bartholomé de Las Casas. Werkauswahl, hg. v. Mariano Delgado Bd. 1: Missionstheologische Schriften, Paderborn u.a. 1994.

Bartholomé de Las Casas. Werkauswahl, hg. v. Mariano Delgado Bd. 2: Historische und ethnographische Schriften, Paderborn u.a. 1995.

Bartholomé de Las Casas. Werkauswahl, hg. v. Mariano Delgado Bd. 3/1: Sozialethische und staatsrechtliche Schriften, Paderborn u.a. 1996. Darin besonders: Las Casas, Traktat über die Indiosklaverei, in: Bartholomé de Las Casas. Werkauswahl, hg. v. Mariano Delgado Bd. 3/1: Sozialethische und staatsrechtliche Schriften, Paderborn u.a. 1996, 67–114.

Bartholomé de Las Casas. Werkauswahl, hg. v. Mariano Delgado Bd. 3/2: Sozialethische und staatsrechtliche Schriften, Paderborn u.a. 1997.

Eberhard Schmitt (Hg.), Dokumente zur Geschichte der europäischen Expansion, 7 Bde., München 1984–2008.

Gad Heumann, James Walvin (Hg.), The Slavery Reader, London u.a. 2003.

Arthur Utz/Brigitta Gräfin von Galen (Hg.), Die Katholische Sozialdoktrin in ihrer geschichtlichen Entfaltung. Eine Sammlung päpstlicher Dokumente vom 15. Jahrhundert bis in die Gegenwart (Originaltexte mit Übersetzung), Aachen 1976.

Elisabeth Donnan, Documents Illustrative of the History of the Slave Trade to America (Publication/Carnegie Institution of Washington; 409) Washington 1930 (ND New York 1969).

Überblicksliteratur und Nachschlagewerke

Art. Sklaverei, in: Der Kleine Pauly Bd. 5 (1975), Sp. 230–234.

Art. Sklave, in: Lexikon des Mittelalters VII (1995), Sp. 1977–1982.

Christian Delacampagne, Die Geschichte der Sklaverei, Düsseldorf 2004 [nur teilweise zu gebrauchen].

Egon Flaig, Weltgeschichte der Sklaverei, München 2009 [tendenziös, klischeebehaftet].

Egon Flaig, Sklaverei, in: Historisches Wörterbuch der Philosophie Bd. 9 (1996), Sp. 976–985.

Hartmut Hoffmann, Kirche und Sklaverei im frühen Mittelalter, in: Deutsches Archiv für Erforschung des Mittelalters 42 (1986), S. 1–24 [Beleg für den Geschichtsmythos des Verschwindens von Sklaverei in Europa im Mittelalter].

Michael Zeuske, Handbuch Geschichte der Sklaverei. Eine Globalgeschichte von den Anfängen bis heute. New York, Berlin 2013.

I. Hinführung

1. Formen von Sklaverei – statt einer Definition

Igor Kopytoff/Suzanne Miers, Slavery in Africa. Historical and Anthropological Perspectives, Madison 1977.

Wolfgang Kaiser (Hg.), Le commerce des captifs. Les intermédiaires dans l'échange et le rachat des prisonniers en méditerranée, XVe–XVIIe siècle (Collection de l'école française de Rome 406), Rome 2008.

Orlando Patterson, Slavery and Social Death. A Comparative Study. Cambridge 1982.

Jeffrey Finn-Paul, Empire, Monotheism and Slavery in the Greater Mediterranean Region from Antiquity to the Early Modern Era, in: Past and Present 205 (2009), 3–40 (Vertreter einer slave-free zone im Europa der Renaissance).

2. Sklaverei und europäische Identität – eine verdrängte Geschichte

Aleida Assmann/Heidrun Fries (Hg.), Identitäten. Erinnerung, Geschichte, Identität 3, 2. Aufl., Frankfurt a.M. 1999.

Benedict Anderson, Imagined Communities. Reflections on the Origin and Spread of Nationalism, London/New York 1983.

Michael Mitterauer, Warum Europa? Mittelalterliche Grundlagen eines Sonderweges, 4. Aufl., München 2004.

Max Weber, Gesammelte Aufsätze zur Religionssoziologie Bd. 1, Tübingen 1920 (8. Aufl. 1988).

Josef Köstelbauer, Europa und die Osmanen – Der identitätsstiftende „Andere", in: Wolfgang Schmale/Rolf Felbinger/Günter Kastner/Josef Köstelbauer,

Studien zur europäischen Identität im 17. Jahrhundert, Bochum 2004, 45–71.

Pierre Dan, Histoire de Barbarie et de ses corsaires, Paris 1637.

Jürgen Osterhammel, Die Entzauberung Asiens. Europa und die asiatischen Reiche im 18. Jahrhundert, München 1998 (Neudruck: 2010).

Salvatore Bono, Schiavi musulmani nell'Italiamoderna. Galeotti, vu' cumprà, domestici, Neapel 1999.

3. Sklaverei in der Frühen Neuzeit

Christoph Cluse, Zur Repräsentation von Sklaven und Sklavinnen in Statuten und Notariatsinstrumenten italienischer Städte um 1400, in: Peter Bell/Dirk Suckow/Gerhard Wolf (Hg.), Fremde in der Stadt. Ordnungen, Repräsentationen und soziale Praktiken (13.–15. Jahrhundert), Frankfurt a. M. 2010, 383–408.

Elisabeth Herrmann-Otto (Hg.), Unfreie Arbeits- und Lebensverhältnisse von der Antike bis zur Gegenwart. Eine Einführung (Sklaverei – Knechtschaft – Zwangsarbeit 1), Hildesheim u. a. 2005.

Salvatore Bono, Schiavi musulmani nell'Italiamoderna. Galeotti, vu' cumprà, domestici, Neapel 1999.

Fernand Braudel, Das Mittelmeer und die mediterrane Welt in der Epoche Philipps I., 3 Bde., 2. Aufl., Frankfurt a. M. 2001.

Molly Greene, A Shared World, Christians and Muslims in the Early Modern Mediterranean, Princeton 2000.

Robert Bohn, Die Piraten, München 2003.

Horst Gründer, Eine Geschichte der europäischen Expansion. Von Entdeckern und Eroberern zum Kolonialismus, Stuttgart 2003.

Egon Flaig, Weltgeschichte der Sklaverei, München 2009.

II. Sklaverei in der Frühen Neuzeit (16.–18. Jahrhundert)

1. Europa

Godfrey Wettinger, Slavery in the Islands of Malta and Gozo ca. 1000–1812, Malta 2002.

Victor Mallia-Milanes, Venice and Hospitaller Malta 1530–1798, Malta 1992.

Vittorio Salvadorini, Traffici con i paesi islamici e schiavi a Livorno nel XVII secolo: problemi e suggestioni, in: Livorno e il Mediterraneo nell'età medicea, Livorno 1978, 206–225.

Salvatore Bono, Schiavi musulmani nell'Italiamoderna. Galeotti, vu' cumprà, domestici, Neapel 1999.

Michel Balard, Remarques sur les esclaves à Gênes dans la seconde moitié du XIIIe siècle, in: Mélanges d'Archéologie et d'Histoire de l'École française de Rome 80 (1969), 627–680.

Dominico Gioffrè, Il mercato degli schiavi a Genova nel secolo XV (Collana storica di fonti e studi 11), Genua 1971.

Alfred Haverkamp, Zur Sklaverei in Genua während des 12. Jahrhunderts, in: Geschichte in der Gesellschaft. Festschrift für Karl Bosl zum 65. Geburtstag, hg. v. Friedrich Prinz/Franz-Josef Schmale/Ferdinand Seibt, Stuttgart 1974, 160–215.

Christoph Cluse, Frauen in Sklaverei: Beobachtungen aus genuesischen Notariatsregistern des 14. und 15. Jahrhunderts, in: Campana pulsante convocati (Festschrift für Prof. Dr. Alfred Haverkamp), hg. v. F. Hirschmann/G. Mentgen, Trier 2005, S. 85–123 *[wertvolle Detailstudie über die sexuelle Ausbeutung von Sklavinnen als Ammen in Genua]*.

Ekkehard Eickhoff, Venedig, Wien und die Osmanen. Umbruch in Südosteuropa 1645–1700, Stuttgart 2008.

Steven A. Epstein, Speaking of Slavery. Color, Ethnicity, and Human Bonage in Italy, New York 2001.

Arne Karsten, Kleine Geschichte Venedigs, München 2008.

Alberto Tenenti, Venezia e i corsari (1580–1615), Bari 1961.

Nicole Priesching, Von Menschenfängern und Menschenfischern. Sklaverei und Loskauf im Kirchenstaat des 16.–18. Jh., Hildesheim 2012.

Paul W. Bamfort, Fighting Ships and Prisons. The Mediterranean Galleys of France in the Age of Louis XIV, St. Paul/Minnesota 1973.

Ellen G. Friedman, Spanish Captives in North Africa in the Early Modern Age, London 1983.

André Zysberg, Les galériens. Vies et destins de 60.000 forçats sur les galères de France 1680–1748, Paris 1987.

Jean Marteilhe, Galeerensträfling unter dem Sonnenkönig. Memoiren (Übersetzung von Hermann Adelberg), München 1989.

Fernand Braudel, Das Mittelmeer und die mediterrane Welt in der Epoche Philipps I., 3 Bde., 2. Aufl., Frankfurt a. M. 2001.

Nabil Matar (Hg.), In the Lands of the Christians. Arabic Travel Writing in the seventeenth Century, New York 2003.

Europäische Sklavenmärkte

Salvatore Bono, Schiavi musulmani nell'Italiamoderna. Galeotti, vu' cumprà, domestici, Neapel 1999.

Paul W. Bamfort, Fighting Ships and Prisons. The Mediterranean Galleys of France in the Age of Louis XIV, St. Paul/Minnesota 1973.

Lucia Fratarelli-Fischer, Il bagno delle galere in ‚terra cristiana'. Schiavi a Livorno fra Cinque e Seicento, in: Nuovi Studi Livornesi 8 (2000): I Trinitari, 800 anni di libeazione. Schiavi e schiavitù a Livorno e nel Mediterraneo. Atti del Convegno (Livorni, 3 dicembre 1999), 69–94.

Joseph Muscat, The Maltese Galley, 2. Aufl., Pietà/Malta 2002.

Joseph Muscat, Slaves in Maltese Galleys, Pietà/Malta 2004.

Marc Vigié, Les galériens du roi, Paris 1985.

Jean Marteilhe, Mémoires d'un galérien du Roi-Soleil. Édition établie, annotée et préfacée par André Zysberg, Paris 2001.

André Zysberg, Les galériens. Vies et destins de 60.000 forçats sur les galères de France 1680–1748, Paris 1987.

Roberto Zapperi, Alle Wege führen nach Rom. Die ewige Stadt und ihre Besucher, München 2013 (darin vor allem das Kapitel: Velásquez und der Sklave, der Maler sein wollte, 88–98 lesenswert).

Klaus-Peter Matschke, Das Kreuz und der Halbmond. Die Geschichte der Türkenkriege, Düsseldorf/Zürich 2004.

Daniel Speer, Ungarischer oder Dacianischer Simplicissimus, hg. v. H. Greiner-Mai, E. Weber, Berlin 1978.

Osman Ağa: Der Gefangene der Giauren. Die abenteuerlichen Schicksale des Dolmetschers Osman Ağa aus Temeschwar, von ihm selbst erzählt. Übersetzt, eingeleitet und erklärt von Richard Franz Kreutel/Otto Spies (Osmanische Geschichtsschreiber, hg. v. Richard Franz Kreutel, Bd. 4), Graz/Wien/Köln 1962.

Salvatore Bono, Piraten und Korsaren im Mittelmeer. Seekrieg, Handel und Sklaverei vom 16. bis 19. Jahrhundert, Stuttgart 2009.

Géza Dávid/Pál Fodor (Hg.), Ransom Slavery along Ottoman Borders (Early Fifteenth–Early Eigtheenth Centuries), Leiden/Boston 2007.

Godfrey Wettinger, Slavery in the Islands of Malta and Gozo ca. 1000–1812, Malta 2002.

Cecil Roth, The Slave Community of Malta, in: The Menorah Journal (December 1929), 219–233.

Salvatore Bono, Schiavi musulmani nell'Italiamoderna. Galeotti, vu' cumprà, domestici, Neapel 1999.

Nicole Priesching, Toleranz als Grenzphänomen, in: Religionsunterricht an höheren Schulen (2007), 86–94.

Raoudha Guemara, La libération et le rachat des captifs. Une lecture musulmane, in: La Liberazione dei ‚Captivi' tra Christianità e Islam. Olte la Crocia-

ta e il Ğihād: Tolleranza e servizio umanitario, hg. v. Giulio Cipollone, Città del Vaticano 2007, 333–344.

Nicole Priesching, Von Menschenfängern und Menschenfischern. Sklaverei und Loskauf im Kirchenstaat des 16.–18. Jh., Hildesheim 2012.

Andrea Pelizza, Riammessi a respirare l'aria tranquilla. Venezia e il Riscatto degli schiavi in età moderna (Memorie. Classe di scienze morali, lettere ed arti, Vol. 139), Venezia 2013.

Martin Rheinheimer, Identität und Kulturkonflikt. Selbstzeugnisse schleswig-holsteinischer Sklaven in den Barbareskenstaaten, in: HZ 269 (1999), 317–369.

Magnus Ressel, Zwischen Sklavenkassen und Türkenpässen. Nordeuropa und die Barbaresken in der Frühen Neuzeit, Berlin/Boston 2012.

Cecil Roth, The Slave Community of Malta, in: The Menorah Journal (December 1929), 219–233.

Godfrey Wettinger, Slavery in the Islands of Malta and Gozo ca. 1000–1812, Malta 2002.

Wolfgang Kaiser, Internationale und interkulturelle Beziehungen der Neueren Geschichte. Kaufleute, Makler und Korsaren. Karrieren zwischen Marseille und Nordafrika im 16. und 17. Jahrhundert, in: Ursula Fuhrlich-Grubert, Angelus H. Johansen (Hg.), Schlaglichter Preußen Westeuropa. Festschrift für Ilja Mieck zum 65. Geburtstag, Berlin 1997, 11–31.

Wolfgang Kaiser (Hg.), Le commerce des captifs. Les intermédiaires dans l'échange et le rachat des prisonniers en méditerranée, XVe–XVIIe siècle (Collection de l'école française de Rome 406), Rom 2008.

Heike Grieser/Nicole Priesching (Hg.), Gefangenenloskauf im Mittelmeerraum. Ein interreligiöser Vergleich, Hildesheim 2014 [im Erscheinen].

2. Außereuropäische Bezüge

Wolfgang Reinhard, Kleine Geschichte des Kolonialismus, Stuttgart 1996.

Horst Gründer, Eine Geschichte der europäischen Expansion. Von Entdeckern und Eroberern zum Kolonialismus, Stuttgart 2003.

Sidney W. Mintz, Die süße Macht. Kulturgeschichte des Zuckers, Frankfurt a.M. 1987.

Eberhard Schmitt (Hg.), Dokumente zur Geschichte der europäischen Expansion Bd. 4, München 1988.

Eberhard Schmitt (Hg.), Dokumente zur Geschichte der europäischen Expansion Bd. 1, München 1986.

John Iliffe, Geschichte Afrikas, München 2003.

James H. Sweet, Recreating Africa: Culture, Kinship, and Religion in the African-Portuguese World, 1441–1770, Chapel Hill 2003.

Jochen Meissner/Ulrich Mücke/Klaus Weber, Schwarzes Amerika. Eine Geschichte der Sklaverei, München 2008.

Walter Hawthorne, Planting Rice and Harvesting Slaves. Transformations along the Guinea-Bissau Coast, 1400–1900, Portsmouth (N. H.) 2003.

Robin Blackburn, The Making of New World Slavery. From the Baroque to the Modern, 1492–1800, London u. a. 1998.

Urs Bitterli, Die „Wilden" und die „Zivilisierten". Grundzüge einer Geistes- und Kulturgeschichte der europäisch-überseeischen Begegnung, 3. Aufl., München 2004.

Christoph Kolumbus, Bordbuch. Mit einem Vorwort von Frauke Gewecke, Frankfurt a. M./Leipzig 2006.

Matthias Teipel, Die Versklavung der Schwarzen. Theologische Grundlagen, Auswirkungen und Ansätze ihrer Überwindung, Münster 1999.

Las Casas, Traktat über die Indiosklaverei, in: Bartolomé de Las Casas, Werkauswahl, hg. v. Mariano Delgado Bd. 3/1: Sozialethische und staatsrechtliche Schriften, Paderborn 1996, 67–114.

Michael Sievernich SJ, Las Casas und die Sklavenfrage, in: Bartolomé de Las Casas. Werkauswahl, hg. v. Mariano Delgado Bd. 3/1: Sozialethische und staatsrechtliche Schriften, Paderborn u. a. 1996, 61–66.

Horst Pietschmann, Juan Ginés de Sepúlveda und die amerikanischen Ureinwohner, in: Bartolomé de Las Casas. Werkauswahl, hg. v. Mariano Delgado Bd. 1: Missionstheologische Schriften, Paderborn u. a. 1994, 86–96.

Eberhard Schmitt (Hg.), Dokumente zur Geschichte der europäischen Expansion Bd. 1, München 1986.

Horst Gründer, Eine Geschichte der europäischen Expansion. Von Entdeckern und Eroberern zum Kolonialismus, Stuttgart 2003.

Wolfgang Reinhard, Geschichte der europäischen Expansion, 4 Bde., Stuttgart u. a. 1983–1990.

Kolumbus' Erben. Europäische Expansion und überseeische Ethnien im ersten Kolonialzeitalter, 1415–1815, hg. v. Thomas Beck/Annerose Menninger/ Thomas Schleich, Darmstadt 1992.

Winthrop D. Jordan, White over Black. American Attitudes toward the Negro, 1550–1812, Chapel Hill 2012.

Herbert S. Klein, The Atlantic Slave Trade, Cambridge u. a. 2010.

Paul E. Lovejoy, The Impact of the Atlantic Slave Trade on Africa: A Review of the Literature, in: The Journal of African History 30 (1989), 365–394.

Paul E. Lovejoy, Transformations in Slavery. A History of Slavery in Africa, 3. Aufl. Cambridge/New York 2011 (1. Aufl. 1983).

Philip D. Curtin, The Atlantic Slave Trade: A Census, Madison 1969.

Jochen Meissner/Ulrich Mücke/Klaus Weber, Schwarzes Amerika. Eine Geschichte der Sklaverei, München 2008.

Michael Zeuske, Handbuch Geschichte der Sklaverei. Eine Globalgeschichte von den Anfängen bis heute. New York, Berlin 2013.

Hugh Thomas, The Slave Trade. The Story of the Atlantic Slave Trade (1440–1870), London 2006.

John K. Thornton, Africa and Africans in the Making of the Atlantic World, 1400–1800. Cambridge u. a. 1998.

Basil Davidson, Vom Sklavenhandel zur Kolonialisierung. Afrikanisch-europäische Beziehungen zwischen 1500 und 1900, Hamburg 1966.

David Brion Davis, Inhuman Bondage. The Rise and Fall of Slavery in the New World. Oxford u. a. 2006.

Juden und Schwarze

Salo Wittmayer Baron, The Jews of the United States, 1790–1840: A Documentary History, New York 1964.

Historical Research Department of the Nation of Islam (Hg.), The Secret Relationship between Blacks and Jews, Chicago 1991.

Eli Faber, Jews, Slaves, and the Slave Trade: Setting the Record Straight, New York 1998.

Saul S. Friedman, Jews and the American Slave Trade, New Brunswick, New Jersey 1998.

Marcie Cohen/Ferris Greenberg/Mark I. Greenberg, Jewish Roots in Southern Soil. A New History, Waltham 2006.

Jonathan Schorsch, Jews and Blacks in the Early Modern World, Cambridge u. a. 2004.

Muslimische und christliche (Sklaven-)Händler in Südostasien

Jürgen G. Nagel, Abenteuer Fernhandel. Die Ostindienkompanien, 2. Aufl., Darmstadt 2011.

Stephan Conermann, Muslimische Seefahrt auf dem Indischen Ozean vom 14. bis zum 16. Jahrhundert, in: Ders. (Hg.), Der indische Ozean in historischer Perspektive, Hamburg 1998, 143–180.

Ulrich Matthée, ‚Zu den Christen und zu den Gewürzen' – Wie die Portugiesen den Indischen Ozean gewannen, in: Stephan Conermann (Hg.), Der indische Ozean in historischer Perspektive, Hamburg 1998, 181–207.

Arne Bialuschewski, Das Piratenproblem im 17. und 18. Jh., in: Stephan Conermann (Hg.), Der indische Ozean in historischer Perspektive, Hamburg 1998, 245–260.

Leben, Kultur und Religion der afroamerikanischen Sklaven

Jochen Meissner/Ulrich Mücke/Klaus Weber, Schwarzes Amerika. Eine Geschichte der Sklaverei, München 2008.

Dominique Deslandres, Das Christentum in Süd- und Nordamerika, in: Die Geschichte des Christentums Bd. 9: Das Zeitalter der Vernunft (1620/30–1750), Freiburg i. Br. 1998, 613–731.

Astrid Reuter, Voodoo und andere afroamerikanische Religionen, München 2003.

III. Sklaverei und Religion

1. Judentum

Die Tora in jüdischer Auslegung, hg. v. W. Gunther Plaut, autorisierte Übersetzung und Bearbeitung von Annette Böckler mit einer Einleitung von Landesrabbiner Walter Homolka, 2. Aufl., Gütersloh 2008.

Catherine Hezser, Jewish Slavery in Antiquity, Oxford 2005.

Catherine Hezser, Der Loskauf von Sklaven und Kriegsgefangenen im antiken Judentum, in: Heike Grieser/Nicole Priesching (Hg.), Gefangenenloskauf im Mittelmeerraum. Ein interreligiöser Vergleich, Hildesheim 2014 [im Erscheinen].

Paul Virgil McCraken Flesher, Oxen, Women, or Citizens? Slaves in the System of the Mishnah, Atlanta 1988.

Johann Maier, Judentum von A bis Z. Glauben, Geschichte, Kultur, Freiburg i. Br. 2001.

Erich Zenger/Frank-Lothar Hossfeld, Die Psalmen 101–150 (HthKAT), Freiburg 2008.

Der Babylonische Talmud, hg. und übersetzt von Lazarus Goldschmidt, 12. Bde., 3. Aufl., Berlin 1980–1981.

Minna Rozen, A History of The Jewish Community of Istanbul – The Formative Years (1453–1566), Bd. 1, Leiden 2002.

Minna Rozen, The redemption of Jewish captives in the 17th-century eastern Mediterranean basin: The intersection of religion, economics, and society, in: Heike Grieser/Nicole Priesching (Hg.), Gefangenenloskauf im Mittelmeerraum. Ein interreligiöser Vergleich, Hildesheim 2014 [im Erscheinen].

David M. Goldenberg, The Curse of Ham: Race and Slavery in Early Judaism, Christianity, and Islam, Princeton (New Jersey) 2003.

Mehmet Paçaci, Kopfsteuer, in: Lexikon des Dialogs. Grundbegriffe aus Christentum und Islam Bd. 1, Freiburg i. Br. 2013, 419f.

Jonathan Schorsch, Jews and Blacks in the Early Modern World, Cambridge u. a. 2004.

Mark R. Cohen, Unter Kreuz und Halbmond. Die Juden im Mittelalter, München 2005.

Gudrun Krämer, Die Geschichte des Islam, München 2005.

2. Christentum

Arnold Angenendt, Toleranz und Gewalt. Das Christentum zwischen Bibel und Schwert, Münster 2007.

Nicole Priesching, Von Menschenfängern und Menschenfischern. Sklaverei und Loskauf im Kirchenstaat des 16.–18. Jh., Hildesheim 2012.

Klaus Wengst, Der Brief an Philemon, Stuttgart 2005.

Aristoteles, Politik, Erstes Buch 6, 1255a, 1.a., nach der Übersetzung von Franz Susemihl, Reinbek 1994.

Thomas Rüfner, Die Rezeption des römischen Sklavenrechts im Gelehrten Recht des Mittelalters, in: Thomas Finkenauer (Hg.), Sklaverei und Freilassung im römischen Recht. Symposium für Hans Josef Wieling zum 70. Geburtstag, Heidelberg 2006, 201–221.

Andreas Holzem, Gott und Gewalt. Kriegslehren des Christentums und die Typologie des Religionskrieges, in: Formen des Krieges. Von der Antike bis zur Gegenwart, hg. v. Dietrich Beyrau/Michael Hochgeschwender/Dieter Langewiesche, Paderborn 2007, 371–413.

Heinz-Gerhard Justenhoven/Joachim Stüben (Hg.), Kann Krieg erlaubt sein? Eine Quellensammlung zur politischen Ethik der Spanischen Spätscholastik, Stuttgart 2006.

Michael Sievernich SJ, Las Casas und die Sklavenfrage, in: Bartholomé de Las Casas. Werkauswahl, hg. v. Mariano Delgado Bd. 3/1: Sozialethische und staatsrechtliche Schriften, Paderborn u.a. 1996, 61–66.

Horst Pietschmann, Juan Ginés de Sepúlveda und die amerikanischen Ureinwohner, in: Bartholomé de

119

Las Casas. Werkauswahl, hg. v. Mariano Delgado Bd. 1: Missionstheologische Schriften, Paderborn u. a. 1994, 86–96.

Jonathan Schorsch, Jews and Blacks in the Early Modern World, Cambridge u. a. 2004.

Alonso de Sandoval, Treatise on Slavery. Selections from *De instauranda Aethiopum salute*, edited and translated, with an Introduction, by Nicole von Germeten, Indianapolis 2008.

3. Islam

Der Koran, übersetzt, kommentiert und eingeleitet von Rudi Paret, Berlin 2001.

Martin Lings, Muhammad. Sein Leben nach den frühesten Quellen, Kandern 2000.

Matthias Rohe, Das islamische Recht, München 2013.

Rüdiger Lohlker, Islamisches Recht, Wien 2012.

Rüdiger Lohlker, Islam. Eine Ideengeschichte, Wien 2008.

Idris Nassery, Grundlagen des islamischen Finanzwesens und der islamischen Wirtschaftsethik, in: Klaus von Stosch (Hg.), Wirtschaftsethik interreligiös, Paderborn u. a. 2014, 71–91.

Mohammad Hashim Kamali, Principles of Islamic Jurisprudence, Islamic Texts Society, Cambridge 1991 [Nachdruck der 3. überarbeiteten und erweiterten Ausgabe: Cambridge 2008].

Adis Duderija, A Case Study of Patriarchy and Slavery: The Hermeneutical Importance of Qur'anic Assumptions in the Development of a Values-Based and Purposive Oriented Qur'an-sunna Hermeneutic, in: Journal of Women of the Middle East and the Islamic World 11 (2013), 1–30.

Bernard Lewis, Race and Slavery in the Middle East: An Historical Enquiry, New York 1990.

Gudrun Krämer, Geschichte des Islam, München 2005.

Heinz Halm, Geschichte des Islam. Geschichte und Gegenwart, 8. Aufl., München 2011.

Erwin Gräf, Religiöse und rechtliche Vorstellungen über Kriegsgefangene in Islam und Christentum, in: Die Welt des Islams/The World of Islam/Le Monde de l'Islam. Internationale Zeitschrift für die Entwicklungsgeschichte des Islams, besonders in der Gegenwart, N.S. VIII (1962/63), 89–139.

Willis (J. R.) (Hg.), Slaves and Slavery in Muslim Africa, Bd. 1: Islam and the Ideology of Enslavement, London 1984.

Nehemia Levtzion, History of Islam in Africa, Columbus 2000.

Ralph A. Austen, The Mediterranean Islamic Slave Trade out of Africa: A Tentative Census, in: Slavery and Abolition 13 (1992), 214–248.

John Hunswick, Arab Views of Black Africans and Slavery, in: Collective Degradation: Slavery and the Construction of Race; Proceedings of the Fifth Annual Gilder Lehrman Center International Conference at Yale University, November 7–8, 2003, The Gilder Lehrman Center, New Haven 2003.

Bernard Lewis, Race and Slavery in the Middle East: An Historical Enquiry, New York 1990.

Hans Müller, Sklaven, in: Bernard Lewis, Geschichte der islamischen Länder, Sechster Abschnitt Wirtschaftsgeschichte des Vorderen Orients in islamischer Zeit, Teil 1 (Erste Abteilung, Der Nahe und der mittlere Osten, hg. v. Bertold Spuler) Leiden/Köln 1977, 53–83.

4. Die Verfluchung Hams in interreligiöser Perspektive

David M. Goldenberg, The Curse of Ham: Race and Slavery in Early Judaism, Christianity, and Islam, Princeton (New Jersey) 2003.

Stephen R. Haynes, Noah's Curse: The Biblical Justification of American Slavery, Oxford u. a. 2002.

David Mark Whitford, The Curse of Ham in the Early Modern Era: The Bible and the Justifications for Slavery (St. Andrews studies in Reformation history), Surrey 2009.

IV. Ausblick: Die Kriminalisierung der Sklaverei

1. Der Niedergang der europäischen Galeerenflotten

André Zysberg, Les galériens. Vies et destins de 60.000 forçats sur les galères de France 1680–1748, Paris 1987.

Patrick Bertonèche, Le bagne de Toulon (1748–1873), in: Chasse-marée. Histoire et ethnologie maritimes 137 (2000), 14–27.

Pascal Cornuel, Guyane française: du ,paradis' à l'enfer du bagne, in: Marc Ferro (Hg.), Le livre noir du colonialisme. XVIe–XXIe siècle: de l'extermination à la repentance, Paris 2003, 275–290.

Andreas Gestrich, Die Antisklavereibewegung im ausgehenden 18. und 19. Jahrhundert: Forschungsstand und Forschungsperspektiven, in: Elisabeth Hermann-Otto (2005), 237–257.

Calogero Piazza, Schiavitù e Guerra dei barbareschi. Orientamenti toscani di politica transmarina (1747–1768), Mailand 1983.

Salvatore Bono, Piraten und Korsaren im Mittelmeer. Seekrieg, Handel und Sklaverei vom 16. bis 19. Jahrhundert, Stuttgart 2009.

2. Die Abolitionsbewegung

Robin Blackburn, The Making of New World Slavery. From the Baroque to the Modern, 192–1800, London 1998.

Ernst Forsthoff, Montesquieu. Vom Geist der Gesetze, Bd. 1, Tübingen 1951.

Bernd Franke, Sklaverei und Unfreiheit im Naturrecht des 17. Jahrhunderts (Sklaverei – Knechtschaft – Frondienst 5), Hildesheim u. a. 2009.

Nicole Priesching, Die Verurteilung der Sklaverei unter Gregor XVI. im Jahr 1839. Ein Traditionsbruch? In: Saeculum. Jahrbuch für Universalgeschichte 59/1 (2008), 143–162.

Barbara Stollberg-Rilinger, Europa im Jahrhundert der Aufklärung, Stuttgart 2006.

Jochen Meissner/Ulrich Mücke/Klaus Weber, Schwarzes Amerika. Eine Geschichte der Sklaverei, München 2008.

Michael Hochgeschwender, Wahrheit, Einheit, Ordnung. Die Sklavenfrage und der amerikanische Katholizismus 1835–1870, Paderborn 2006.

Personenregister

Ortsregister